本书为国家社会科学基金重点项目"新时期中国社会组织建设研究"（项目批准号：11AZD019）成果

新时期中国
社会组织建设研究

徐家良 等著

XINSHIQI ZHONGGUO
SHEHUIZUZHI JIANSHE YANJIU

中国社会科学出版社

图书在版编目(CIP)数据

新时期中国社会组织建设研究/徐家良等著.—北京：中国社会科学出版社，2016.12
ISBN 978-7-5161-8748-7

Ⅰ.①新… Ⅱ.①徐… Ⅲ.①社会组织—组织建设—研究—中国 Ⅳ.①C916

中国版本图书馆CIP数据核字(2016)第189863号

出 版 人	赵剑英
责任编辑	田 文
特约编辑	陈 琳
责任校对	张爱华
责任印制	王 超

出 版	中国社会科学出版社
社 址	北京鼓楼西大街甲158号
邮 编	100720
网 址	http://www.csspw.cn
发行部	010-84083685
门市部	010-84029450
经 销	新华书店及其他书店

印 刷	北京君升印刷有限公司
装 订	廊坊市广阳区广增装订厂
版 次	2016年12月第1版
印 次	2016年12月第1次印刷

开 本	710×1000 1/16
印 张	14
插 页	2
字 数	233千字
定 价	59.00元

凡购买中国社会科学出版社图书，如有质量问题请与本社营销中心联系调换
电话：010-84083683
版权所有　侵权必究

序

2011年，我去北京参加国家社会科学基金重大项目面试答辩，最后得到通知，我的重大项目申请转为重点项目课题立项。尽管与课题申请初衷有点不一样，落差较大，但心中还是暖洋洋的，毕竟有事可以做了。接下来的工作还是程式化的，成立课题组，分配写作任务，进行课题调研，完成初稿后，课题组几次来回反复讨论修改，最后定稿交给出版社。

"新时期中国社会组织建设研究"课题题目有点大，如果从宏观上看，讨论的问题比较多，包括新旧时期的比较、社会组织建设研究的背景、社会组织建设研究的价值、社会组织建设研究的内涵、社会组织建设研究的方式，等等。如果把这些问题都一一进行详细讨论，估计一本书是无法容纳的，而且有可能使中心和重点不突出。再加上，课题研究的时间较短，区区几年时间，要把这么多错综复杂的问题研究分析透彻，的确是有难度的。考虑到以上情况，我们觉得还是缩小范围，选取几个比较重要的热点、重点来进行讨论。因此，"新时期中国社会组织建设研究"课题准备回答以下两个方面的问题：一是何为新时期；二是社会组织建设研究中有哪些重要的研究热点与难点。

何为新时期？其划分标准与时代特征是什么，又有什么新内涵？这一问题的讨论需要追溯到1949年10月1日中华人民共和国的成立。从这一天开始，中国就进入了一个新时代，一般来说，1949年至1978年11月，中国处于计划经济时期。所以本书所研究的新时期，是以1978年12月中国共产党十一届三中全会选择从计划经济向市场经济过渡的转折点为契机，并以此为始点，将新时期划分为三个主要时段：

（1）从1978年到1992年，是改革开放的新时期，从计划经济时期转为有计划的商品经济时期，与21世纪比较，正处于改革开放的初期。1984年10月，中国共产党十二届三中全会通过《中共中央关于经济体制改革的决定》，明确提出计划经济是公有制基础上的有计划的商品经济。

（2）从1992年到2012年，是社会主义市场经济时期。可以说，从1992年邓小平南方谈话开始，就把社会主义市场经济作为改革的方向，所以，如果把计划经济与市场经济相比较，1992年是另一个时代的新起点。2007年10月，中国共产党十七大召开，提出科学发展观。而2012年，中国共产党十八大把科技创新摆在国家发展全局的核心位置，提高原始创新、集成创新和引进消化吸收再创新能力，注重协同创新。以此为标志，可以把2012年以来创新发展作为一个新时期。

（3）2012年以来，是治理体系与治理能力现代化时期。这一时期，有许多新的提法和倡导，是新时期的一些标志，以下列文件为依据。2013年11月，中国共产党十八届三中全会通过《中共中央关于全面深化改革若干重大问题的决定》，提出全面深化改革的总目标是完善和发展中国特色社会主义制度，推进国家治理体系和治理能力现代化。加快事业单位分类改革，推进有条件的事业单位转为企业或社会组织。激发社会组织活力。推进社会组织明确权责、依法自治、发挥作用。限期实现行业协会商会与行政机关真正脱钩，重点培育和优先发展行业协会商会类、科技类、公益慈善类、城乡社区服务类社会组织，成立时直接依法申请登记。加强对社会组织和在华境外非政府组织的管理，引导它们依法开展活动。2014年10月，中国共产党十八届四中全会通过《中共中央关于全面推进依法治国若干重大问题的决定》，全面推进依法治国，总目标是建设中国特色社会主义法治体系，建设社会主义法治国家。培育社会公德、职业道德、家庭美德、个人品德，既重视发挥法律的规范作用，又重视发挥道德的教化作用。依法推进基层民主和行业自律，实行自我管理、自我服务、自我教育、自我监督。支持各类社会主体自我约束、自我管理。发挥市民公约、乡规民约、行业规章、团体章程等社会规范在社会治理中的积极作用。发挥人民团体和社会组织在法治社会建设中的积极作用。2015年10月，中国共产党十八届五中全会召开，审议通过《中共中央关于制定国民经济和社会发展第十三个五年规划的建议》，明确树立创新、协调、绿色、开放、共享的发展理念。推进社会治理精细化，构建全民共建共享的社会治理格局。增强社区服务功能，实现政府治理和社会调节、居民自治良性互动。

社会组织建设中有哪些重要的研究热点与难点？在社会组织建设研究中，值得研究的内容较多，一般有如下六个方面：一是社会组织建设的关系研究，研究政党、政府、市场与社会组织的关系，是紧密型的关系，还是松散型的关系；二是社会组织建设的结构研究，探讨社会组织建设的内部结构与外部结构；三是社会组织建设的法律研究，探讨社会组织的法律、法规的相关规定以及在实际中的应用；四是社会组织建设的制度研究，分析哪一种社会组织的制度安排是合理的与合适的，哪一种制度安排存在瑕疵，需要完善和提升；五是社会组织建设的人力资源研究，讨论社会组织人才队伍建设；六是社会组织建设的未来发展研究，探讨社会组织的历史、现状与未来，预测未来的趋势与走向。

在众多的内容中，我们从中选取了这样几个方面来进行讨论：第一个方面，政党、政府和社会组织关系研究，讨论政党、政府和社会组织的边界，它们的相互依赖与独立关系；第二个方面，社会组织管理体制研究，分析社会组织管理体制从双重管理体制到直接登记管理体制、双重管理体制的混合管理体制的演变；第三个方面，政府转变职能与购买公共服务研究，讨论政府职能转变与向社会组织购买服务之间的有机关联；第四个方面，社会组织评估监督研究，分析社会组织评估监督的价值、内容与方式，提升社会组织的能力；第五个方面，社会组织治理结构与能力建设研究，梳理社会组织治理结构的方式，探讨加强能力建设的类型与途径；第六个方面，新时期社会组织可持续发展研究，分析社会组织未来的发展趋势与走向。通过这六个方面的详细讨论，基本上梳理出社会组织建设的基本现状与发展轨迹。

在课题申请和研究中得到诸多学者教授的帮助和指导，在此真诚感谢他们：北京大学社会学系高丙中教授、浙江大学公共管理学院郁建兴教授、清华大学公共管理学院邓国胜教授、西南财经大学公共管理学院唐兴霖教授、上海交通大学国际与公共事务学院彭勃教授、北京大学法学院金锦萍副教授。

参与本课题调研和写作的人员较多，主要是上海交通大学国际与公共事务学院博士后、博士生和硕士生，他们也是上海交通大学第三部门研究中心的研究人员：吴磊、邰鹏峰、苑莉莉、程坤鹏、郝斌、许源、武静、张其伟、梁家恩、曹芳华、刘青琴、汪晓菡等。

根据预期的规定，课题要有一个结项节点，尽管我们阶段性成果通过论文的方式发表了十多篇，本成果也写出来十多万字，但对"新时期中国社会组织建设研究"仍将继续，逐步完善和提升、丰富中国特色的社会组织建设理论。

是为序

徐家良

2016 年 2 月 21 日（正月十四）

从伦敦回上海飞机上

目 录

第一章 政党、政府和社会组织关系研究 ……………………（1）
  一 社会组织发展历程与理论回顾 ………………………（1）
  二 政党与社会组织间关系研究 …………………………（14）
  三 政府与社会组织间关系研究 …………………………（29）

第二章 社会组织管理体制研究 ……………………………（43）
  一 社会组织管理的理论基础 ……………………………（43）
  二 我国社会组织管理体制 ………………………………（47）
  三 社会组织管理体制缺陷 ………………………………（56）
  四 社会组织管理体制改革与创新的路径 ………………（60）

第三章 政府转变职能与购买公共服务 ……………………（69）
  一 研究政府购买公共服务的基本理论问题 ……………（69）
  二 政府购买公共服务国际经验借鉴 ……………………（78）
  三 政府购买公共服务的法律法规研究 …………………（84）
  四 国内政府购买公共服务的现状 ………………………（86）
  五 政府购买社会组织公共服务中存在的问题和影响因素 …（98）

第四章 社会组织评估监督研究 ……………………………（101）
  一 社会组织评估监督理论基础 …………………………（101）
  二 社会组织评估研究 ……………………………………（105）
  三 社会组织监督研究 ……………………………………（118）

第五章 社会组织治理结构与能力建设 …………………………（159）
　　一　社会组织治理基础 …………………………………（159）
　　二　社会组织治理结构 …………………………………（161）
　　三　社会组织能力建设 …………………………………（177）

第六章 社会组织可持续发展研究 ……………………………（190）
　　一　社会组织可持续发展的理念转型 …………………（190）
　　二　社会组织可持续发展的制度调整 …………………（196）
　　三　社会组织可持续发展的行为创新 …………………（203）

参考文献 ………………………………………………………（208）

第一章　政党、政府和社会组织关系研究

一　社会组织发展历程与理论回顾

（一）社会组织内涵与特征

社会组织建设的研究起点是社会组织的内涵界定，它的特征都有哪些，目前国内外学者的研究达到了一个什么样的水平等等。这是社会组织研究的逻辑起点，本部分的主要内容正是基于此而展开的。

1. 社会组织概念

由于社会组织在不同国家的存在形式多种多样，各国相关学者对社会组织的研究立场、学术关注焦点各有侧重，因而社会组织的概念在严格的界定上尚未形成共识，但却出现了很多内涵相似却又名称不同的概念，主要包括以下几种：

（1）非营利组织。非营利组织概念侧重强调这类组织的存在目的不是为了获取利润，但并不意味着它们不可以开展经营性活动，只是要求利润不得用于成员间的分配，必须用于组织的可持续发展。这一概念最初用于描述美国社会中那些根据联邦税法获得减免税待遇的特殊组织，后来经过美国学者 Thomas Wolf 等的详细分析，逐渐成为学术界一个比较普遍的概念。中国学者王名等也使用过这一概念。[1]

（2）非政府组织。非政府组织概念侧重强调这类组织没有公共权力，独立于政府公共权力体系之外，具有公共性质但不具备排他性的垄断、不由政府出资成立，但却提供公共产品和公共服务的特点。这个概念最初是

---

[1] Wolf, T., *Managing A Nonprofit Organization*, New York: Prentice Hall Press, 1990；[美]萨拉蒙:《全球公民社会》，贾西津等译，社会科学文献出版社2007年版，第5页；王名:《非营利组织管理概论》，中国人民大学出版社2002年版，第2页。

指得到联合国承认的国际性非政府组织,在美国和加拿大也指从事全球活动的非营利组织。1995 年,在北京郊区怀柔召开的第四次世界妇女大会 NGO 论坛成为非政府组织这一概念进入中国的标志。①

(3) 第三部门。第三部门概念强调这类组织为社会提供公共服务,区别于第一部门政府(拥有强制性的公共权力)和第二部门市场(提供产品谋取利润),并对非私即公、非公即私的观点提出挑战,这个概念由美国学者 Theodore Levitt 最先使用。② 在 20 世纪 90 年代,由徐永光主编的第三部门研究丛书中,比较系统地采用第三部门概念。康晓光曾把第三部门构成的范围分为社会团体、事业单位、民主党派(通过协商参政议政)。③ 徐家良认为第三部门是除政府、企业以外的部门。④ 上海交通大学专门设立了第三部门研究中心。

除此之外,还有慈善组织、志愿部门、中介组织、公民社会部门、免税组织、民间组织等概念。美国学者萨拉蒙从经济定义、法律定义和目标定义三个角度分析了这些概念的区别。⑤ 经济定义的重点在于强调组织获取资源的方式,主要包括那些收入主要来自私人捐献的组织,而不是通过市场活动和政府支持获得收入的组织,例如志愿组织、慈善组织。法律定义的重点在于强调组织的法律地位,认为这类组织需要具有一种特定的法律形式,或是免于缴纳部分或全部税款,如非政府组织、免税组织。目标定义的侧重点在于组织追求的目的,强调这类组织的目的在于通过赋权和参与等方式使公共利益得到提升、使贫困等结构性根源问题得到解决,如慈善组织、中介组织。考虑到我国目前政府文件称这类组织为社会组织,本书采用社会组织代指非营利组织、非政府组织、第三部门等这些概念。

在实践中,社会组织的概念使用与范围大小的界定有一个过程。1949年 10 月后,社会团体是社会组织的主体,1950 年政务院颁布《社会团体

---

① 王名、贾西津:《中国 NGO 的发展分析》,《管理世界》2002 年第 8 期。
② Theodore Levitt, *The Third Sector: New Tactics for a Responsive Society*, New York: AM-ACOM, 1973.
③ 康晓光:《创造希望——中国青少年发展基金会研究》,漓江出版社 1997 年版,第 626—629 页。
④ 徐家良:《第三部门资源困境与三圈互动:以秦巴山区七个组织为例》,《中国第三部门研究》2012 年第 3 卷。
⑤ [美] 萨拉蒙、索可洛夫斯基:《全球公民社会:非营利部门国际指数》,陈一梅等译,北京大学出版社 2007 年版,第 11 页。

登记暂行办法》。1988年，民政部成立社会团体管理司；1996年，民政部成立社会团体和民办非企业单位管理司，以应对国务院对民办事业单位的改革，并将其作为民办非企业单位归口到民政部门登记。1998年，民政部成立民间组织管理局，使用民间组织概念囊括社会团体、基金会和民办非企业单位。2016年8月，民政部将民间组织管理局调整为社会组织管理局。

2006年10月，中国共产党十六届六中全会通过《关于构建社会主义和谐社会若干问题的重大决议》，提出"社会组织"概念。2007年，中国共产党十七大进一步确认"社会组织"概念，用社会组织代替非政府组织、非营利组织、第三部门或民间组织称谓。2015年，中共中央办公厅印发《关于加强社会组织党的建设工作的意见》，对社会组织的组成做了新的规定，包括社会团体、民办非企业单位、基金会、社会中介组织以及城乡社区社会组织等，其中前三者是原来在民政部门登记的组织类型，其他组织类型为新增内容，在工商注册为企业法人或非法人。

总之，社会组织概念的范围可以分为宏观、中观和微观三个方面。宏观的社会组织包括社会团体、民办非企业单位、基金会（民政注册）、人民团体（免登记）、群众团体（免登记）、事业单位（编办注册）、居民委员会、村民委员会（民政部门管理）、业主委员会（民政注册）、宗教场所（民族宗教委登记）、社会企业（工商注册）、黑社会、恐怖组织等；中观的社会组织包括社会团体、基金会、民办非企业单位（民政注册）、人民团体（免登记）、群众团体（免登记）、事业单位（编办注册）、居民委员会、村民委员会（民政部门管理）、业主委员会（民政注册）、社会企业（工商注册）等；微观的社会组织仅指在民政注册的三种组织类型，即社会团体、基金会和民办非企业单位。

根据以上情况，本书所采用的社会组织是狭义的，是指自然人、法人或其他组织为实现会员共同意愿或公共利益，按照章程提供社会服务、不分配利润的非营利性法人。从类型学和政府管理的角度，可以将社会组织理解为民政部门注册的社会团体、基金会、民办非企业单位的统称。[①]

2. 社会组织特征

萨拉蒙将非营利组织的基本特征概括为以下几个方面：（1）组织性

---

① 依据2016年3月16日第十二届全国人民代表大会第四次会议通过的《中华人民共和国慈善法》，"民办非企业单位"统一调整为"社会服务机构"。

（organized），即拥有正式的组织结构、制度与固定的工作人员等；（2）民间性（private），即指独立于政府或并不受其支配；（3）非营利性（not profit-distributing），即指不向经营者或所有者提供利润，强调不以营利为目的；（4）自治性（self-governing），即拥有独立处理自身事务的权利，能够自主决策与自主行动，有效实现自我管理；（5）自愿性（voluntary），即组织成员秉持志愿精神自愿组成，并自愿开展活动。①

按照萨拉蒙的非营利组织五个特征，社会组织应符合"组织性"、"民间性"、"非营利性"、"自治性"、"自愿性"等标准。照此标准和特征考察，在中国内地几乎不存在合格的社会组织。因此，这一基于西方社会实践和理论基础的特征，并不能确切反映中国社会的实际状况。我国学者对社会组织特征也作了一些概括，比如王颖、折晓叶、孙炳耀提出社会团体具有官民二重性的特性，也具有互益性、同类相聚性、民间性、非营利性、组织性五个特征。王名提出社会组织具有非营利性、非政府性和志愿公益性或互益性三特征。②

综合以上观点，本书认为社会组织应该具有非营利性、非政府性、互益性或公益性三个特性。非营利性强调社会组织尽管可以从事营利活动，但不能把利润分配给组织管理者和组织成员，而只能用于组织的可持续发展。早期，也有学者使用"非营利性"，但营利是指资金增加，对组织来说，资金增加是常态，可以促进组织可持续发展，如果不能让组织资金增加，这违背了组织发展趋势，因此，"非营利性"逐渐不为学者所使用。非政府性强调社会组织本身没有公共权力，独立于政府体系之外，为社会提供服务，如果拥有部分的公共权力和职能，也是政府授权委托的。互益性或公益性是指社会组织的行为超越个人利益诉求，具有利他性的特征：一部分社会组织满足成员兴趣和爱好，谋求成员或行业的自身利益，具有互益性；另一部分社会组织只为公共利益实行管理与服务，没有自身利益，具有公益性，对社会组织来说，存在两类公益性：志愿的和强制的。一般认为，每个人积极主动参与公共事务的服务是其主导志愿特征的体

---

① ［美］萨拉蒙：《全球公民社会》，陈一梅等译，社会科学文献出版社2007年版，第12—13页。

② 王颖、折晓叶、孙炳耀：《社会中间层——改革与中国的社团组织》，中国发展出版社1993年版，第44页；王名主编：《非营利组织管理概论》，中国人民大学出版社2002年版，第2—5页。

现，但也存在少数法律强制要求参与公益活动，如《中华人民共和国律师法》对律师协会的规定，《中华人民共和国公证法》对公证协会的规定，还有《中华人民共和国会计师法》对注册会计师协会的相关要求，个体其实没有自我选择的余地。

（二）西方社会组织的发展脉络

虽然直到20世纪80年代，社会组织才在世界范围内迅猛发展，由此形成的结社革命也正在深刻地改变着全球每个角落。"它也许终将证明，它对20世纪晚期的意义，如同民族国家的兴起对19世纪晚期的意义一样重大"。[①] 但是从历史演变的角度上来看，西方国家社会组织的发展历史在不同的国家表现形式与特点各异。

1. 结社权法律化过程中的社会组织发展

在以英法为代表的西方先发展国家，结社权法律化过程与社会组织发展存在紧密联系。结社权成为公众普遍权利，为社会组织形成和发展提供了有力的制度保障，而社会组织的不断涌现，为实践和完善结社权提供经验支持。然而，即使资产阶级革命取得胜利，结社权也并非如言论权、集会权那样，一开始就得到国家的认可和支持，而是经历一段漫长曲折的过程。[②]

在英国资产阶级革命前后，由于结社权并未成为普遍的公众权利，在面对结社需求时政府需要灵活应对。一方面政府通过皇家特许状、《罗斯法典》等制度安排，引导、支持部分社会组织发展，比如通过颁发皇室特许状而建立起来的手工业行会，通过法律来规范主要由宗教团体或上层社会组建的慈善组织，通过1793年《罗斯法典》来管理由工人阶层发起的、旨在为帮助因生病、年老、死亡而陷入不幸的其他工人而建立的"友谊社"自助团体，以及各种形式的消费合作社、建房社等社会组织。另一方面，政府通过1799年《结社法》，明确禁止带有垄断性的、以工会为主要代表的结社活动。[③] 这种分类控制的管理模式，直到1824年英国议会宣布废除《结社法》等法律才得以改变。至此，结社权法律化在英国基本完

[①] 李亚平、于海编选：《第三域的兴起——西方志愿工作及志愿组织理论文选》，复旦大学出版社1998年版，第8页。

[②] 王国锋：《论结社权》，吉林大学博士学位论文，2010年。

[③] 刘成：《19世纪的英国工会运动》，《中国社会科学报》2015年6月24日。

成，社会组织发展的制度障碍才被彻底消除。

与英国类似，法国也存在明显的分类控制特征。一方面，法国政府通过特许状等形式，支持有组织的商会发展，并成为商会制度的首创国，这为商人结社提供有力保障；另一方面，1791年法国制宪会议通过《列沙白里哀法》，明确禁止同行业的人自发成立任何协会和公民组织。法国《1795年宪法》明令禁止组建"反对公共秩序"的协会。1808年的《法国刑典》第291章规定"只有获得政府同意、并在使公共权力机关满意的条件下"，才能组成任何超过20人的社团。这种状况直到1901年法国通过《结社契约法》，才正式从法律上承认公民的结社权。至此，结社权法律化在法国基本完成，社会组织迎来更大的发展机遇。

社会组织是指公民在结社自由的基础上，自主创建个人生活模式的一种制度性安排。西方先发展国家在实现结社权法律化的过程，也是向社会组织提供制度和法律支持的过程。因此，结社权法律化是西方社会组织发展的制度保障，为社会公众通过组织载体实现利益诉求提供法律规范。

2. 政府失灵背景下社会组织的发展

结社权法律化为西方国家社会组织发展提供了制度基础，而市场失灵与政府失灵则为西方国家社会组织发展提供了社会基础。20世纪30年代西方主要国家发生的严重经济危机，为社会公众重新认识市场起到了重要作用。政府和公众逐渐认识到，市场不是完美的，而且存在各种弊端，如造成市场垄断，无法有效率地提供具有非竞争性和非排他性的物品。波斯纳总结性地指出，"垄断、污染、诈欺、错误、管理不当和市场中其他的不幸副产品，在传统上都被看作市场自我管制机制的失灵，从而人们认为有必要对此进行公共管制"。[①]

市场失灵为政府干预提供了经济学支持，社会公众期望通过引入政府干预，纠正市场机制的弊端。因此，为适应政府干预的角色，政府不断扩大规模，积极深入社会生活，增强政府干预的力度。美国政府在20世纪30年代经济危机爆发之前，几乎不干预诸如劳资关系、住房保障、社会保险和薪酬福利以及其他关联的领域，而到20世纪40年代以后，这些已经成为政府的职责。福利国家的出现是政府干预力度空前的反映。但是西方

---

① [美]理查德·A.波斯纳：《法律的经济分析》，蒋兆康译，法律出版社2012年版，第3页。

世界社会福利的弊端在经济危机的诱致下日益显现,不断扩大的贫富差距诱发激烈的社会矛盾,政府干预机制的失灵为社会寻求新的解决之道提供了社会基础。因此,在市场失灵和政府失灵的背景下,社会组织作为市场和政府之外的第三部门,成为社会治理体系的重要一环。

结社权法律化为社会组织的发展打破了制度束缚,使西方国家社会组织的基本权利得到初步保障,但步履维艰。随着市场和政府某些功能的双重失灵现象的发生,以及人口、资源和环境的跨国(甚至是全球)问题的不断出现,使得近几十年来西方社会组织得到迅猛发展。加之"结社革命"之势的特定历史背景,并且它与西方国家的政治民主化、经济市场化、阶层中产化和公民意识渐强等因素结合,共同促使了西方国家社会组织发展达到"水到渠成"之势。[①]

(三)中国社会组织的历史进程

我国现代意义上的社会组织发展与政府的关系非常密切。从演变脉络看,社会组织的发展受政府政策因素影响很大,即社会组织的数量与政府治理的开放度呈正相关。主要经历了两大发展阶段:改革开放前的政府与社会组织关系和改革开放以来的政府与社会组织关系。阶段的划分依据有两个方面:一是经济体制方面:计划经济还是市场经济。计划经济时期,政府管制得特别严,社会组织发展的空间比较小,市场经济时期,政府由全权政府向有限政府转变,社会组织的自主性和能动性得到较好的发挥;二是政府政策领域的重大调整以及标志性事件的发生。每个阶段社会组织的发展特征各有不同,体现出时代的不同演变与烙印。

1. 改革开放前政府与社会组织关系

(1)初步管理阶段。1949年10月,政府对社会组织进行了政治合法化的清理整顿,转化有政治倾向的组织,取缔有封建色彩的组织。1950年9月,《社会团体登记暂行办法》发布,正式使用社会团体一词,标志着社会组织法治化管理的开始,社会团体的数量有了迅速的增加,很多新兴的社会团体涌现出来。20世纪50年代,朝鲜战争时期,西方国家对新中国实行经济封锁和禁运,1952年5月,成立中国国际贸易促进委员会,通过中国与西方民间交往,为促进国际间的正常经济贸易关系作出贡献。由

---

① Salamon, L. M., "The Rise of the Nonprofit Sector", *Foreign Affairs*, 1994, 73 (4).

于中国与日本没有建立外交关系，为了解决和处置东海之间的渔业纠纷，1954年成立中国渔业协会，在此基础上，将其用于处理中国与韩国的渔业矛盾与冲突。

（2）停滞发展阶段。"文化大革命"期间（1966—1976），我国各项工作和生活秩序都受到冲击，社会组织的发展也进入停滞期，几乎没有新的社会团体成立，而已成立的社会团体仅仅开展少量的活动。1969年，撤销负责社会团体工作的内务部，社会团体的管理工作采取多部门分散审批和分散管理的形式。

2. 改革开放以来政府与社会组织关系

1978年中国共产党第十一届三中全会以来，社会组织的发展在"解放思想、实事求是"的思想指导下也逐渐走上正途。

（1）恢复发展阶段。1978年民政部成立并负责了一部分社会团体的管理职责，但整体上仍属多部门管理，一方面使得在各政府部门登记注册的社会组织大量增加；另一方面也导致了未在政府部门登记注册的社会组织涌现。有些单位和个人不经中央审批，随意成立全国性的组织，鱼龙混杂，不利于工业、农业、国防和科学技术四个现代化建设。1984年11月，中共中央和国务院下发《关于严格控制成立全国性组织的通知》，严格控制成立跨行业、跨部门、跨地区的全国性组织，应否成立这类组织要由中央、国务院统筹考虑。成立部门所属的专业性学术组织，要由中央、国务院主管部门审查，并报国家体改委审定。撤销不需要的社会组织，对于有必要成立的社会组织，由国家体改委审查后报国务院批准。在社会组织多部门管理方式的影响下，各部门随意审批以及没有注册草根组织的大量涌现，使得社会组织呈现过快的发展速度。据有关资料分析，到1989年，我国全国性的社会团体数量达到1800个，比"文化大革命"前增长16倍；地方性社会团体数量达到近20万个，比"文化大革命"前增长33倍。[①]

（2）整顿治理阶段。1989年发布的《社会团体登记管理条例》将社会团体的管理权统一移交给民政部，登记、监督和处罚等管理权由民间组织管理司集中负责，此后，民政部通过重新登记的方式对社会团体进行了初步的整顿治理。到1992年底得到确认登记的全国性社团有1200个，仅

---

① 谢海定：《中国民间组织的合法性困境》，《法学研究》2004年第2期。

为1989年的2/3，得到确认登记的地方性社团有18万个，为1989年的90%；1993年到1995年，由于受当时宏观环境过热的影响，社会团体数量出现了膨胀。截至1996年6月，全国性社团又增加到1800多个，地方性社团再度接近20万个。①

（3）规范发展阶段。1998年，国务院修改并重新发布《社会团体登记管理条例》，新条例延续了双重管理体制，并通过增加会员人数和资金下限等限制对社会团体的竞争作出约束。同年颁布《民办非企业单位登记管理暂行条例》，将民办非营利的实体性机构进行统一登记管理。规范整顿后，社会组织的数量波动较大。据估计，《民办非企业单位登记管理暂行条例》出台之前的1998年，中国民办非企业单位大约70万个，而至2001年底，经条例登记确认的仅有8.2万个。②

（4）科学发展阶段。2013年，中国共产党十八届三中全会通过的《中共中央关于全面深化改革若干重大问题的决定》③中，明确提出要"激发社会组织活力，正确处理政府和社会关系，加快实施政社分开，推进社会组织明确权责、依法自治、发挥作用。适合由社会组织提供的公共服务和解决的事项，交由社会组织承担。支持和发展志愿服务组织。限期实现行业协会商会与行政机关真正脱钩，重点培育和优先发展行业协会商会类、科技类、公益慈善类、城乡社区服务类社会组织，成立时直接依法申请登记。加强对社会组织和在华境外非政府组织的管理，引导它们依法开展活动"。随后政府通过双重管理体制来提高社会组织登记的门槛，即实行业务主管单位和登记管理机关对社会组织进行双重管理，这项体制有力促进了社会组织的蓬勃发展。

随着改革开放的逐步深入，在市场经济和社会转型的影响下，我国社会组织从不稳定的状态逐渐迈入一个规范有序、创新不断的新格局。

（四）西方社会组织理论的回顾

自20世纪70年代以来，西方学术界对于社会组织的研究剧增。经过几十年的发展，社会组织研究领域中逐渐形成了几种较为权威的理论，主

---

① 康晓光：《转型时期的中国社团》，《中国社会科学季刊》（香港）1999年冬季号。
② 康宗基：《改革开放以来我国民间组织管理体制的回顾与展望》，《理论导刊》2010年第8期。
③ 《中共中央关于全面深化改革若干重大问题的决定》，新华网，http://news.xinhuanet.com/2013-11/15/c_118164235.htm。

要有两个角度：第一个是发生学的角度，研究社会组织的生成机制，探讨社会组织与政府以及市场联系、区别及其意义；第二个是类型学的角度，研究政府与社会组织的互动类型，进而对"国家—社会"关系进行解析。

1. 组织发生学：社会组织如何形成？

在组织发生学层面，西方社会组织理论主要是基于政府失灵、契约失灵、政府角色双重性、志愿失灵的实践，而提出相应的分析逻辑。其代表性理论主要有政府失灵理论、契约失灵理论、第三方治理理论和志愿失灵理论。

（1）政府失灵理论。这一理论是美国经济学家伯顿·韦斯布罗德（Weisbrod）首先提出的。他采用"需求—供给"的传统经济学分析范式，用来解释非营利部门存在的原因。[①] 他认为，政府、市场和社会组织都是满足个人不同需求的组织载体，由于公共物品具有不可分割性和非排他性的特性，这一性质决定通过市场机制获得这一物品的尝试注定是失败的，因为它的非排他性使得购买者无法获得效用最大化。因此从理论上讲，政府是提供公共物品的最佳提供者。

然而，由于个体人口统计学特征的多样性，不同个体在需求方面也就存在差异。然而，政府在公共物品的提供中并不是一个均等化的过程，中位选民原则也会在此出现，即政府所提供公共物品的偏好落在公众偏好的中间。基于个人需求多样化与政府供给"中位化"的错位与不同，政府在提供公共物品问题上就存在着难以克服的弊端：无法提供全部人员百分之百的服务，满足百分之百人的需求。这为社会组织提供不同服务、介入公共物品生产供给提供了制度空间，以此满足那些大量对于政府提供的公共物品不甚满意的选民群体及其需求。

政府失灵理论从公共物品特性、个人需求多元化与政府公共物品供给"中位化"存在的结构性差异等多个方面，解释了政府、企业和社会组织在公共物品提供方面的差异性和互补性。然而，政府失灵理论并未从组织的角度，分析为何社会组织能够、而不是市场组织能够弥补政府在提供公共物品过程中的制度漏洞。"契约失灵"理论正是基于这种思考而形成的社会组织理论。

（2）契约失灵理论。这是美国法律经济学家亨利·汉斯曼（Hansmann）提出的理论。他主要研究了社会组织提供产品和服务的特殊性和必

[①] Weisbrod, Burton Allen, *Toward a theory of the voluntary non-profit sector in a three-sector economy*, in Altruism, Morality, and Economic Theory, edited by E. S. Phelps, New York: Russell Sage, 1975.

要性，因为市场组织通过竞争的方式，提供产品的有效方式是有条件的，包括购买前商品和价格的精确比较、和市场组织就商品和价格达成契约、消费者可以监督市场组织履行契约。不过，由于市场存在难以克服的信息不对称问题以及公共物品的自身属性，使得市场组织无法与消费者达成最优契约，或者即使达成契约但却因为市场组织的机会主义倾向和行为而无法有效履行，因而出现契约失灵现象。

然而，社会组织具有"非分配约束"的特征，即组织净收入只能用于组织发展，此规定对机会主义行为形成约束，进而在一定程度上维护了捐赠人、受助者、志愿者等利益相关者的利益。因此，社会组织的"非分配利润"的限制，是对市场组织"契约失灵"的一种制度纠偏，是社会组织与市场组织特性的最重要的区别。

（3）第三方治理理论。第三方治理理论是美国公共政策学者萨拉蒙（Salamon）教授提出来的理论。该理论认为，政府失灵理论和契约失灵理论在解释美国现实的过程中存在局限性，因此，重新构建更具有解释力的理论是非常必要的。[①]

政府角色并不是单一的，而是具有"资金和指导的提供者"和"服务递送者"的双重性质。在美国，联邦政府是作为"资金和指导的提供者"身份出现的，并依靠众多的第三方机构——州、市、县、医院、学校以及社会组织——提供公共服务的。联邦政府通过第三方机构实现政府职责履行，并由此形成第三方治理模式。在这里，联邦政府是第一方，接受服务的公众是第二方，提供服务的是第三方。

政府将其在公共财政和公共治理中所拥有的部分权力让渡给第三方，在公共服务的提供过程中，政府主要承担资金提供者和项目监督者的功能，而把提供服务的处理权赋予包括社会组织在内的第三方机构。这种第三方治理模式，有助于最大程度消除社会对公共服务的需求与对政府机构的敌意之间的矛盾：一方面满足社会公众对公共服务的庞大需求，政府社会服务职能因此也得到充分履行；另一方面又可以避免政府因提供公共服务而形成的机构膨胀和人员增加，提高服务效率，最大程度化解社会公众对政府潜在的不信任。

（4）志愿失灵理论。志愿失灵理论是由美国学者萨拉蒙提出的。该理

[①] [美] 莱斯特·M. 萨拉蒙：《公共服务中伙伴：现代福利国家中政府与非营利组织的关系》，田凯译，商务印书馆2008年版，第35页。

论对政府失灵理论和契约失灵理论关于将社会组织视为由政府提供公共物品局限性而形成的辅助性衍生物提出了相反的观点,认为社会组织作为公共服务的提供者之一,本身也存在着供给不足、家长式作风、业余主义等固有缺陷,因而也会出现"志愿失灵"现象。[1]

该理论以交易成本理论为基础分析不同主体在提供公共服务中的成本差异,发现政府的提供成本远远高于社会组织的提供成本。因此,社会组织是在市场失灵之后充当公共服务的最初提供者,然而社会组织也由于自身弊端而产生"志愿失灵",继而由政府提供公共服务进一步弥补社会组织失灵的空间。

2. 组织类型学:社会组织与政府的互动模式都有哪些?

从组织类型学的角度,对社会组织与政府互动模式进行划分,可以更加仔细地观察社会组织与政府互动过程,理解社会组织与政府互动的意义。

(1) 政府与社会组织关系之四分类模型。该理论由吉德伦、克莱默和萨拉蒙等学者提出。该模型认为福利服务的提供可分为融资和授权、实际提供两个方面,两方面可以采用差异化的组织形式。基于此,该理论提出了政府与社会组织关系的四种基本模式。[2] 具体如下:

第一种是政府支配模式,即政府作为资金和服务提供的主体;第二种是社会组织支配模式,即社会组织作为资金和服务提供的主体;第三种是政府与社会组织双重模式,即政府和社会组织分别在对方尚未覆盖的领域提供同一类型的服务,双方相互分离,各自承担资金和服务的提供责任;第四种是合作模式,即政府和社会组织合作,共同承担资金和服务的提供责任,社会组织在合作中的谈判权力又呈现多样性。

(2) 政府与社会组织关系的连续谱模型。该理论模型由美国学者柯斯顿(Coston)提出。该模型建立了国家视角上政府和社会组织关系的宏观框架,即随着政府对多元化制度接受程度的逐渐提升,政社关系呈现从压制到合作的多种关系类型。这一理论分析框架有助于通过政府对待制度多元化的态度,考察政府与社会组织可能形成的关系。[3]

---

[1] [美]萨拉蒙、索可洛夫斯基:《全球公民社会:非营利部门国际指数》,陈一梅等译,北京大学出版社2007年版,第47—50页。

[2] Gidron B, Kramer R M, Salamon L M. *Government and the third sector: Emerging relationships in welfare states*, Jossey-Bass Inc Pub, 1992.

[3] Coston J M. *A model and typology of government-NGO relationships*, Nonprofit and Voluntary Sector Quarterly, 1998, 27 (3): 358 – 382.

| 压制 | 敌对 | 竞争 | 合约 | 第三方治理 | 协作 | 互补 | 合作 |

← 政府反对制度多元化 　　　　　　　　　　　　政府接受制度多元化 →

政府与社会组织关系的连续谱

资料来源：詹少青、胡介埙：《西方政府——非营利组织关系理论综述》，《外国经济与管理》2005年第9期。

（3）政府与社会组织关系的4C模型。该理论模型由美国学者南杰（Najam）提出。该理论模型认为，由于政府与社会组织自身所固有的本质特征，双方之间呈现某种必要的、无法避免的张力，即使在最和谐的政社关系中也是如此。因此，张力的存在是政府社会组织间关系的根本特征。

该理论从目标和策略两个维度出发，将政社关系归结为合作型（目标和策略都一致）、冲突型（目标和策略都不一致）、互补型（目标一致但策略不一致）和吸收型（策略一致但目标不一致）四种类型。

（4）政府与社会组织的SCA模型。这是美国学者登尼斯·杨（Young）提出的模型。该模型通过行为经济学理论分析政社互动模式，即增补性、互补性和抗衡性。[①]

增补性（supplementary）关系表明政社关系随着偏好的变化呈现动态性特征，扩张政府在传统上属于非政府部门领域的作用的公共政策被认为是对社会组织的一种威胁，同时也说明民间行动实际上往往只在功能上有互相补充之处。

互补性（complementary）关系表明政府和社会组织是一种伙伴关系，一种功能互补关系。一方面，社会组织在政府购买的基础上提供公共服务；另一方面，社会组织为那些不被公共需求支持的活动或服务筹集资金，而且社会组织发现自己提供这些服务比与政府签订"合同"生产更有效率，能更好地满足公众需求。

抗衡（adversarial）关系表明政府和社会组织在某些问题上的目标差异

[①] Young D R. *Alternative Models of Government-Nonprofit Sector Relations: Theoretical and International Perspectives*, Nonprofit & Voluntary Sector Quarterly, 2000, 29 (1): 149-172.

导致双方相互对抗，以求影响对方的行为。

二 政党与社会组织间关系研究

(一) 政党与社会组织的比较研究

社会组织发展已经成为一种全球现象，其崛起使国家面临着来自社会的持久性压力，为世界各国政党提出严峻挑战。一方面，政党和社会组织均具有社会性，它们同样在社会中产生，同样是具有相同目标的个人联合起来共同实现利益的组织载体，使得他们在组织结构、行为和功能方面存在诸多相同和相异之处，政党以掌握和获取权力为组织目标，而社会组织仅仅是提供社会服务。政党如何处理与社会组织之间的关系，是打压限制还是扶持引导，其结果将深刻影响着国家稳定与社会秩序。

1. 政党概念

政党是一定社会集团中有着共同政治意愿的人们自愿结合在一起，以取得政治权力为首要目标的政治组织。[1] 随着近代国家民主政治的进步和政党的不断发展，世界上大多数国家都建立起政党制度。政党以多种方式介入政治过程，主要手段就是通过控制议会和组织政府来执掌政权，以期主导和影响政治进程。

政党具有部分性、组织性、目的性和中介性四个特征。[2] 其中，部分性强调由于政党仅是部分人的利益代表者，因此政党不具有公共性，其主要表现在阶级性。马克思主义认为政党是阶级斗争发展到一定阶段的产物，以组织阶级斗争夺取和控制国家公共权力为首要目的。组织性强调政党具有连贯的组织原则和结构。目的性则突出了政党目的明确的重要性。中介性强调政党通过连接社会和国家的桥梁，进而将混乱状况整顿出一个好的秩序。

2. 政党与社会组织的比较

政党政治和社会组织参与深刻影响着国家发展和社会进步。两者作为两种不同类型的组织，既存在相似之处，也存在不同之处。相同之处主要

---

[1] 王长江：《政党政治原理》，中共中央党校出版社2009年版，第52页。
[2] 孔凡义、郭坚刚：《政党的概念、特征和边界》，《中共浙江省委党校学报》2006年第1期。

表现在两者都具有组织性与部分性,不同之处在于价值理念、行为策略和宗旨目标的差异。

首先,政党与社会组织的相同之处体现在组织性、部分性和中介性三个方面。组织性强调政党和社会组织均有一套稳定、持续的组织结构和制度规则。部分性突出两者都不具备全体公众利益代表者的身份,而且各自为自己所代表的部分公众利益服务。中介性明确两者都具有连接国家和公众的功能,是政府与社会建立联系的纽带和桥梁。

其次,政党与社会组织的不同之处主要在于价值理念、行为方式和目标宗旨的具体内容方面。政党围绕着以掌握或参与国家政权为主要目标,并从政府、立法等层面影响着政治进程和社会发展,这是政党终极目的的具体体现。而社会组织具有非营利性、非政府性和互益性或公益性等特征,它的根本目的在于满足社会需要或部分社会成员需要,并不在于获得国家公共权力。当然,在提供服务过程中,会对政府提出各种要求,对政策的制度与执行施加一定的影响。

(二) 国外政党与社会组织间关系研究

随着20世纪80年代"结社革命"的兴起,社会组织逐渐成为与政府和企业并列的第三部门,成为国家政治、经济和社会事务不可或缺的主体。因而,政党与社会组织的关系成为各个国家执政党无法回避的问题。当然,由于政治制度和文化传统存在差异,政党和社会组织的关系因地而异。综合学者们已有的研究成果,可以把政党社会组织关系概括为冲突型、合作型和转化型三种模式。

1. 冲突型政党社会组织关系

"政党与非官方组织之间在社会资本、政治参与和动员能力方面存在着一种竞争。在政党力量强大、组织良好的国家中,政党只为其他机构的政治活动留下十分有限的空间。"[1] 然而,从历史的视角来看,世界范围的社会组织在经过小范围的社会福利与社会救济的发展阶段之后,在基层的"政治参与、社区组织、建立联盟"等方面的吁求变得愈加强烈起来,在

---

[1] [法] 马太·杜甘:《比较社会学:马太·杜甘文选》,李洁译,社会科学文献出版社2006年版,第154页。

此基础上提出通过建立机构以寻求大众支持的行动主张。① 因此，冲突型是政党与社会组织关系的基本形式之一。

（1）冲突型的来源。社会组织的迅猛发展态势直接对政党形成挑战，表现在如下三个方面：

一是社会组织会影响政党的社会基础。社会组织作为在政党政治制度环境中新兴的社会整合机制，成长壮大需要政党为之留置独立自主的社会空间，从而客观上挤压政党的发展空间，比如分流一部分精英阶层，获得一定的社会领域。

二是政党的某些社会功能被社会组织替代。由于政党和社会组织实质上只能代表部分公众的利益，因此在政党不能覆盖的领域，社会组织会涉入。利益代表功能下，政党和社会组织也就自然成为公共权力和社会公众的中介，因此政党和社会组织就会在利益输送的过程中存在竞争。

三是社会公众对社会组织的认同要大于对政党的认同。② 政党有较为严密的组织体系、较为严格的组织纪律以及实行自上而下的科层制管理方式，而社会组织通过网络式组织方式使成员的联系建立在平等志愿的基础上，因而对于那些追求平等和自由的民众更有吸引力。然而，社会组织和政党的基础均是社会公众，这就使政党可能意识到自身的社会基础受到威胁，因而对社会组织采取控制策略以维护自己的相关权力，这直接加剧了政党与社会组织的抗衡关系，进而又会影响国家稳定，最终在一定条件下导致社会制度的变革，使整个国家出现大的动荡。

（2）冲突型的具体表现。政党与社会组织的冲突型关系主要表现在温和型和激烈型两种形式。温和型冲突主要表现在政党通过制度来规范社会组织的生存与发展，社会组织与政党持不合作态度。在埃及，民族民主党政府在面对严峻复杂的国内外政治环境，和宗教冲突的背景下，对社会组织采取了比较严格的限制政策，如 1964 年颁发的"三十二法"规定。在印度，执政党认为社会组织接受国外资助会使其自身成为资本主义的代理人，因而要求政府对社会组织进行多种规制。在马来西亚，执政党为了维护自己在农村的社会基础，而将社会组织限制在吉隆坡活动，且要求其只

---

① ［法］米海依尔·戴尔玛斯－马蒂：《世界法的三个挑战》，罗结珍译，法律出版社 2001 年版，第 82 页。

② Tóka G, "Parties and Electoral Choices in East Central Europe", *Conference of the Centre for Medditerranean Studies*, University of Bristol, 1993.

能在中产阶级中活动。

激烈型冲突主要表现在社会组织与政党的直接对抗,导致社会秩序混乱,甚至是政权更替。在印尼,1997年金融危机爆发后,社会组织异常活跃起来,它们不仅通过社会运动推动苏哈托政权的倒台,而且还直接参与随后举行的总统选举。① 在20世纪末21世纪初发生"颜色革命"的中亚地区,部分社会组织尤其是接受外国资助的社会组织,直接参与到所在国的政权更替运动当中。② 激烈型冲突在民主转型国家表现得较为突出。

总而言之,政党与社会组织的冲突关系,不利于在两者之间形成一种良性互动的模式,破坏社会稳定、阻碍经济提升,是国家尽量避免的现实存在。

2. 合作型政党社会组织关系

合作是政党与社会组织关系的一种基本形式。这类关系意味着政党与社会组织可以相互利用、相互促进,共同发展,并对国家发展和社会稳定起到积极的作用。

(1) 合作的基础

政党和社会组织合作的基础取决于组织属性本质差异下的功能互补,政党的组织属性是阶级性,社会组织则是一种社会性的组织形式。政党和社会组织的共性在于二者均有公共物品提供、社会动员、利益表达等功能,然而与政党相比,社会组织的目的仅在于影响国家公共权力的部分政策,以维护和实现本集团的共同利益,而不在于获得、行使和维持政权。在利益表达方面,社会组织需要借助执政党的力量来扩大自身的影响,因此需要通过获得相关政策支持来扩大社会组织的资金来源。政党需要充分利用社会组织动员社会公众支持政党,认同政党纲领,从而以巩固自己的公众基础和扩大政党的社会基础。

在公共物品提供和社会动员的过程中,政党和社会组织需要双方给予功能的互补,即社会组织需要政党给予其利益表达和公共政策上的支持,而政党也需要社会组织扩大其社会基础以赢得更多的选票。

---

① 周浩集:《政党与社会组织关系的实践模式探析》,《世界政党格局变迁与中国政党制度发展——中国统一战线理论研究会政党理论北京研究基地论文集》(第六辑),2012年。

② 颜色革命(Color revolution),又称花朵革命,是指以和平和非暴力方式进行的政权变更运动,通常采用一种特别的颜色或者花朵来作为它们的标志,如格鲁吉亚的"玫瑰革命"、乌克兰的"橙色革命"和吉尔吉斯斯坦的"黄色革命"。

（2）合作的具体表现

基于这种互助共赢关系，许多政党十分注重加强与社会组织的沟通与联系，有的政党还专门设置了与社会组织的对话机构，并要求自己的党员至少参加一个这样的组织，或者通过联席会议、俱乐部或党政论坛等形式，鼓励这些组织参与到政党的活动中来。在新加坡，其执政的人民行动党通过设立在各选区的支部，支持、鼓励和配合各种社会组织的文化和社会服务工作，通过这种非政治性的活动培养民众对行动党的感情和认同，从而获得和扩大行动党的社会基础。在瑞典，政党通过与社会组织建立联系，从而知道基层社会的利益诉求；同时社会公众也感受到自己的要求传递到政府，这样就形成了双赢的局面。在德国，各种政治基金会就在很大程度上为所亲近和支持的政党提供信息来源和对外交往的机会，成为政党应对外部形势、制定对外政策的"预警系统"。在东南亚，执政党重视社会组织的原因是其国际筹资的功能，自20世纪80年代，社会组织已经成为许多东南亚地区引进海外资金的重要渠道，极大地推动各国经济的发展。[①]

3. 转化型政党社会组织关系

相互转化也是政党与社会组织的一种基本关系形式。政党权力的弱化会使其变为一般性的政治性社会组织，而社会组织权力的强化会使其逐渐向政党转变。

（1）转化的基础

在社会领域行动的社会组织，随着组织影响力的日益增强，其活动边界就可能从社会领域转向政治领域，从社会属性向政治属性转换，最终成为政党。与此相对应的是，在政治领域活动的政党，随着组织影响力减弱和社会基础不扎实，其活动边界也就相对萎缩，其政党属性也随之消失，以至于最终形成一个带有政党名称的社会组织。

社会组织与政党的相互转化，与民主制度的实践状况、政治传统文化、社会经济发展水平、公众参与意识强弱等宏观环境有关，也与组织能力和组织领导水平等微观环境有关。

（2）转化的具体表现形式

社会组织向政党转化的典型案例是"绿党"的形成和"团结工会"的

[①] 周浩集：《改革开放以来党与社会组织的关系研究》，中共中央党校博士学位论文，2010年。

正当化。绿党最初是在发达国家掀起的绿色运动（保护环境、主张民主改革和维护世界和平的社会运动）中出现的社会组织，随着其规模和的扩大、政治影响力也逐渐提高，因此将组织目标扩大到争取执政或参政，进而借助议会选举等政治手段逐渐发展成为政党或执政党，如世界上最早的绿党新西兰价值党（1972年）、欧洲第一个绿党英国人民党（1973年）、德国绿党（西德1979年）。"团结工会"最初是在波兰成立（1980年），团结工会民间性、独立性、自治性等特征使其在波兰的影响不断扩大，大量基层企业工会加入团结工会，官办工会濒于瓦解，其政党转化过程如下："团结工会"于1981年9月，召开一大，决议年底发动全国总罢工，在苏联威胁下，波兰当局1981年12月宣布军管，取缔"团结工会"，该组织主要领导人几乎全部被捕；1982年12月军管取消，但"团结工会"仍处于非法状态，不过工人运动一直没有停止；在国内外压力下，1989年，波兰政府被迫承认团结工会合法，并签订圆桌会议协定，举行"半自由大选"，然而选举结果出乎意料的是，"半自由选举"中执政联盟一个席位也没有获得，而且在分配给它们的议席中绝大部分候选人在第一轮投票被选民否定，以至于需要"团结工会"出面呼吁第二轮投票让它们过关，执政党的候选人为了维护个人名誉纷纷在大选后宣布退党，执政联盟中盟党也同时宣布与执政的主要政党分手，转而和"团结工会"结盟；在执政党无力组阁的情况下，由"团结工会"方面组阁执政，从此开始了四届的"团结工会政府"，这标志着团结工会彻底实现了向政党，而且还是向执政党的转变。①

跨国激进党则是政党向社会组织转变的典型案例。跨国激进党脱胎于建立在1955年的意大利激进党。意大利激进党成立之后就积极投身随后举行的国家和地方选举，并赢得部分议会席位，其鼎盛时期是1979年6月的选举中，获得选票超过3%，有18人当选为众议员，2人当选为参议员，3人当选为欧洲议员。② 而后，激进党逐渐走向衰弱，又因党的经费不足致使党的机构难以维持生存，并多次在党代会上提出解散问题。不过从1985年起，激进党开始把眼光投向国际，从事争取人权和政治权利、

---

① 周浩集：《改革开放以来党与社会组织的关系研究》，中共中央党校博士学位论文，2010年。
② 张小红、徐力源：《独特的非政府组织——跨国激进党》，《国际资料信息》2003年第5期。

取消死刑、建立审判反人类罪法庭、修改国际禁毒公约和法律、支持地方自治等活动,提出向跨国党发展的问题,并于1995年成为联合国经社理事会中具有"咨询地位"的社会组织,标志着该政党获得社会属性,成为一个带有政党名称的社会组织。

尽管以上模式并不能完全包括各国政党与社会组织的互动实践,但可以从中提炼概括出三种比较具有代表性的关系模式,发现政党与社会组织互动的两个基本特点:第一个特点,政党与社会组织之间既存在相似之处,也存在不同之处,这是形成竞争、合作和相互转化的客观基础;第二个特点,如何处理政党与社会组织两者的关系,不仅受到民主成熟程度、市场发育水平、传统文化要求等国内各种因素的制约,而且还受到国际干预和发展机遇的影响。

(三) 中国共产党与社会组织间关系研究

对中国政治的分析可以从党群关系切入,二者的契合度是非常高的。而社会组织作为群众组织化的载体,因而也是中国共产党在处理党群关系过程中的重要角色。

中国共产党通过对中国社会的全面渗透和对各种组织资源的绝对控制,从而实现对社会的整合,不过如今这种传统的执政方式及其有效性遭受到多样化的社会组织的直接挑战。社会组织存在于社会的每个角落,并且各自发挥着独特的作用,并在无形中对党的建设产生影响。作为执政的中国共产党,如何认识、处理与社会组织的关系,成为一个执政党如何在公民社会的条件下科学执政必须探索的首要课题。[①] 中国共产党与社会组织的良性互动是推动民主政治发展的重要基础,是构建和谐社会、实现"四个全面(全面建成小康社会、全面深化改革、全面依法治国、全面从严治党)"的重要保障。

1. 社会组织对中国共产党执政的挑战

社会组织对执政党的考验表现在执政基础和领导方式方面。

(1) 社会组织对中国共产党的执政基础提出新的挑战

在1978年12月改革开放之前,国家社会体制是总体性社会,并表现出一元化结构,政治权力可以侵入社会的各个领域和个人生活的诸多方

[①] 王长江等:《现代政党执政方式比较研究》,上海人民出版社2002年版,第538页。

面，全能主义特征比较明显。[1] 中国共产党较高的社会覆盖率使其具有较强的社会整合功能。但在改革开放和市场经济日渐成熟之后，党政部门对资源配置的集中式权力则难以持续，市场和社会领域逐渐进入资源配置领域并使得多元治理格局形成，因此，我国目前正处于国家社会结构的解构和重构的过程。[2]

在资源配置由一元向多元治理的过渡中，社会组织对执政党的挑战是客观存在的。首先，执政党所不能覆盖或影响较弱的社会领域成为社会组织的介入地。党作为社会整合的主体，是凝聚社会力量、增强制度认同、提高大众素质不可或缺的主体，但社会组织的规模和影响逐渐吸引越来越多的公众加入其中，进而对执政党的社会整合效果形成侵蚀。其次，社会组织可能会在某些有利可图的领域与执政党进行争夺，比如利益筛选和表达。再次，社会组织影响政党公共权威。由于中介性是政党与社会组织的共有属性，那二者必然会面对功能重叠的社会领域，对有限的资源进行争夺。[3] 最后，社会组织与政党之间存在的张力可能也会影响到政党发展能力。由于社会组织的独立性，其价值目标与工具选择和政党的可能会存在不一致现象，这种张力对政党整合社会存在一定的影响。

（2）社会组织对党的领导方式提出新的要求

中国共产党与社会组织将会长期处于共存的状态。这种长期共存的趋势取决于以下两个方面：一方面是由社会组织本身属性决定的，因为社会组织的发展与壮大，不仅是我国深化改革在社会领域的具体成果，也反映出社会阶层更加复杂化、利益诉求更加多元化的社会现实。在全面深化改革的当下，社会组织管理制度迎来重大变革，社会组织发展的制度障碍进一步得到清除，而市场机制在资源配置的决定性作用也会日渐明显，这为社会组织发展带来所需的社会资源。另一方面也是由党的历史经验决定的。历史上党曾经通过以国家代替社会、实行高度的国家社会一体化，但其结果表现得不尽人意。

---

[1] 邹谠：《二十世纪中国政治：从宏观历史与微观行动角度看》，牛津大学出版社1994年版，第69页。

[2] 张正之：《社会组织的扩张与挑战：执政党面临的重大政治课题》，《领导文萃》2004年第1期。

[3] 罗峰：《社会组织的发展与执政党的组织嵌入：政党权威重塑的社会视角》，《中共浙江省委党校学报》2009年第4期。

各国政党经验表明,通过国家的公共权力实现社会控制是执政党比较倾向的一般路径。中国共产党自然也不例外,党通过对国家公共权力的嵌入,实现对社会的高度整合。然而,社会组织的出现和规模扩大,对党的执政方式提出新的挑战,因为社会组织作为社会整合的一种新型机制,对党整合社会的传统方式——依靠国家机器渗透社会——提出挑战。

2. 中国共产党处理其与社会组织发展的应对策略

社会组织是经济社会可持续发展的产物,本身没有好坏之分,犹如一把菜刀,正常使用时,能够切菜,但使用不当,有可能伤人皮肉。社会组织的生存与发展,既可能影响党的执政基础和领导方式,对党的建设提出挑战,也可以在党的领导下,发挥反映社情民意、协调社会关系、维护社会稳定方面的作用。社会组织对党的建设到底发挥怎样的作用,关键取决于党如何认识和处理与社会组织的关系。

(1) 通过国家公共权力介入社会组织发展

中国共产党通过将党内政策,上升为国家意志,从而实现对社会的管理。社会组织管理制度的形成与改革就明显体现出这一特征。

自1978年12月改革开放以来,尤其是20世纪90年代之后,市场改革拉动社会转型,在善治等治理思路的影响下中国共产党逐渐认识到社会组织在群众联系和利益组织方面的关键作用,因此借助公共权力向其提供了众多法律规范方面的政策支持。在中国共产党十八大之前,党的关于社会组织的政策主要集中在明确社会组织性质、地位尤其是功能,1993年11月召开的十四届三中全会提出"发展市场中介组织,发挥其服务、沟通、公证、监督作用。发挥行业协会、商会等组织的作用";2008年2月召开的十七届二中全会中,提出要"更好地发挥公民和社会组织在社会公共事务管理中的作用,更加有效地提供公共产品"。

然而,2012年11月召开的中国共产党十八大,尤其是2013年11月十八届三中全会,党的政策更多地强调管理制度的改革。《中共中央关于全面深化改革若干重大问题的决定》[①] 明确提出"限期实现行业协会商会与行政机关真正脱钩,重点培育和优先发展行业协会商会类、科技类、公益慈善类、城乡社区服务类社会组织,成立时直接依法申请登记"。这些

[①] 《中共中央关于全面深化改革若干重大问题的决定》,新华网,http://news.xinhuanet.com/2013-11/15/c_118164235.htm。

政策为社会组织指明了未来一段时期的发展方向。2014年10月，中国共产党十八届四中全会通过《中共中央关于全面推进依法治国若干重大问题的决定》，提出"国家和社会治理需要法律和道德共同发挥作用。必须坚持一手抓法治、一手抓德治……培育社会公德、职业道德、家庭美德、个人品德，既重视发挥法律的规范作用，又重视发挥道德的教化作用"。①

中国共产党提出政策后，并通过贯彻国家意志，并因此深刻影响社会组织发展的环境。我国各级政府积极推动直接登记、政会分离政策，并通过购买社会组织服务的方式，支持社会组织发展。全国人大常委会也在深入讨论社会组织相关立法工作。审判机关和检察机关探索通过与行业协会商会签订合作协议，提高办理知识产权等案件的效率和水平。这种机制是党应对社会组织发展的主要策略，并对党与社会组织、政府与社会组织关系产生较大影响。

（2）通过党建全覆盖方式嵌入社会组织运作

中国共产党对社会组织的领导从"以党促管理"开始。1994年1月由中共中央组织部颁布的《关于加强党员流动中组织关系管理的暂行规定》②，其中就提到了如何管理各种社会中介组织中的流动党员问题，把在社会组织中建立党组织的工作就纳入了各级党委组织部门的工作范围。1998年2月，中共中央组织部、民政部联合下发《关于在社会团体中建立党组织有关问题的通知》③，对在社会组织中建立党组织作出详细规定。在2002年中国共产党十六大报告中，更进一步明确要将发展社会组织纳入到党的基层建设中，要求"加大在社会团体和社会中介组织中建立党组织的工作力度"。2004年9月召开的中国共产党十六届四中全会明确阐述关于加强党的执政能力建设的具体思路，要求"建立健全党委领导、政府负责、社会协同、公众参与的社会管理格局，加强和改进对各类社会组织的管理和监督"。实践证明，在社会组织成立起来的党组织，确实能够充分发挥着政治保障、组织动员和资源整合的作用。

---

① 《中共中央关于全面推进依法治国若干重大问题的决定》，新华网，http://news.xinhuanet.com/2014-10/28/c_1113015330.htm。

② 《关于加强党员流动中组织关系管理的暂行规定》，中国共产党新闻网，http://cpc.people.com.cn/GB/64162/71380/71387/71591/4855143.html。

③ 《中共中央组织部、民政部关于在社会团体中建立党组织有关问题的通知》，中国共产党新闻网，http://cpc.people.com.cn/GB/64162/71380/71382/71383/4844846.html。

3. 完善中国共产党与社会组织关系的对策建议

(1) 中国共产党与社会组织关系的指导原则

随着我国全面深化改革的深入推进，社会组织迎来了发展的契机。社会组织无论是数量的增长，还是作用的发挥，都出现了明显好转的态势。社会组织的发展深刻改变着中国共产党执政的社会生态环境，作为执政党必须根据社会变化形势，调整和完善社会组织管理政策。

中国共产党与社会组织建立关系需要遵守两个原则：法律面前平等的原则和领导原则。[①] 第一个原则是平等。宪法规定"各政党和各社会团体……都必须以宪法为根本的活动准则"，这在强调宪法权威和以宪治国、依法治国的背景下，更应该是中国共产党与社会组织建立关系的规则和约束。因此从法律意义上看，共产党与社会组织的关系受宪法和法律的调节；第二个原则是领导原则。按照我国宪法规定，"中国共产党领导的多党合作……将长期存在和发展"，即明确了中国共产党的领导地位。因此，从这个意义上讲，中国共产党对其他所有组织包括社会组织存在一种领导与被领导的关系。这种领导与被领导关系既是一种法律规定的关系，也是中国共产党与社会组织的关系的根本问题。

尽管共产党的领导对社会组织的领导具有法律的强制性，但这种强制性并不意味着共产党对社会组织管理的政策充满刚性。中国共产党对待社会组织的行动，体现出"控制—规范—引导—整合"的演变规律，这也可以说明，中国共产党已经开始寻求通过与社会组织的共存、协调与合作，巩固自身的社会基础，构建以其为领导核心的治理体系。[②]

(2) 完善中国共产党与社会组织互动的路径选择

社会组织在提高国家治理水平、促进社会稳定发展的过程中发挥着不可或缺的作用，这对党的社会组织管理政策提出新的要求。

首先，探索建立党与社会组织互动的制度化渠道。社会组织数量庞大，功能多样，在服务社会的过程中掌握大量的社情民意信息，但却面临着诸多方面的制约。而共产党拥有执政的优势地位，能够将政策建议转化为国家制度。因此，建立共产党与社会组织互动的制度化渠道，不仅能够

---

① 张文成：《关于我国执政党与社会组织关系的思考》，《当代世界与社会主义》2006年第6期。

② 林尚立：《社会组织与政治改革：中国的逻辑》，王名主编：《中国社会组织30年——走向公民社会》，社会科学文献出版社2008年版，第259—286页。

加强党与社会组织的信任，形成互相支持的良性关系，而且也有助于党及时了解社会变化，从而提高党的政策科学性和可操作性，巩固党的执政基础。

其次，创新党组织与社会组织互动的活动方式。社会组织同执政党有着一定的政治距离。然而，单纯在社会组织中建立党组织的做法，也并没有拉近党与社会组织的距离，因此，这就需要党主动实现"重心下移"，即将党的组织活动下沉和延伸到社会组织兴趣集中、利益集中、诉求集中的领域之中。① 在西方主要先发展国家，无论是执政党还是在野党，积极投身于社区治理、参加社会组织发起的活动，是一种普遍的组织行动。中国共产党可以充分借鉴其中的经验，创新党组织与社会组织互动的活动方式。

最后，探索共产党购买社会组织服务制度。政府购买社会组织服务制度已经在全国范围内得到广泛实践，并取得了诸多重大成就。中国共产党可以借鉴政府购买社会组织服务（如党的政策调研、党的建设等）的做法，充分发挥党依靠自身资源，影响和引导社会组织发展。目前，上海浦东新区塘桥街道主动探索社会组织购买党建服务，运用专业化、社会化和项目化的运作机制，将部分党建工作委托给社会组织，并取得了良好的效果。② 党通过购买社会组织服务，对于完善政党与社会组织的关系、提高共产党的执政水平等方面具有重要影响，并有利于推进中国共产党的现代化和社会化进程。

（四）参政党与社会组织关系研究

1978 年 12 月改革开放以来，我国各类社会组织迅速成长，并对我国的民主政治建设和政党制度产生了深刻影响；八大民主党派（中国国民党革命委员会、中国民主同盟、中国民主建国会、中国民主促进会、中国农工民主党、中国致公党、九三学社、台湾民主自治同盟）是中国政治活动的参政党。参政党作为中国特色政党制度的主体之一，是统一战线整合体系的重要组成部分，并形成较大的制度性力量；由于其自身所拥有的特色

---

① 吴新叶：《走出科层制治理：服务型政党社会管理的路径——以上海社会组织党建为例》，《理论与改革》2003 年第 2 期。

② 张波、陆沪根：《探索基层党建新模式：基于社会组织购买党建服务研究——以上海市浦东新区塘桥街道为例》，《湖湘论坛》2014 年第 2 期。

和优势，在协助中国共产党建设有中国特色社会主义的过程中发挥着不可替代的作用。

随着全面深化改革的推进，社会组织在社会治理方面发挥着日益重要的作用。无论是中国共产党，还是中国政府，与社会组织形成良性有效的互动格局都在有条不紊地探索中。参政党与社会组织的良好关系也需要构建，实现二者的互利共赢，共同构筑国家治理体系和治理能力现代化。

1. 参政党的角色定位

在西方先发展国家，政党是市场经济发展和公民民主意识增强的产物，"先有逐步发展起来的市场经济，催生出强烈的公民民主意识和政治参与的要求，进而形成公民社会，有了公民社会，才出现了政党"。[1] 与西方先发展国家不同的是，中国八大民主党派尽管在1949年10月新中国成立的过程中，发挥着重要的作用，然而与直接诞生于社会的中国共产党类似，此时的民主党派尚无国家制度支持，因而也就不可能通过国家制度来配置政治资源，没有代议制和宪政框架所提供的政治参与路径。[2] 从这个角度来看，民主党派是社会自生自发的产物，而并不是政治设计的结果。从其代表性来看，民主党派主要代表了民族资产阶级、小资产阶级及其所联系的知识分子的利益，这些人属于中国社会的中间阶级和中间阶层。1949年10月新中国成立时，民主党派参加了新中国的筹建，进入联合政府，其领导人分别担任国家的重要领导职务。[3] 民主党派在新政权建设和巩固的过程中实现了政治的合法化，成为中国共产党领导的多党合作和政治协商制度的一部分，逐渐成为以中高级知识分子和经济人士的参政党。由于参政党的制度性存在以及其政治参与能力，将参政党划分为社会组织的范畴内可能并不合适。

---

[1] 王长江：《政党论》，人民出版社2009年版，第59页。
[2] 1948年1月1日，中国国民党革命委员会成立；1941年3月19日中国民主政团同盟重庆秘密成立，11月16日，公开宣布成立，1944年9月，中国民主政团同盟在重庆召开全国代表会议，决定将中国民主政团同盟改为中国民主同盟；1945年12月16日，中国民主建国会在重庆成立；1945年12月30日在上海正式中国民主促进会；1930年8月9日，国民党左派在上海召开第一次全国干部会议，成立中国国民党临时行动委员会，1935年11月10日改名为中华民族解放行动委员会，1947年2月3日改名为中国农工民主党；1925年10月，中国致公党由华侨社团美洲致公堂发起在美国旧金山成立；九三学社前身为在重庆组织的"民主科学座谈会"，后为纪念1945年9月3日抗战胜利，改建九三学社。1946年5月4日，九三学社成立大会在重庆正式召开；1947年11月12日，台湾民主自治同盟在香港成立。
[3] 郑宪：《参政党与中国社会组织关系初探》，《湖南省社会主义学院学报》2013年第4期。

2. 参政党与社会组织的比较

参政党和社会组织在活动领域、对应主体、功能作用上存在差异，参政党主要活动在政治领域、对应于执政党、功能作用体现在对民主政治方向的影响，社会组织主要活动在社会领域、对应于政府、功能作用体现在对民主政治参与范围的影响。

（1）参政党与社会组织的差异

参政党和社会组织在行动过程中存在众多差异。首先，参与路径存在差异。参政党主要通过政治活动，比如党和政府的政治协商、座谈会等路径，发挥自身功能；而社会组织则强调面向社会，直接提供服务。其次，参与的主体不同。各民主党派构成了我国参政党的主体，以各个领域中上层人士为主；而社会组织的主体则主要是普通大众，尽管不排除中高层人士的参与。最后，参与的目的不同。参政党政治参与的目的是参政议政、民主监督，是代表各自所联系的人群的不同利益与中共进行的党际协商、党际合作；而社会组织政治参与的目的就是要协调各方利益，更多的是参与政府与群众间的直接对话，或可以成为党群协商。[①]

（2）参政党与社会组织的共性

参政党与社会组织的共性在于，它们都强调多元共识、协商一致的原则，目的聚焦于反映社情民意、协调社会关系、维护社会稳定；[②]双方都有利益整合和表达的功能，是党和政府在社会治理中的重要补充，大众可以根据自身需要和现实条件参加各民主党派或社会组织。

3. 社会组织发展对参政党的影响

随着社会组织管理体制改革的推进，社会组织与党和政府的互动也日益常态化、多样化。这对参政党产生重要挑战，与此同时也为参政党的发展提供机遇。

社会组织对参政党的挑战主要表现在以下两个方面。

第一个方面，社会组织为参政党提出新的历史课题。作为参政党，民主党派的功能主要是政治协商、民主监督和参政议政。随着社会公众需求多元化，社会组织得到快速发展，并积极回应和主动解决社会问题，同时

[①] 郑宪、李梦奇：《转型期参政党与社会组织关系探析》，《观察与思考》2013年第9期。
[②] 王毅：《深入学习中央5号文件在贯彻落实上狠下功夫》，《吉林省社会主义学院学报》2005年第4期。

也逐渐将提供社会服务塑造为扩大社会影响力和公信力的重要路径。参政党作为建言献策的重要参与者，亟待解决社会服务提供这一短板，延伸和细化参政议政和民主监督的功能内容。

第二个方面，社会组织对参政党的政治活动形成冲击。政治协商、民主监督、参政议政是参政党的主要功能，是宪法和法律规定的、并区别于社会组织的重要表现形式。随着社会组织服务政府和社会能力的提升，各级党组织和政府正在着手推动扩大社会组织政治活动的改革，这对作为参政党的民主党派产生挑战。如2011年12月广东省社会工作委员会发布《关于加强社会组织管理的实施意见》，明确支持社会组织依法参政议政，率先鼓励有条件的市、县（市、区）先行先试，探索在政协中设立社会组织界别。① 郑州青年联合会、广东省青年联合会等增设"社会自组织"（社会组织）界别的决议，并有若干家社会组织成为委员。2011年惠州市博罗县率先把社会组织列入政协界别，并同时给予社会组织2个党代表名额，县人大代表1个代表名额。②

不过，社会组织对参政党功能发挥的积极影响如下：一是参政党与社会组织由于功能和组织上的共性使双方可以进行有效沟通和合作；二是参政党和社会组织在一定程度上存在的竞争性在客观上促进了参政党参政议政和社会治理功能的改善；三是促进民主党派积极探索通过社会组织参与社会服务新模式，完善政治协商、民主监督、参政议政。2014年12月，有消息报道，民进深圳龙华新区基层委员会发起的深圳市龙华新区虹彩助学支教协会。③

4. 完善参政党与社会组织互动的对策建议

尽管参政党与社会组织的宗旨和目的存在差异，但作为建设有中国特色社会主义的重要力量，在根本利益方面存在契合。随着我国全面深化改革的推进，加强参政党和社会组织的功能与作用，有助于国家治理体系和治理能力现代化的建设。因此，完善参政党与社会组织的互动方式，主要可以从以下三个方面推进：

首先，参政党探索如何通过社会组织参与社会服务的新模式。社会服

---

① 程志高：《论公共社会视阈下的社会管理创新》，《重庆广播电视大学学报》2011年第6期。
② 雷辉：《博罗县政协率先设社会组织界别》，《南方日报》2012年6月12日。
③ 吴雪平：《新区引导民主党派牵头成立社会组织》，《宝安日报》2015年1月6日。

务作为参政议政和民主监督的延伸和深化，是参政党为执政党和政府作贡献的过程，也是增强民主党派自身凝聚力的过程。目前部分地区已经正在积极探索中，这为在更大范围内推广这一模式做好了准备。①

其次，加强参政党与社会组织的合作。参政党与社会组织都是拥有一定的社会基础、反映一定的社会意见、追求一定的公共利益的组织。参政党可以为社会组织进行政治参与提供重要渠道，社会组织也需要及时调整传统的参政方式，使之成为人们参与社会治理、表达利益诉求的重要机制。②

最后，提升参政党与社会组织的自身建设。参政党与社会组织在国家政治和社会治理中发挥着重要作用，但离执政党与政府赋予的使命还存在较大差距。所谓打铁还需自身硬，为此参政党与社会组织需要不断打造自身专业能力，夯实组织行动基础，完善内部治理结构，提升社会组织自身建设。

三 政府与社会组织间关系研究

治理理论认为，在公共事务的治理中，应建立囊括政府、企业和社会组织，以及公民共同参与的多中心社会治理机制。政府与社会组织的互动是其中的一个基本关系，对社会治理具有重要影响。

（一）国外政府与社会组织间关系研究

1. 不同国家的政府与社会组织的关系

（1）美国

美国社会组织的产生可以追溯到 1620 年《五月花号公约》明确提出的：最早抵达新大陆的人"自愿结为民众自治团体"。此后在将近 500 年的发展历程中，美国社会组织的组织形态从慈善信托组织演变为慈善法人、基金会、社会企业、公益创投、公司等并经历了从慈善信托、慈善法人到非营利法人/非法人这一法人主体的发展与变迁。③ 因此，美国社会组

---

① 郑宪、李梦奇：《转型期参政党与社会组织关系探析》，《观察与思考》2013 年第 9 期。
② 郑宪、李梦奇：《转型期参政党与社会组织关系探析》，《观察与思考》2013 年第 9 期。
③ 丁晶晶、李勇、王名：《美国非营利组织及其法律规制的发展》，《国外理论动态》2013 年第 7 期。

织的概念比较宽泛，因而其范围是根据美国税法确定的，即主要是以美国国内税法501（C）3和501（C）4身份登记的组织。符合国内税法501（C）3条款的社会组织，既可以享受组织免税待遇，也可以使得捐赠者享受免税待遇，但该类组织不得参与游说和政治活动，不能参与政治选举，公开支持候选人或反对候选人。[①] 符合国内税法501（C）4条款的社会组织，既可以享受组织免税待遇，也可以参加政治活动，但捐赠者无法享受免税待遇。除此之外，501（C）10和501（C）13条款分别针对的是传统的兄弟会（如共济会）和非营利性的墓地公司和火葬场，严格意义上讲，也应该属于社会组织的。也就是说，美国社会组织的界定依据主要是组织申报纳税所依据的国内税法相关条款，而不是组织的登记注册。

由于社会组织的注册门槛很低，所以美国政府对社会组织的监督相当严格。财政部国税局是管理社会组织的主要部门，其职责主要体现在两个方面：第一个方面，调查社会组织管理者的薪酬水平。如果某个社会组织负责人的收入，远超同类社会组织负责人收入水平的话，国税局就会介入调查，并对其免税资格进行重新评估；第二个方面，调查501（C）3条款的社会组织是否参与政治活动。国税局会公开社会组织提交的关于其自身的财务和活动状况的申报表（990表）。除此之外，联邦选举委员会也会参与社会组织管理，主要职责是监督社会组织的政治活动，尤其是501（C）4条款的社会组织。尽管501（C）4条款的社会组织在政治活动中受到的限制较少，但还是要符合有关规定的。

社会组织也会监督政府，主要集中在财政绩效和官员腐败等方面。比如美国著名的社会组织：反政府浪费公民联合会、促进华盛顿责任与伦理公民联盟和白宫预算办公室组织，前者主要活动就是确定美国联邦政府是否浪费纳税人的税款，居中者的主要活动集中在反对政府腐败、官员渎职等方面，后者则主要是监督政府编制预算是否合理。

除相互监督之外，政府与社会组织还存在普遍的合作关系，其主要形式就是政府购买社会组织服务。美国各级政府对社会组织的资金支持可以达到其收入来源的近30%，主要是通过政府购买等方式实现，双方建立了多种合同关系。政府与社会组织建立良性合作关系，一方面提高政府治理

[①] 梅儒瑞：《美国政府和NGO界的关系》，《三月风》2011年第11期。

绩效；另一方面促进社会组织健康发展。

（2）英国

英国的社会组织通常称为"志愿部门"或者"慈善组织"。这种称谓也反映出英国社会组织的界限，并与英国社会组织发展过程有密切关系。英国在1945年二战后初期，通过一系列社会保障法案，并在1948年宣布建成世界第一个福利国家。这个时期的英国，政府福利涵盖生老病死、伤残、失业等诸多方面，这种模式被称为"从摇篮到坟墓"的看护。后来政府积极推动国家福利，其中以1942年《贝弗里奇报告》的发表为标志达到高潮，也就是社会保障制度建立，至此养老金、学校膳食、健康保险等领域均纳入国家供给体系，此时政府与社会组织的关系处于一种主导——辅助的状态。

然而，在20世纪70年代经历严重的经济危机之后，英国经济增长日益承受不起国家福利支出的负担，形成福利国家危机。之后，英国政府开始对英国福利保障制度进行重大改革，主要包括私有化改革，提高市场机制在福利供给中的作用。在此背景下，1978年英国提出《沃芬顿报告》，第一次提出非政府组织在提供公共服务方面比政府更为有效。此时，英国政府通过的私有化改革，为社会组织的再次兴起提供潜在的资源，并在社会福利供给方面发挥更大作用。

1998年，英国政府与全英慈善组织与政府合作委员会共同签署《政府与志愿及社区组织合作框架协议》，随后英国地方也出现地方版协议。[①] 按照协议及其精神，政府加大对社会组织的支持，并在税收方面给予优惠。此后，英国社会组织数量出现快速增长，涉足领域宽广，内部治理水平提升，社会影响深远。

除政府与社会组织合作之外，政府也对社会组织进行具有特色的监督。英国政府的监管主要通过慈善委员会实施。该机构由政府任命的政府官员负责，拥有制定法规、登记、监管社会组织的机构。现行法规要求社会组织必须做好年度总结报告，并附上收支报表。尽管不必提交慈善委员会负责，但必须随时备查。监管要求会根据社会组织规模进行分类管理。大型社会组织的监管要求比中小型社会组织更加严格明确。

[①] 石国亮：《国外政府与非营利组织合作的新形式——基于英国、加拿大、澳大利亚三国实践创新的分析与展望》，《四川师范大学学报》2012年第3期。

(3) 德国

德国的结社传统非常悠久，数量巨大的社会组织业务范围涉及社会服务、卫生健康服务、教育与科研、住房与就业、文化与娱乐、经济与职业、公民与消费者维权、环境保护、国际活动、资金募集等领域，但在数量分布上有一些差别。[①] 不过，社会组织在体系架构上具有清晰明确的、自上而下的特征，即几乎所有的社会组织都是德国联邦职员福利组织联合会"下属"的六大全国性志愿福利联合会的会员。这六大机构主要是德国明爱联合总会、德国福音教社会服务联合总会、工人福利总联盟、德国红十字总会、德国平等福利联合会和德国犹太人中央福利办事处。1945年二战以后的德国在社会福利制度建设过程中充分体现辅助原则，在事关国家发展的关键领域发挥着主导作用，而在其他领域则采取自由放任的态度。因此，德国政府与社会组织以及企业的关系可以分为以下几种模式：

一是政府主导、社会组织与企业辅助。这种模式主要出现在政府认为事关国家发展的关键领域。这些领域包括教育、科研、国际交往等。政府成为这些领域的最主要投资者，社会组织和企业则被视为补充者，因此，社会组织在这些领域发展机会较少，积极作为受到限制。

二是社会组织主导、政府辅助和企业介入。这种模式主要出现在政府认为事关民生福利的重要领域。这些领域包括卫生医疗、健康服务、社会服务等。政府会强化自身的辅助角色，并通过与社会组织合作，指导并给予资金支持，而企业的介入机会不多，实质上处于被排斥状态。在社会福利方面，以德国福利协会为例，由于得到各级政府的公共服务采购和经济支持，而使其成为领域内的"航母级"社会组织。[②]

三是企业主导、社会组织补充和政府自由放任。这种模式主要出现在政府认为不太重要的领域，如文化娱乐、行业组织等。政府不会通过政策指导、资金支持等方式支持社会组织在这些领域发展，并将其视为企业的补充者。社会组织在这些领域的发展，在很大程度上取决于社会支持和企业支持。

不过自20世纪90年代以来，这种模式有了一系列变化。这种变化与自由主义改革思潮和财政支持能力有关。政府与社会组织的关系强化辅助

[①] 张网成、黄浩明：《德国非营利组织：现状、特点与发展趋势》，《德国研究》2012年第2期。

[②] 刘力：《政府采购非营利组织公共服务——德国实践及对中国的启示》，《政法论坛》2013年第4期。

原则的互补关系，弱化替代关系。总而言之，德国政府与社会组织的关系正在进行适应性转变，但其与政府在辅助原则指导下的合作关系模式并没有得到根本性的改变。

(4) 日本

在1998年之前，日本政府对社会组织进行严格的限制，因而发展不是很快。阪神地震与俄罗斯油轮泄露两次社会突发事件为社会组织发展提供难得的机遇。1995年1月，日本神户发生地震，史上称为阪神地震。这次地震受灾严重，然而政府救援行动缓慢，日本各类社会组织却迅速前往灾难现场展开救援工作，这引起了日本国内社会公众的极大关注。继阪神地震之后，1997年俄罗斯油轮在日本海域搁浅，大量原油泄漏，日本社会组织志愿者对海面原油进行清理作出重大贡献。此后，整个社会对社会组织的关注度不断飙升，纷纷要求政府放松对社会组织的管制，日本最终于1998年3月19日通过《特定非营利活动促进法》。[1] 因此，突发事件对日本的社会组织数量增加与规模扩大起到关键作用。

日本有关社会组织的法律非常齐全，基本涵盖各类社会组织。这些法律一方面规定详细，操作性强；但另一方面由于它们大多都是单行法，存在相互衔接的问题。政府对具有法人资格的管理，在形式上采取业务主管部门和登记管理机关的双重管理体制。目前，具有法人资格的社会组织在登记管理机关（日本法务省及其地方登记所）注册之前，需要获得业务主管单位（经济企划厅）或者地方政府的批准。另外，法务省还要将社会组织登记的材料公开，满足社会查询需求。

日本政府与社会组织的合作，主要通过补助、扶持、行政委托、协作提供、政策建言等路径得以实现。[2] 政府补助社会组织提供硬件上的支持和补贴，具体包括资金、场地、物资和设施等。这种模式旨在降低社会组织的运营成本，提高社会组织服务能力。扶持主要是指政府对处于刚刚起步阶段，或者发展过程中陷入困境的社会组织提供帮助，包括资金和办公场所的支持，也包括为提升社会组织管理运营能力而提供一定的培训。行政委托是指政府将一部分原本由政府提供的公共服务委托给社会组织。协

---

[1] 罗曼：《发达国家非营利组织的制度借鉴与启示》，《时代金融》2014年第2期。
[2] 沈晓宇：《推力、制度、路径：日本政府与非营利组织合作关系探析》，复旦大学硕士学位论文，2013年。

作提供公共物品和服务是政府与社会组织作为平等的主体，共同开展的公益活动。政策建言主要是指社会组织参与政府的政策制定过程。

2. 国外政府与社会组织互动的经验总结

国外政府与社会组织的具体关系，历史传统、文化背景以及政治体制的差异使其对社会组织的监管模式各不相同。不过，国外政府与社会组织的互动有一些共同的特点，是中国社会组织管理制度改革的重要经验。

（1）完善的制度体系

从各国社会组织的发展过程和政府与社会组织两者合作的实际情况来看，完全依靠政府管制不过多干预社会组织事务，或是依靠社会组织自律不违背组织的性质是不现实的，法律制度环境不仅是规范社会组织发展的基础因素，也是影响社会组织与政府互动的重要因素。

不过，社会组织面临的法律体系不尽相同。如在美国，对社会组织的管理主要以税收管理为依托，管理框架以税法为基础，因而没有专门的法律来统一规范社会组织的活动。而在日本，存在专门针对社会组织的基本法律，即1998年发布的《特定非营利活动促进法》，其目的是促进这类组织的发展和规范其活动。总而言之，适合本国基本情况的、完备的制度体系是社会组织发展、政府与社会组织互动的重要保障。

（2）公开的监督体系

国外政府在大力发展社会组织的同时，也非常重视对社会组织的监督。根据这些国家的法律实践，可以发现这种监督主要由两方面构成：一是来自于法律法规的监督；二是来自于社会的监督。法律的监督主要是通过赋予政府机构，或者委托相关机构对社会组织就合法性进行监督。社会的监督则主要通过社会组织信息公开为基础政策工具实现的。尽管并不是所有国家都要求将有关财务和业务活动提交给专门的执法监管机构，但均要求准备好相关资料，供政府监管部门和社会公众查询。社会监督虽然不是一种正式的监督机制，但它也使每一个对某个社会组织关注或有疑问的社会成员都可以对其进行监督检查，极大加强了社会组织的自律机制建设，而且社会监督操作成本低，社会效果好，对形成政府与社会组织良性关系也有所作用。

（3）积极的合作态度

从各国的社会组织与政府互动的过程来看，政府与社会组织存在合作的关系取向，一方面政府通过转变政府职能购买社会组织服务等方式，对社会组织进行资金扶持,并成为社会组织的主要收入来源之一,这也是克服社会组织"志愿失灵"之慈善不足的解决之道;另一方面,社会组织积极参与政府公共物品的提供和公共服务的供给,不断提高组织绩效与服务水平,实现政府所期望的公共目标。这对政府与社会组织而言,是达成一种双赢的状态,并反过来又促进这种关系所涉及领域的拓展和力度的增强。

(二) 我国政府与社会组织间关系的研究

1. 政府与社会组织互动的关系模式

在 1978 年改革开放前,中国社会的集权度很高,全能政府掌握着几乎全部资源的配置权,同样对社会组织也进行了严格的管控,因而社会组织要获得政治合法性必须依赖于政府,基于此,学术界认为我国的组织具有严重的"官民二重性",社会组织更多地起着辅助性的作用,甚至被称为"二政府"。[①] 社会组织的"半官半民"性质决定其与政府形成主导—附属型的关系,在与政府的互动过程中,也不会产生自主意识。随着市场机制的有效运行和政府职能的转变,社会组织在促进经济社会发展、提供公共服务、反映公众诉求和维护社会稳定等方面发挥着愈来愈重要的作用。研究政府与社会组织互动的关系模式,对进一步发现政府社会组织管理体制存在的弊端提供有益的视角。

根据政府与社会组织的互动实践,结合已有的相关文献,本书认为,我国政府与社会组织的关系可以划分为辅助型、合作型、冲突型和抑制型四种模式。

(1) 辅助型关系

辅助型关系模式下的社会组织,一般主要由政府部门自上而下的方式推动成立,其最初的目的在于适应政府机构改革、转变政府职能和分流人员。政府一方面通过公共事务转移、办公场所提供、政策倾斜和资金支持等方式,扶持社会组织发展;另一方面也通过行政化的方式,控制着这类社会组织的人事权、财务权和重大业务活动权。因此,这类社会组织一般具有严重的"官民二重性",其更多地起着协助政府的作用,并对政府有强烈的依赖性。

---

① 于晓虹、李姿姿:《当代中国社团官民二重性的制度分析——以北京市海淀区个私协会为个案》,《开放时代》2001 年第 9 期。

（2）合作型关系

与辅助型关系相比，合作型关系强调社会组织与政府的地位更加相对平等，并在此基础上与政府展开合作。社会组织基于专业服务、信息资源等方面的相对优势，政府则拥有配置社会资源的优势，双方出于各自需求而建立的一种基于"工具性"的交换关系。政府与这种关系类型一般通过以政府购买社会组织服务的形式加以实现的。

不过从资源依赖程度的角度来看，尽管社会组织在组织管理和专业能力方面存在优势，但政府依然处于绝对强势地位，这些组织同政府之间形式上是基于契约的市场交换关系，但政府购买社会组织服务的制度规范尚未健全，两者合作关系的维系，更多的是来自政府态度这一因素。

（3）冲突型关系

社会组织基于自身的认识对政府有关政策进行建议或者批评，并借助舆论传播等路径，扩大自己政策建议的影响力，从而在客观上对政府政策形成一定程度的压力。由于与政府形成辅助型关系的社会组织，往往垄断着某一领域的话语权，因而也很容易成为其他社会组织冲突的对象。比如在修订《中华人民共和国环境保护法》的过程中，上百家环境保护类社会组织针对环境公益诉讼权单独赋予中华环保联合会先后发起呼吁，最后其他社会组织也可享受这一方面的权利。[①] 2014年4月，全国人大修订的《中华人民共和国环境保护法》第五十八条规定，对污染环境、破坏生态，损害社会公共利益的行为，符合下列条件的社会组织可以向人民法院提起诉讼：（一）依法在设区的市级以上人民政府民政部门登记；（二）专门从事环境保护公益活动连续五年以上且无违法记录。符合前款规定的社会组织向人民法院提起诉讼，人民法院应当依法受理。提起诉讼的社会组织不得通过诉讼牟取经济利益。

随着市场化改革的逐渐深入，社会组织的权利意识有所加强。社会组织开始以更加直接的方式，对政府政策提出不满和批评。这在行业协会商会比较普遍。2013年，中国烹饪协会联合中国旅游饭店业协会通过召开新闻发布会和发布公开信的方式，明确反对北京市工商局认定"禁止自带酒

[①] 《中华人民共和国环境保护法》，中华人民共和国环境保护部网，http://www.cciced.net/xwzx/gzjx/201407/t20140704_278272.html；贾玥："环境公益诉讼主体为何只限定中华环保联合会？"，2013年7月5日，人民网，http://politics.people.com.cn/n/2013/0705/c99014-22097927.html。

水"为餐饮业不公平格式条款的行为。①

（4）抑制型关系

2013年3月，第十二届全国人民代表大会第一次会议批准《关于国务院机构改革和职能转变方案的决定（草案）》，根据《国务院机构改革和职能转变方案》，结合地方政府社会组织管理体制改革实践，大部分地区先后都明确规定行业协会商会类、科技类、公益慈善类、城乡社区服务类等四类社会组织，可直接向民政部门登记管理机关依法申请登记，不再需要业务主管单位对社会组织的审查同意。同时也明确规定政治法律类、宗教类、涉外类等社会组织的登记仍由业务主管单位和民政部门双重管理。从这次改革实践中就可以看出，政治法律类、宗教类、涉外类三类社会组织与政府的关系一般更具有对抗性，其资金来源和业务活动往往受到政府更多的限制和监督。因此，这类组织在资源获得上，更多依靠外部资金支持或者组织成员自筹。

2. 政府与社会组织互动存在的问题

（1）政府与社会组织关系缺乏法律规范

目前我国尚未形成统一规范社会组织的基本法律，而现行法律法规也未对政社关系作出系统明确的规定。与社会组织相关的只有《中华人民共和国工会法》、《中华人民共和国红十字会法》、《中华人民共和国慈善法》《中华人民共和国境外非政府组织境内活动管理法》等专门法，以及《中华人民共和国公益事业捐赠法》、《中华人民共和国企业所得税法》等部分条款涉及社会组织的法律。在与社会组织直接相关的行政法规中，具有最高层级规定是国务院颁布的《社会团体登记管理条例》、《民办非企业单位登记管理暂行条例》和《基金会管理条例》，不过这三个条例只是规定社会组织的登记注册和日常监管，并未涉及政社关系的相关内容。

涉及政社关系的其他内容大多都是通过以民政部门为主制定的各类部门行政规章，以及各地方人大或地方政府制定的地方性法规、地方政府规章加以规范，而地方性法规和政府规章通常只针对地方性和部门性事务，很难做到全局性和系统性。

（2）制度创新与法律法规的衔接问题

2014年10月，中国共产党十八届四中全会通过《中共中央关于全面

---

① "中烹协要求北京工商局就禁止自带酒水等条款道歉"，《北京晨报》2013年12月13日。

推进依法治国重大问题的决定》,明确提出改革要于法有据。这就要求社会组织管理体制改革成果尽快上升为法律,为深化改革保驾护航。

行业协会商会类、科技类、公益慈善类、城乡社区服务类四类社会组织依法直接申请登记;政治法律类、宗教类、涉外类三类社会组织延续双重管理体制;政府与社会组织相分离;探索一业多会等相关制度创新是深化改革社会组织管理体制的具体内容,也是构建政府与社会组织新型关系的重要路径选择,对促进社会组织健康发展、实现社会协同治理有较强的实践操作意义。然而,作为目前我国用以规范社会组织的最高法律权威的《社会团体登记管理条例》、《民办非企业单位登记管理暂行条例》和《基金会管理条例》,是1998年和2004年发布的,其内容与相关规定尚未与创新性的制度思想实行衔接。法律法规严重滞后于制度创新,是优化社会组织制度环境进程中亟待解决的问题之一。

(3) 政府职能转变尚未落实到位

1978年改革开放以来,在经济和社会领域改革的带动下,国家—社会关系的变化也非常明显,国家由原有的"全能主义"治理模式逐渐转变成"威权主义"治理模式,经济体制也从传统的计划经济向社会主义市场经济转变,这种环境变迁为政府职能转变提出更多要求。

进入21世纪,政府改革旨在实现从管制型政府向服务型政府的演变。然而,在"强国家、弱社会"的格局下,由于政府职能转变尚未完成,政府通过权力配置资源的现象在诸多领域依然存在,而市场在资源配置中起决定性作用相对微弱,并亟待发挥。这种情况为社会组织通过市场和社会获得资源、从而增强自主性和实现组织宗旨的发展路径带来严重障碍。社会组织单向依赖政府资源配置,不仅不利于社会组织可持续发展,而且也有损于政府与社会组织良性互动格局的建立。

(4) 社会组织政策参与路径亟待完善

政策参与是指非官方决策主体从事的政策倡导、参与决策等影响政策议程设置和政策方案制订的活动,中国社会组织制度化的政策参与途径主要有听证会、政策方案意见征询会和公益诉讼。[①] 1999年10月,国家经贸

---

① 周俊:《政府与社会组织关系多元化的制度成因分析》,《政治学研究》2014年第5期。

委印发《关于加快培育和发展工商领域协会的若干意见（试行）》[①]，要求行业协会商会"提出有关经济政策和立法方面的意见和建议"。2013年3月23日，国务院发布的《国务院工作规则》第二十四条规定："国务院在作出重大决策前，根据需要通过多种方式，直接听取民主党派、社会团体、专家学者、社会公众等方面的意见和建议。"[②] 这一规定明确告诉人们，社会团体的意见和建议是国务院作出重大决策前需要听取的。当然，有些规定，没有直接规定社会团体，2003年12月，国土资源部发布的《国土资源听证规定》第四条："主管部门组织听证，应当遵循公开、公平、公正和便民的原则，充分听取公民、法人和其他组织的意见，保证其陈述意见、质证和申辩的权利。"[③] 显然，规定比较笼统，其中并没有对社会组织参与进行具体安排。从全国范围来看，除上海和广东尝试在人大和政协设立与社会组织有关的界别外，大多数省份和地方并没有将社会组织的政策参与制度化。与此相反，社会组织非制度化的政策参与却发展迅速，如研讨会、私下口头提议等途径来影响政策，因而存在偶然性、暂时性和变化性。

3. 完善政府与社会组织互动的政策建议

通过对政府与社会组织互动实践的分析，本书针对完善社会组织监管体系，和创新政府与社会组织合作方式两个方面，提出六条具体的对策建议。

（1）完善社会组织监管体系

政府对社会组织监管的本质就在于规范社会组织活动，保障社会组织合法权益。在全面依法治国的背景下，政府要站在推进国家治理体系和治理能力现代化的高度，综合运用法律的、经济的和行政的政策工具，改革社会组织管理体制，完善社会组织综合监管体系。

首先，调整社会组织监管的相关法律法规。政府通过法律手段对社会组织进行管理，是建设法治政府的客观要求，是推进国家治理体系和治理

---

① 《关于加快培育和发展工商领域协会的若干意见》，法律法规网，http：//laws.66law.cn/law－103514.aspx.

② 《国务院工作规则》，人民网，http：//politics.people.com.cn/n/2013/0328/c1027－20950269.html.

③ 《国土资源听证规定》，中华人民共和国国土资源部网，http：//www.mlr.gov.cn/zwgk/flfg/gtzybl/200504/t20050426_637346.htm.

能力现代化的必由之路。法律具有规范性、强制性和持续性的特征，是管理社会组织的重要依据。从国外政府管理社会组织的实践来看，无论是美国的税法、还是日本的专门法，都为社会组织活动提供了明确的法律依据。2016年3月16日全国人大通过的《中华人民共和国慈善法》对社会组织提出了新的要求。从1998年以来的社会经济状态发生了重大变化，也需要对《社会团体登记管理条例》、《民办非企业单位登记管理暂行条例》和《基金会管理条例》三大条例进行相关内容的修改，将《中华人民共和国慈善法》作出的新规定以及社会组织管理制度创新纳入条例修订当中。考虑到《社会团体登记管理条例》、《民办非企业单位登记管理暂行条例》、《基金会管理条例》都是涉及某一个方面，而不是整体性的社会组织，因此，在适当时候出台《中华人民共和国社会组织法》，是对社会组织进行总体性的规范。

其次，政府对社会组织灵活使用税收优惠、财政支持和罚金等监管的经济手段。税收优惠的主要内容涉及组织减免税和捐赠人减免税两个层面，是社会组织和捐赠者最为关心的核心问题之一。简化税收优惠认定程序，建立更加统一的、普惠性的、制度化的税收优惠政策是社会组织税收制度未来发展的方向。改变财政支持的差序格局倾向，加快财政扶持政策的制度化，提高财政的激励作用。罚金是对社会组织违反法律规范而进行的经济处罚。及时给予社会组织违法活动的经济处罚，纠正社会组织偏离法律行为。

最后，政府要不断改善登记管理、日常监管和组织评估等监管的行政手段。在登记管理方面，加快行业协会商会类、公益慈善类、科技类、社区服务类四类社会组织的直接登记，完善政治法律类、宗教类、境外非政府组织三类社会组织的双重管理，确保各类社会组织依法获得合法身份，取得法律的有效保护。在日常监管方面，加快登记管理机关与发展改革、财政、税务、金融、工商以及司法机关的协调与合作，建立社会组织信用体系，创新社会组织日常监管模式。在组织评估方面，积极推进社会组织1A、2A、3A、4A和5A等级的评估工作，提高社会组织评估登记应用范围和水平，以评促建，提高社会组织的能力建设。

（2）创新政府和社会组织的合作方式

从国外政府与社会组织互动实践中可以发现各国政府与社会组织的合作趋势日益明显，合作模式不断创新，双方以协同治理的方式来解决国家和社会所面临的各种复杂问题。我国应该在购买社会组织服务、授权委托及政策参与三个方面加强创新政府和社会组织合作方式，提高政府的管理效率，提升社会组织的管理能力。

第一，政府购买社会组织服务。从1995年开始，地方政府陆续购买社会组织的公共服务，上海、广东、北京等地购买社会组织公共服务的数量和规模越来越大。2013年9月，国务院发布《国务院办公厅关于政府向社会力量购买服务的指导意见》，提出相关的目标任务，"'十二五'时期，政府向社会力量购买服务工作在各地逐步推开，统一有效的购买服务平台和机制初步形成，相关制度法规建设取得明显进展。① 到2020年，在全国基本建立比较完善的政府向社会力量购买服务制度，形成与经济社会发展相适应、高效合理的公共服务资源配置体系和供给体系，公共服务水平和质量显著提高。"2014年12月，财政部、民政部和工商总局正式印发《政府购买服务管理办法（暂行）》，为各地区、各部门购买社会组织服务提供指引。政府按照相关政策及其精神，加大政策执行力度，增加政府购买数量，推动政府购买社会组织走入稳健的快车道。

第二，政府授权委托。社会组织通过获得政府授权、接受政府的委托等方式参与公共服务供给，而政府并不直接购买公共服务，而是由使用者付费，因此产生的费用缺口，由政府财政补贴填补。② 加快政府授权委托制度化，避免政府承接主体选择自由度过大和承接主体二政府化，是推进政府通过授权委托方式实现政社合作的重要要求。2014年10月，温州市人民政府办公室发布《关于印发温州市政府职能向社会组织转移目录》的通知，其中发改系统5项、经信系统5项等通过购买服务的方式。科技系统11项，其中购买4项，委托7项。人社系统10项，其中购买2项，授权1项，委托7项。③

第三，社会组织政策参与。加快社会组织政策参与制度化，保障社会组织参与听证会和政策方案意见征询会等权利。探索在建立人大和政协的

---

① 《国务院办公厅关于政府向社会力量购买服务的指导意见》，中华人民共和国国务院办公厅网，http://www.gov.cn/xxgk/pub/govpublic/mrlm/201309/t20130930_66438.html。
② 夏国永：《国外政府与社会组织合作治理的经验借鉴与启示》，《经济研究导刊》2012年第6期。
③ 《关于印发温州市政府职能向社会组织转移目录的通知》，温州市政府信息公开网，http://xxgk.wenzhou.gov.cn/xxgk/jcms_files/jcms1/web2/site/art/2014/10/28/art_2089_55269.html。

社会组织界别，提高社会组织的参政议政程度。2011年，广东省社会工作委员会发布《关于加强社会组织管理的实施意见》，其中提到"鼓励社会组织积极参政议政。支持社会组织依法参政议政，逐步增加社会组织代表在党代表、人大代表、政协委员中的比例。广州、深圳、珠海、汕头、佛山、惠州、阳江和顺德、博罗等有条件的市、县（市、区）要先行先试，探索在政协中设立新社会组织界别"。2012年12月，广东省青年联合会第十届委员会中首次增加"社会组织"界别。2013年1月，广东顺德区政协十三届三次会议新增"新社会组织"界别两名委员。

第二章 社会组织管理体制研究

围绕社会组织管理体制，本章分为四个部分：第一部分通过文献综述，梳理目前关于社会组织管理体制的研究进展，并呈现中国社会组织管理体制建国至今的变迁情况；第二部分指出社会组织管理体制存在的明显缺陷，总结现有社会组织管理体制的滞后之处；第三部分通过分析各管理主体在社会组织管理体制中的角色，强调其在新时期社会组织建设中所能发挥的作用；第四部分通过讨论全国范围内的社会组织管理体制创新举措，从中总结出新时期社会组织管理体制建设路径。

一 社会组织管理的理论基础

管理体制指的是管理系统的结构形成和管理制度。[①] 在社会组织领域，社会组织的管理体制则被定义为国家关于社会组织管理的行政机构设置、权限划分、权力运行机制等方面的体系和制度的总称，具体体现为党和政府关于社会组织发展与管理的一系列制度规范、机构设置和政策措施，贯彻在各级党政部门具体的社会组织管理实践中的战略思路及相应的制度安排，以及党和政府对待社会组织的基本态度和指导思想。[②] 社会组织管理制度随着相关实体的建立而出现，对社会组织的成立、运行和监管进行规范。在新时期、新常态下，社会组织管理制度需要与时俱进。

对社会组织管理体制的研究，一般会基于以下理论视角开展：

[①] 林崇德、姜璐、王德胜主编，王彬分卷主编：《中国成人教育百科全书·经济·管理》，南海出版公司1994年版，第402—403页。

[②] 王名、孙伟林：《社会组织管理体制：内在逻辑与发展趋势》，《中国行政管理》2011年第7期。

(一) 国家本体论

黑格尔在对市民社会和国家理念进行分析的基础上提出国家决定社会的国家本位主义观点。作为一个客观唯心主义者，黑格尔把国家与精神、理念等同。在《法哲学原理》一书中，国家被视为客观精神和伦理理念的最高阶段，并被神化，"神自身在地上的行进，这就是国家"①。其实，在黑格尔看来，市民社会中的个人都是自利的。由于缺乏普遍性和伦理，市民社会充满着各种矛盾，如自我与他人、个人与社会、特殊利益和普遍利益等。对于这些矛盾，市民社会自身无法解决，只有寻求市民社会之外并高于市民社会之上的力量去解决，这个力量就是国家。国家的本质是公共利益和个人利益的结合，国家的目的就在于普遍利益本身，国家高于社会和个人，社会和个人只有无条件服从国家，才能有助于实现这种普遍利益，才能实现个人的人格、自由和权利，个人生命的目的和意义才能存在。②

受传统政治文化的影响，中国体现了"国家本位主义"的政治选择与"国家中心说"的理论架构，否认社会独立于国家并获得不受国家干预的自主权利的观念。在康宗基看来，中国长期的封建统治中，国家对社会组织一直实施控制性管理，监管十分严厉。1949年10月成立中华人民共和国后到实行改革开放政策前较长的一个时期内，中国维持着一种政府与社会高度合一的状况，对社会进行全面控制，并未给社会组织提供多少生存与发展的空间。而改革开放政策之后，尽管随着中国经济体制改革和政治体制改革的逐步深化，社会组织有了较多的生存和发展的空间，但政府对社会组织的管理依旧带有强烈的计划经济色彩，其中"分级管理"和"归口管理"延续计划经济时代的"条块分割"；"双重管理体制"则是国家统合社会的集中反映。③

(二) 国家社会互动论

"国家本体论"将国家看作整合社会特殊利益的唯一选择，以政治共

---

① [德] 黑格尔：《法哲学原理》，范扬等译，商务印书馆1961年版，第259页。
② 黄建：《民主政治视域下中国非政府组织发展研究》，中共中央党校博士学位论文，2014年。
③ 康宗基：《中国民间组织管理体制的现状及改革模式》，《中国石油大学学报》(社会科学版) 2012年第1期。

同体的形式解决社会缺陷；与之相对应的"社会本体论"认为社会先于且高于国家，国家只不过是社会发展到一定阶段的产物，依然要受到社会的制约。为了批评国家社会二元论，产生了新的国家社会互动论，将国家与社会看作是交织的部分，被社会纽带所联系起来。1994年，米格代尔等人在《国家权利和社会力量：在第三世界中的支配和转型》一书中提出"国家在社会中"或"社会中的国家"（State in Society）的研究方法，主张以国家与社会融合为视角，从双方在资源、权威、合法性、制度环境等方面的彼此作用及牵制来解释两者间的利益冲突及力量对比，反对以任何"单边"角度去考虑国家与社会的强弱问题。①

在黄建的解读中，国家社会互动论将国家和社会分为两个不同的权力空间，国家权力来源于社会，但一经产生就可能异化为超越、入侵社会的权力。因此，对国家权力的制约就需要合理区分它和社会的权力边界，利用社会权力来制约国家权力。而社会组织是产生这种制约的具体形式，是民主政治发展、稳定的社会基础和政治条件。他强调，使用国家社会互动论来研究社会组织，就是将社会组织置于国家与社会关系的分析框架中，关注社会组织通过什么样的方式和途径影响政府运行、推动民主发展，政府又是如何对社会组织的影响进行回应的。②

（三）嵌入理论

"嵌入"是新经济社会的重要概念之一，波兰尼（Polanyi）于1944年在《大转型》中首次提出，即"经济作为一个制度化的过程，是嵌入并缠结在经济和非经济制度中的。"③ 美国社会学家格兰诺维特进一步阐述，认为"现实中行为主体既不可能脱离社会背景而孤立地行事，也不是完全受制于外部环境，而是在不断变化的社会关系制度中追求自身多重目标实现的过程"。④ 通过这样的判断，由此形成了较为完备的理论。

---

① Joel S. Migdal, *State in Society: Studying How States and Societies Transform and Constitute One Another*, Cambridge University Press, 2001.

② 黄建：《民主政治视域下中国非政府组织发展研究》，中共中央党校博士学位论文，2011年。

③ Karl Polanyi, *The Great Transformation: The Political and Economic Origins of Our Times*, Boston: Bearcon Press, 1944.

④ Mark Granovetter, "Economic Action and Social Structure: The Problem of Embeddness", *American Journal of Sociology*, 1985, 91 (3): 481–510.

刘鹏在合作主义思想的指导下，将"嵌入性"概念引入到了社会组织管理的研究中，提出了我国社会组织管理体制向"嵌入式监管"转变的观点，即作为政治环境因素的国家会利用其特定的机制与策略，营造符合国家政治偏好的组织运营环境，从而达到对社会组织的运行过程和逻辑进行嵌入性干预和调控的目的。他所构建的"嵌入型监管"模式内容上有"较强的吸纳能力"、"明确的重点识别区分"、"较高的制度化水平"和"多元化的管理手段"四个维度。[①] 具体体现在国家对社会组织管理的吸纳能力增强，对社会组织管理的重点出现分化，对社会组织管理的制度化水平提升和对社会组织管理手段的多元化。

（四）志愿失灵理论

一般而言，社会组织能够出现的原因，会以"市场失灵"和"政府失灵"理论来解释，相应，"志愿失灵"成为政府管理社会组织的理论依据。萨拉蒙认为，社会组织作为公共服务的提供方同样有缺陷，即产生"志愿失灵"，因此，政府对公共服务的提供和管理被视为是对"志愿失灵"的补救性措施。[②]

为了充分解释这一理论，萨拉蒙使用交易成本理论对政府及社会组织提供公共物品的成本进行比较，发现政府的提供成本要高很多，那么社会组织对公共物品的提供是市场失灵后的首要选择，而政府对公共物品的提供需要在志愿失灵后再介入，因此，萨拉蒙提出要充分发挥社会组织的主导性，建立政府组织与社会组织的合作伙伴关系，从而更好地满足社会对公共产品的需要。[③] 然而，这样伙伴型的政府和社会组织关系，在中国的管理实践中还较少出现。

---

① 刘鹏：《分类控制走向嵌入型监管：地方政府社会组织管理政策创新》，《中国人民大学学报》2011年第5期。

② Lester M. Salamon, Helmut K. Anheier. "In Search of the Non-profit Sector. I: The Question of Definitions", *VOLUNTAS: International Journal of Voluntary and Nonprofit Organizations*, 1992 (11): 125 – 151.

③ Lester M. Salamon. "Of Market Failure, Voluntary Failure, and Third-Party Government: Toward a Theory of Government-Nonprofit Relations in the Modern Welfare State", *Journal of Voluntary Action Research*, 1987, 16 (1): 39.

二 我国社会组织管理体制

(一) 改革开放前的社会组织管理体制

我国政府对社会组织的管理历史可以追溯到新中国成立之初。1949年，北平市军事管制委员会和陕甘宁边区政府分别颁布《关于社会团体暂行登记办法》和《陕甘宁边区人民团体登记办法》，规定辖区范围内的所有社会团体或人民团体须经政府机关正式登记后方为合法存在。[①] 1949年9月，《中国人民政治协商会议共同纲领》规定结社自由权是中国公民的基本权利，这可以看作是政府对社会组织合法性的确认，是其建立和发展的基本依据。

1950年9月29日，中央人民政府政务院第52次政务会议通过《社会团体登记暂行办法》并颁布实施。这是中华人民共和国第一部关于公民结社的行政法规，也是中国社会组织管理体制的发端。[②] 为了使社会团体登记工作顺利进行，中央人民政府内务部又在1951年3月颁布《社会团体登记暂行办法实施细则》。刘春的研究认为，建国初期的社会团体管理已显现出了后来广泛采用的"归口登记，双重负责，分级管理"的雏形。[③]

1956年，随着社会主义改造的基本完成，我国转变成了公有制经济占绝对优势的所有制结构，高度集权的社会组织管理体制也逐渐形成。根据马伊里等人的研究，1956年之后，社会组织事务不再由某个政府部门统一管理，几乎所有党政机关（如文化部、国家体委、国家科学技术委员会、中国科学院，以及宣传部门）都参与社会组织管理，每个部门都负责与自己业务相关的社会组织，社会组织无须集中登记注册。这种情况一直到1989年才发生改变。[④] 而在1966—1976年"文化大革命"期间，社会团体管理和登记工作事实上基本处于中断状态。

早期中国社会组织管理制度变迁与中国共产党的角色变化息息相关。林尚立在研究中提出，在中国从计划经济向市场经济体制转型的过程中，

[①] 刘春：《当代中国会组发展史研究》，中国社会科学院研究生院博士学位论文，2013年。
[②] 林莉红：《民间组织合法性问题的法律学解析——以民间法律援助组织为视角》，《中国法学》2006年第2期。
[③] 刘春：《当代中国会组发展史研究》，中国社会科学院研究生院博士学位论文，2013年。
[④] 马伊里、刘汉榜：《上海社会团体概览》，上海人民出版社1993年版，第10—11页。

中国共产党与社会组织的关系,并非简单的国家中政党与社会组织的关系,而是不同社会建构体系之间的紧张关系。1949年以后,中国社会组织的数量出现严重萎缩,是因为以党的组织为核心进行组织化社会建构,个体被单位组织全面纳入到行政性集体中,不仅从根本上吞食了社会组织存在的社会空间,而且也从根本上使留存下来的具有社会组织性质的各类社会团体空洞化。[1]

总体来说,计划经济体制中的国家—社会关系是同构性的。社会资源由国家所垄断,而单位制和人民公社体制则使社会组织的活动空间荡然无存。此间,社会组织需要通过政府来获得资金和人力资源的支持,因而以自治性为特征的非政府组织并不存在,取而代之的是高度依附于国家的少量社会组织。社会组织管理体制在这一时期的特点体现为完全的政府主导和高度行政化。

(二) 改革开放之后的社会组织管理体制

一般认为,在"文化大革命"中停滞的我国的社会组织管理体制,是从改革开放后逐步恢复建立的。1978年2月26日,第五届全国人民代表大会第一次会议作出设置民政部的决定,民政部也同其他政府各部门获得了对社会组织的管理权力。然而,根据康晓光的研究,从1978年到1988年,实际的社会组织管理状况与改革开放前存在相似之处:不仅没有一个专职的职能部门来负责社会团体的管理,甚至于一些社会团体也可以审批和管理社团,还有一些社会团体则未经任何部门审批就擅自成立并开展活动。[2] 在此阶段,我国政府对社会组织的管理模式依然是名副其实的"多头管理"。

从20世纪80年代后期起,国家开始自上而下地建立社会组织的制度规范,通过归口管理、建立法制、清理整顿等措施加强了对社会组织的规范管理。1988年9月9日,国务院通过了《基金会管理办法》,规定成立基金会必须报经人民银行审核并由民政部门统一登记注册,开启了中国基金会依法登记的历史。1989年10月25日,国务院又出台《社会团体登记

---

[1] 林尚立:《两种社会建构:中国共产党与非政府组织》,《中国非营利评论》2007年第1期。
[2] 康晓光:《转型时期的中国社团》,《中国青年科技》1999年第10期。

管理条例》，规定由民政部负责社会组织登记管理、监督管理和相应的处罚权。1997年，国务院明确原来归口不同政府主管机关的"民办事业单位"统一作为"民办非企业单位"，归口到各级民政部门登记，将各类社会组织纳入统一管理架构，同时进一步加强了对社会团体和基金会的监管，我国社会组织的三大分类就此确立。

在分类确定的基础上，1998年10月，国务院对《社会团体登记管理条例》进行修订，确定了社会团体的法律地位和组织特征；同时颁布《民办非企业单位登记管理暂行条例》，启动各地区对民办社会服务机构的登记普查。2004年3月，国务院又颁布了《基金会管理条例》，确定了基金会的管理规范，公募基金会和非公募基金会成为基金会的两大基本类型，并倡导社会公众出资设立非公募基金会。这三部规范社会组织管理体制的行政法规，被统称为社会组织管理的"三大条例"。

社会组织"三大条例"颁布后，政府对社会组织的"双重管理体制"形成，即由民政部门统一负责登记注册，而监督管理中社会组织同时接受登记管理机关和业务主管单位的双重监管，民政部门除登记管理外还负责对社会组织财务等情况进行年检，业务主管单位负责对社会组织进行活动指导和监督管理，对于接受国家和社会捐赠或资助的社会组织同时也要接受相关审计机关的监督。当时中国政府对社会组织的人事、财务会计、社会保障等方面缺乏系统性的规定，还没有形成一个适应于社会组织特性的组织建设规范。这一问题在社会组织管理领域依然存在。[1]

王名和孙伟林对1978年之后的中国社会组织管理体制发展阶段进行了划分。他们认为，改革开放后我国的社会组织管理体制经历了三个发展阶段：从改革开放之初到1989年是分散管理阶段，对社会组织并无统一、明确的制度框架和管理机构。从1989年到2000年左右是归口管理阶段，在这一阶段，我国的社会组织管理结束了放任发展，有两个以上的政府职能部门负责、多重审批、共同把关的"双重管理"体制逐渐成形，并成为我国社会组织管理的基本制度。从2000年开始，我国社会组织管理进入了分类管理阶段。根据社会组织的性质、功能、结构等特点进行类别划分，分门别类地将其纳入不同的系列进行登记管理，分类管理新体制确立。

---

[1] 贾西津：《国外非营利组织管理体制及其对中国的启示》，《社会科学》2004年第4期。

社会团体、民办非企业单位和基金会成为社会组织的基本三大分类。①

邓正来与丁轶对这一阶段我国社会团体管理政策演变过程作了研究。与王名等人几乎作出了相同的阶段划分，同时他们认为，自1978年开始，国家针对社会团体的管理政策"经历了一个逐渐规范化、常规化而又细致化的过程"，这个过程的结果就是"归口登记、双重负责、分级管理"制度的形成和确立；而实质上，这种管理政策背后蕴含的是一种"监护型"控制的总体逻辑，是国家在"改革、发展和稳定"三种价值的战略选择上采取以稳定为发展基础的必然后果。在某种程度上，这种逻辑进一步表明国家在社会团体管理上的"机会主义"立场，为未来社会团体管理模式的转变留下了可能空间。②

廖鸿与石国亮从中国共产党在改革开放后社会组织管理体制建设中的角色角度出发，对社会组织的相关决策文件进行了梳理："党的十六届六中全会通过的《中共中央关于构建社会主义和谐社会若干重大问题的决定》，对健全社会组织、增强服务社会功能进行了系统、全面的阐述。党的十七大进一步提出要重视社会组织建设和管理的新任务，《中共中央关于制定国民经济和社会发展第十二个五年规划的建议》再次明确提出，要发挥群众组织和社会组织作用，提高城乡社区自治和服务功能，形成社会管理和服务合力，要培育扶持和依法管理社会组织。《中华人民共和国国民经济和社会发展第十二个五年规划纲要》专设第三十九章，提出加强社会组织建设，强调坚持培育发展和管理监督并重，推动社会组织健康有序发展，发挥其提供服务、反映诉求、规范行为的作用。这些决策为我国社会组织的发展和管理确立了总的制度原则。"③

从2013年起，长期实行的社会组织双重管理体制出现了松动，社会组织的直接登记开始被政府提上日程。2013年3月，第十二届全国人民代表大会第一次会议通过《关于国务院机构改革和职能转变方案的决定》。发布的《国务院机构改革和职能转变方案》，其中国务院机构职能转变章

---

① 王名、孙伟林：《社会组织与管理体制：内在逻辑与发展趋势》，《中国行政管理》2011年第7期。
② 邓正来、丁轶：《监护型控制逻辑下的有效治理——对近三十年国家社团管理政策演变的考察》，《学术界》2012年第3期。
③ 廖鸿、石国亮：《中国社会组织发展管理及改革展望》，《四川师范大学学报》2011年第5期。

节中的第七条提出:"改革社会组织管理制度。重点培育、优先发展行业协会商会类、科技类、公益慈善类、城乡社区服务类社会组织。成立这些社会组织,直接向民政部门依法申请登记,不再需要业务主管单位审查同意。"这是社会组织直接登记首次在国家层面政策中被予以明确。同年11月,中共十八届三中全会通过的《中共中央关于全面深化改革若干重大问题的决定》,明确提出重点培育和优先发展公益慈善等类型社会组织,成立时直接登记。这两份文件传递出了中央政府进一步推进市场化、对社会治理的重视程度愈加提升的信号,也在一定程度预示着社会组织管理体制的放宽。

总体来看,与新中国成立后到改革开放前这段时间相比,改革开放以来市场经济的导入与政治体制的改革为社会组织的发展提供了较为宽松的宏观环境,但在具体的社会组织管理体制上,较长时间内政府的政策思路依然偏重于控制与约束,配合以偶尔的鼓励性条款。2013年之前,政府对社会组织设立了较高的登记门槛,创立了双重审核、双重负责、双重监管的双重管理体制,加上几次大规模的清理和整顿,实现了对社会组织的规范化管理,而在2013年以后,随着直接登记政策的实施,新的社会组织管理体制正在逐步形成当中。

(三) 社会组织管理体制的各主体作用

从对社会组织管理体制变迁过程的梳理中可以看到,在我国社会组织管理体制建设发展的过程中,始终存在三类对发展进程起到关键性影响的主体,分别是政党主体、行政主体和社会组织。其中政党主体主要指中国共产党,行政主体主要指对社会组织有管理权限的中央和地方各级政府,除了党和政府这两大社会管理的重要主体之外,社会组织自身也能在社会组织管理体制的构建上产生作用。

1. 政党主体:中国共产党决定社会组织管理理念及方式

1949年10月中华人民共和国成立后到1978年12月实施改革开放政策前,随着高度集权的社会管理体制逐步形成,社会组织存在的空间被中国共产党逐步消减,呈现空洞化的形态。而改革开放之后,迅速成长的社会组织涉入中国共产党原先所独占的政治、经济和社会资源,因而尝试在社会组织领域进行党的组织建设,希望通过社会组织的党建工作来规范其发展、发挥其功能。①

1994年起，各级党政部门开始调研社会组织的党建工作。1996年，中共中央办公厅、国务院办公厅下发的《关于加强社会团体和民办非企业单位管理工作的通知》（中办发〔1996〕22号）指出，在清理整顿社会组织的过程中，要在社会团体和民办非企业单位中建立党组织，接受业务主管部门以及挂靠单位的党组织或地方党组织领导，确保党的政策和国家法律法规的贯彻执行。1998年2月16日，中共中央组织部、民政部下发的《关于在社会团体中建立党组织有关问题的通知》（组通字〔1998〕6号）强调，经核准登记的社会团体的常设办事机构专职人员中，只要有三名以上正式党员的，就应该由其业务主管部门或挂靠单位的党组织审批，建立党的基层组织。②

截至2008年年底，全国41.37万社会组织中，已建党组织6.03万家，占全国社会组织总数的14.6%，占全国社会组织应建党组织总数的54%。其中，社会团体中已建立党组织3.8万家，占应建总数的53.5%；民办非企业单位中已建立党组织2.2万家，占应建总数的55%；基金会中已建立党组织268家，占应建总数的51%。全国社会组织共有从业人员459.6万人，其中党员约91万多名，占全部从业人员总数的20%左右。③ 社会组织的党建工作已经取得初步效果。

目前，一些社会组织中的党组织通过参与社会组织中的一些重大问题决策和组织一些重要活动，较好地发挥了政治核心作用，已成为中国共产党与社会组织相联系的中介，积极促进了社会组织的发展和社会整体的和谐稳定。这些基层党组织，向社会组织灌输中国共产党的基本社会管理理念，体现了党在社会组织建设中的具体工作方式。

关于党组织联系社会组织的机制，一些地方探索出几种模式：一是党委主导的社会组织领导体制；二是党政合一的社会组织领导体制；三是党政分开的社会组织领导体制。④ 第一种模式突出党委领导作用的同时将政府相关部门进行整合，如重庆巫溪县成立群众工作部，整合民政、信访、

---

① 刘春：《当代中国会组发展史研究》，中国社会科学院研究生院博士学位论文，2013年。
② 王瑞璞主编：《新时期党的基层组织建设创新实践》第4卷，中国人事出版社2000年版，第2753—2754页。
③ 孙伟林主编：《社会组织管理》，中国社会出版社2009年版，第205页。
④ 吴辉：《改革党对社会组织的领导体制研究》，《井冈山干部学院学报》2014年第1期。

司法调解等职能部门,加强对当地社会组织的规范、引导、联络和服务,部长由县委副书记兼任。第二种模式突出党委和政府的平等合作,如北京以成立社会建设工作领导小组的方式整合党政资源,该小组的具体实施机构是社工委和社会办,作为党委派出机构和政府组成部门进行合署办公,其在社会组织党建方面具有统领党政部门的作用;另外,北京建立以人民团体和其他规模较大社会组织为主体的枢纽型组织,目的是希望其联系同领域内较小的社会组织,以形成社会组织领域的自我管理,北京对枢纽型社会组织的认定始于2009年,到目前为止认定的枢纽型社会组织包括北京市妇联、工会、工商联、志愿者联合会、民间组织国际交流协会、社会工作者协会等多类社会组织。第三种模式突出社会组织党建工作中党委和政府的分开,上海即为此类模式的代表,上海于2003年成立社会组织党建工作的负责机构,即属于上海市委派出机构的社会工作委员会,但在2009年上海市将社会组织管理工作全部交回民政局后,社工委主要负责宏观研究和综合协调。

2. 行政主体:各级政府统筹社会组织控制与发展

政府部门在我国的社会组织管理体制内扮演着至为关键的主体地位,其不仅是现行社会组织管理主要政策的制定者和执行者,也是社会组织运行的主要监督者和行政处罚的实施者。从政府管理的角度来看,中国社会组织的管理框架具有明显的国家法团主义色彩,政府通过出台以三大条例为代表的一系列的行政法规来实现对社会组织的控制。

在对社会组织进行控制的同时,政府部门也通过出台相应管理政策,促进社会组织的发展。1983年4月,国务院出台的《关于城镇非农业个体经济若干政策性规定》的补充规定提出,"要按行政区划发展个体劳动者协会这种'个体劳动者自己管理自己的群众组织',各级政府要给以积极支持",个体劳动者协会自此进入迅速发展期。截至1985年6月底,全国91.3%的县、市都建立了个体劳动者协会,总数达到2468家。[①]

除了对社会组织的登记注册进行管理之外,政府部门还对不合规的社会团体进行清理整顿。1990年6月至1991年6月,民政部经国务院批准对社会团体开始为期一年的清理整顿,以解决管理松散的问题,整顿了一批反对四项基本原则并造成恶劣影响的社会团体。不仅整顿了一批反对四

---

① 刘春:《当代中国会组发展史研究》,中国社会科学院研究生院博士学位论文,2013年。

项基本原则、造成恶劣影响的社会团体,还对部分以营利为目的、从事经营活动与宗旨无关的社会团体处以暂缓登记或直接取缔。① 1996年,国务院发布《关于农村金融体制改革的决定》,对90年代兴起,曾推动农村公益事业发展,但也造成了巨大农村金融风险的农村合作基金会进行了全面清理整顿。② 1997年4月,国务院转发了民政部《关于清理整顿社会团体意见的通知》,开始新一轮的清理整顿。对存在未按照章程开展业务活动的,财务管理混乱等严重问题的基金会进行整顿。③ 1997年5月,民政部发布《关于查处非法社团组织的通知》,要求"对各级民政部门对未经核准登记,擅自以社会团体或社会团体分支组织名义在所辖区域内进行活动的非法社团组织,应依法坚决予以查处,劝其停止活动,并自行解散;对拒不自行解散的,由当地民政部门责令其解散;对仍不执行解散命令,继续在社会上进行活动的非法社团组织,民政部门应会同公安部门强制执行。"1999年年底,受到"法轮功"等邪教组织猖獗活动的威胁,民政部在全国范围内开展了气功类社会团体的专项清理工作。④

在改革创新方面,政府部门也是当前最主要的推动力。如2013年3月《国务院机构改革和职能转变方案》发布,在改革社会组织管理制度部分明确提出:"重点培育、优先发展行业协会商会类、科技类、公益慈善类、城乡社区服务类四类社会组织。成立这些社会组织,直接向民政部门依法申请登记,不再需要业务主管单位审查同意。"随后在具体的分工方案中,国务院办公厅又拟定了三大条例的修订时间表。

3. 社会组织:枢纽型机构参与和内部监督

由于我国的社会组织管理体制被作为党和国家自上而下进行社会控制的制度形式,社会组织在其中处于天然的弱势地位。因此,当前社会组织参与管理体制的方式也被主要限制在作为辅助机构协同政府进行管理,以及对信息公开等具体问题开展监督的角色方面。

社会组织参与协同管理的方式,主要表现形式是社会组织联合体作为基层枢纽型组织发挥作用。这些枢纽型组织通过搭建社区服务、社会维

---

① 国家机构编制委员会办公室:《中国政府机构1991年》,中国人事出版社1991年版,第573—574页。
② 温铁军:《农村合作基金会的兴衰史》,《特别策划》2009年第9期。
③ 《人事政策法规专刊》1997年第10期。
④ 《中华人民共和国国务院公报》,1999年第26号,第1111页。

稳、青年志愿、公益慈善等平台，将社会组织串连起来，围绕社会提出一批可行性建议和符合民生需求的公益项目；建立与党政部门沟通协商机制，引导社会组织参与基层自治和协商民主，推动政府、企业、社会组织、媒体、公众等多方跨界合作。一个典型的例子是上海市静安区社区组织联合会。自2007年成立以来，静安区社会组织联合会经过逐步探索，渐渐承担了许多业务主管部门和登记管理机关转移的事务性管理职能，包括开展各类培训、群众团队备案登记、财务监管、履行政府购买服务合同见证方职责、政府补贴项目培训督导等等。[①] 作为党和政府联系社会组织的桥梁和纽带，枢纽型组织改善了社会组织成长的生态环境，融入了社会治理体系当中。

　　在社会组织的自我监督管理方面，信息公开已成为监督的重要内容。尤其在公益领域，针对具有募捐资格的基金会，已有社会组织尝试通过建立监督标准来规范监督流程，从而提升被监督机构的透明程度，加强其公信力。如2009年8月，中民慈善捐助信息中心发布《全国性慈善组织信息披露监测报告》，开启公益组织透明度第三方评估先河。随后，基金会中心网成立，并于2012年8月首次发布中基透明指数，评价指标包括基金会的基本信息、财务信息、项目信息、捐赠信息等共60个，同时以披露渠道和信息完整度等为参数，发布排行榜单。由全国100多家公益机构共同发起并支持的独立公益网络平台USDO自律吧则将透明评估应用于"草根组织"，制定了《USDO自律准则》，并与财务公司合作开发了财务信息披露模板。[②]

　　目前来看，社会组织在社会组织管理体制当中的角色还稍显薄弱，在近年来社会管理创新作为官方主要论调，社会治理理念被一再提出的背景下，已有许多声音提议加强社会管理创新实践中的公众参与机制，激发社会活力，逐步实现政府的部分社会管理职能向社会转移。按照这一思路，也应提高社会组织在社会管理，尤其是社会组织自身管理体制中的角色，培育社会组织作为参与社会组织管理的独立机制与平台。

---

① 《静安区枢纽型社会组织管理模式荣获"第二届上海社会建设十大创新项目"称号》，上海市人民政府网站，http://www.shanghai.gov.cn/shanghai/node2314/node2315/node15343/u21ai969443.html。

② 北京师范大学中国公益研究院：《现代慈善与社会治理——2013年度中国公益事业发展报告》，社会科学文献出版社2014年版，第179—180页。

虽然体制改革已经启动，但在三大条例正式完成修订以及《中华人民共和国社会组织法》出台之前，我国的社会组织管理体制仍然维持着旧有的秩序：从结构形式上看，社会组织的登记管理和日常监督由登记管理机关和业务主管单位（或业务指导单位）双重负责；社会组织按照其活动的范围和级别，进行分级登记，接受分级管理。可以说，我国社会组织的管理体制涉及监督管理和培育发展两大方面。

三 社会组织管理体制缺陷

从对社会组织管理体制的以往研究梳理可以看到，尽管改革的苗头已经出现，但在正式的法律法规颁布之前，我国社会组织管理的正式制度依然是分级负责的双重管理体制。而这一体制的缺陷，已为学界所广为分析解读。简单来说，目前社会组织管理体制存在着基本法律的缺位、社会组织登记难度较大，以及对社会组织的运行缺乏有效监管等问题。

（一）社会组织管理的法律缺位

目前我国社会组织管理领域面临的最大问题即是专门法律的缺位，至今没有一部基本法律来对其进行整体性规范，社会组织的权利得不到国家层面法律的保障。截至 2015 年第四季度，在全国各级民政部门登记的社会组织（社会团体、民办非企业单位、基金会）已达到 657719 个。[①] 尽管从 1992 年到 2016 年先后通过了一些社会组织相关的法律，但都是局部法和专门组织法，不是社会组织整体法，如 1992 年 4 月全国人大通过，2001 年 10 月全国人大常委会修正的《中华人民共和国工会法》；1993 年 10 月全国人大常委会通过的《中华人民共和国红十字会法》；1999 年 6 月全国人大常委会发布的《中华人民共和国公益事业捐赠法》；2016 年 3 月，全国人大通过的《中华人民共和国慈善法》；2016 年 4 月 28 日全国人大常委会通过的《中华人民共和国境外非政府组织境内活动管理法》。

在基本法缺失的背景下，我国政府对社会组织进行管理的主要法律依据仍是社会组织管理三大条例。应该承认，在 2000 年前后，三大条例的制定为政府对社会组织进行规范化管理创造了政策基础，也成为现有双重

---

① 社会服务统计季报，http://www.mca.gov.cn/article/sj/tjjb/qgsj/201602/20160200880171.htm。

管理体制执行十多年的依据。三大条例中最后颁布的《基金会管理条例》，也已有11年的时间未经过任何形式的修改。这三个条例中的许多规定，包括社会团体的范围、民办非企业单位出资者和盈利不允许分配、基金会的成立资金门槛和行政成本等，引起广泛争议，给社会组织在国内的成立和发展制造了不小的障碍。

三大条例之外，还有各种形式的管理规定。在中央层面，包括民政部颁布的行政部门规章，民政部和其他部委单独或联合制定并颁布的管理规定；在地方层面，则由地方人大所发布的条例和办法，省级政府出台的各类"细则"和"规定"，以及地市级政府，甚至区县级政府颁布的各种"办法"和"意见"；另外各级党委和政府也会根据情况的需要发布一些规范性文件和政策措施。[1]

从社会组织管理领域的情况来看，现行法律规范不仅立法层次较低，而且主要用于规范登记程序，既缺少对社会组织权益保障的法律规范，也对社会组织与其他组织及个人之间权利义务关系规定较粗。对社会组织违法违纪行为的查处，只有宏观原则，而无操作细则。社会组织管理混乱的部分原因可追溯至较低的立法层次低和种类繁多的政策文件。法律的缺失，使一些社会组织失范行为因缺乏相应法律依据无法有效监管，直接导致公众对社会组织的信任度不高；而一些社会组织的自主权甚至财产权受到损害，亦无法得到法律维护。

（二）现行管理体制导致社会组织登记难度较大

三大条例的颁布，使我国的社会组织管理体制进入了分类管理阶段，管理手段进一步科学化。在三大条例颁布后的十年时间里，中国社会组织的数量已由2004年的28.9万个，增长到了2013年的54.7万个。[2] 然而，三大条例所确立的双重管理体制，使我国社会组织登记的难度显著增大。双重管理体制要求业务主管单位要对社会组织的日常业务活动进行领导，那么对于能够找到业务主管单位的社会组织来讲，存在多头管理、"多个婆婆"的局面；但是对于那些找不到业务主管单位的社会组织，双重管理体制即意味着

---

[1] 康宗基：《改革开放以来我国民间组织管理体制的回顾与展望》，《理论导刊》2010年第8期。
[2] 民政部2011年、2013年社会服务发展统计公报，http://www.mca.gov.cn/article/zwgk/mzyw/201206/20120600324725.shtml，http://www.mca.gov.cn/article/zwgk/mzyw/201406/20140600654488.shtml。

注册登记门槛的提高。

同时,三大条例对社会组织会员数、注册和活动资金等方面的规定又增加了个人成立社会组织的难度。《社会团体登记管理条例》[①]规定成立社会团体要"有50个以上的个人会员或者30个以上的单位会员;个人会员、单位会员混合组成的,会员总数不得少于50个"、"有合法的资产和经费来源,全国性的社会团体有10万元以上活动资金,地方性的社会团体和跨行政区域的社会团体有3万元以上活动资金";《基金会管理条例》[②]规定:"中国性公募基金会的原始基金不低于800万元人民币,地方性公募基金会的原始基金不低于400万元人民币,非公募基金会原始基金不低于200万元人民币;原始基金必须为到账货币基金。"尽管2013年3月十二届全国人大一次会议通过的《国务院机构改革和职能转变方案》中规定,行业协会商会类、科技类、公益慈善类和城乡社区服务类社会组织可"直接向民政部门依法申请登记,不再需要业务主管单位审查同意",但在三大条例完成修改之前,我国社会组织在法理上仍然处在双重管理体制之下,这使得部分社会组织,尤其是不属于上述四类社会组织仍然面临着登记困难的局面。大量组织在登记成立前仍然需要业务主管单位的审查,也面临着注册资金等方面的门槛。在地方,由于直接登记管理的政策文件出台滞后,社会组织的登记工作受到过负面影响。北京市在2013年4月实施四类社会组织直接登记新政初期,就曾因为政策问题导致社会组织无法完成登记程序的情况。[③]地方上的情况尚且如此,要在全国层面推进社会组织直接登记工作,更需要具体行政法规的早日出台。

在登记面临困难的情况下,我国社会组织长期以来都采取了变相注册或"黑户"的形式来获得身份。前一种方式是本以扶贫济困、环境保护等社会公益事业为使命愿景的公益组织,采取工商注册的形式来获取合法身份,以企业的名义开展各项业务。这导致这部分机构无法享受社会组织所应获得的税收、政府购买等方面的优惠政策。北京慧灵智障人士服务中

---

① 《社会团体登记管理条例》,中华人民共和国民政部网,http://www.mca.gov.cn/article/yw/shjzgl/fgwj/201507/20150700850197.shtml。

② 《基金会管理条例》,中华人民共和国民政部网,http://www.mca.gov.cn/article/zwgk/tzl/200711/20071100003953.shtml。

③ 《社会组织直接登记均未办成》,《北京青年报》2013年4月2日。

心，无法找到业务主管单位，被迫在工商注册。① 后一种方式则主要为民间的草根组织所采用，在未经民政或其他部门认证的情况下开展业务活动，直接跳过登记管理机关和业务主管单位。2010年俞可平估计，我国未登记的社会组织数量或达到300万家，是当时正式登记注册社会组织数量的约七倍。② 由于身份不合法，这部分组织难以为现行法规所约束，同时其长期运作发展也面临问题。

（三）社会组织运行缺乏有效监督

双重管理体制建立的本意是为了节省社会组织的管理与监督成本，但在实践中往往简化为分权性质的共担责任和政治把关机制，使得社会组织的发展成为双重管理体制的次要关注点。对于业务主管单位而言，对社会组织设立的审查除了基本的业务相关外，降低政治风险和规避责任使其更为关注自身对社会组织的控制权。这样谨慎的态度，使很多符合社会需求但存在一定政治风险的社会组织因为找不到业务主管单位而无法申请成立，只能以"黑户"身份活动。而对于登记管理机关来说，管理重点主要在于登记和年检，由于有业务主管单位的把关，登记管理机关的管理更容易形式化。总而言之，这一制度设计时所期望的"双重负责"很容易演变为"无人负责"，监管缺位现象由此出现。

主管单位监督不力的同时，相关法规也没有赋予社会组织专设的监督机构更大的权力。《基金会管理条例》规定，基金会应该设立监事，监事任期与理事任期相同，监事的职权包括依照基金会章程规定的程序检查基金会财务和会计资料，监督理事会遵守法律和章程的情况，列席理事会会议，向理事会提出质询和建议，向登记管理机关、业务主管单位以及税务、会计主管部门反映情况。相比较其他国家的监事会法规，我国法规规定的监事会职权较弱。监事会在运作过程中，基本不享有决策权，对发现的问题也无法独立解决。

体制性监督缺位的同时，民间对社会组织的监督力量也尚未发展起来。我国缺乏吸纳群众理性力量，协调社会各界进行正当网络监督的有效

---

① 王卡拉、底东娜：《北京慧灵申请"转正"一日被拒三次》，《新京报》2012年2月29日。
② 俞可平：《中国要进行社会创新培育公民社会》，人民网，http://politics.people.com.cn/GB/14562/11707253.html。

机制，尽管微博、微信等互联网工具已在国内被广泛运用，网络舆论已经十分发达，却没有制度来整合网络理性力量，网络行为和话语缺乏规制，对社会组织的零散性监督可能引发盲目跟风型监督，导致社会监督质量的下滑，甚至使部分遵法规范的社会组织反而成为受到质疑的对象，形成无法有效监督社会组织，而不利于社会组织整体健康发展的舆论环境。

社会组织自身引进社会监督的做法尚不普遍。在实践中，有少数全国性的大型组织率先尝试主动引入社会监督，然而，自觉引入社会监督机制的社会组织仍是少数。中国红十字会主动引入社会监督也遭遇社会公众和媒体的质疑。如何引导社会公众对公益基金会进行有效监督，建立兼顾促进公益基金会良性发展和实现社会公众监督权、知情权的社会监督机制有待探讨。

四　社会组织管理体制改革与创新的路径

社会组织管理体制改革与创新的路径有许多，既包括构建社会组织管理的法律法规框架体系、完善社会组织的准入退出制度，又包括明确登记管理机关的职责，增加培育扶持社会组织的措施，加强社会组织监管制度。近年来，双重管理体制的消极影响不断扩大，为了推进社会组织的良性发展，政府逐步开始对其进行试点改革。

2012年3月，汕头市政府发布《汕头经济特区社会组织登记管理办法》；2014年10月，广州市政府发布《广州市社会组织管理办法》；2015年7月，广东省人大常委会审议《广东省社会组织条例（草案）》。这些改革创新将推动全国社会组织法律的制定，和其他地方性法规和地方政府规章的出台。

（一）社会组织管理体制整体创新

1. 出台社会组织直接登记管理办法

在2012年11月中国共产党十八大以及中国共产党十八届三中全会、四中全会连续提出加强社会组织登记管理制度改革，并明确要求在对部分类型的社会组织进行直接登记管理的背景下，社会组织双重管理体制的破除成为了当前社会组织管理体制改革的主要内容。鉴于社会组织三大条例的修订进程较为缓慢，且为了实现对直接登记的社会组织（行业协会商会类、科技类、公益慈善类、城乡社区服务类）进行统一管理，可能需要民政部出台专门的《社会组织直接登记管理办法》，专门规制上述类型社会组织的登记注册。

2002年1月，上海市政府发布《上海市行业协会暂行办法》设立行业协会发展署作为找不到业务主管单位履行业务主管单位的职能，开启改革双重管理制度。2004年5月，深圳市政府办公厅发布《深圳市行业协会服务署职能配置内设机构和人员编制规定》，把原来分散的行业协会业务主管部门全部集中于行业协会服务署。

2005年12月，广东省人大常委会发布《广东省行业协会条例》，成为第一个对行业协会进行直接登记的地方性法规。2013年开始，已经陆续有地方政府出台了社会组织直接登记的管理办法。2013年8月，湖南省民政厅印发了《关于对四类社会组织实行登记管理的暂行办法》；2014年4月，上海市民政局制定《上海市社会组织直接登记管理若干规定》；2015年1月，陕西省民政厅印发《陕西省四类社会组织直接登记管理办法》；2015年4月，广西壮族自治区民政厅制定出台《广西四类社会组织直接登记管理暂行办法》。虽然这些省、自治区、直辖市在社会组织直接登记方面的规定不尽相同，但均为中央层面的社会组织直接登记工作提供了借鉴。

2. 对不同类型的社会组织实行分类管理

（1）对社会团体实行科学分类管理

以社会团体的科学分类为前提，实施社会团体的分类管理，是创新社会团体乃至整个社会组织管理体制的重要方向。我国有关社会组织登记管理的法规和政策并不包括未登记注册的社会组织，因而其成为法规意义上的非法组织，如何将未登记注册的社会组织纳入法律、法规和政策范围内可能首先需要对其类别进行科学划分。

在部分国家，社会组织登记管理就实行分类的原则：一般性的组织遵循自由成立模式，只需几个志同道合者就可以成立，而无须经过任何登记手续。美国公民个人间的联合结社不需要政府批准，可以自行设立账户接受公众资助，但无权享受税收减免和税前扣除资格，这就是美国的非法人非营利社团。英国的规定与美国类似，社会团体是人们自由结社的产物，但要想获得税收优惠需要在慈善委员会登记注册为慈善组织。[①]

[①] 黄建：《民主政治视域下中国非政府组织发展研究》，中共中央党校博士学位论文，2014年。

在地方实践中，受2013年《国务院机构改革和职能转变方案》引导，较为常见的规定是允许行业协会类、科技类、公益慈善类和城乡社区服务类社会组织直接登记，而对政治法律类、宗教类、境外非政府组织的社会组织则仍实行双重管理。① 可考虑依据该规定，对我国的社会团体实行部分许可制。对一般性社会团体实行直接登记，而对于特定性质或希望实现特殊目的(公开募捐、政治宣传等)的社会团体实行一定的制约机制。比如，在新加坡成立社会团体仅需要提交登记申请和章程复印件等表格即可，申请当天即可登记成功。其余社会组织类型，如特种社团登记管理严格，如不符合要求会被登记官当场拒绝。不过，对登记官作出的决定不服的，申请人有上诉的权利。②

(2) 对民办非企业单位实行不同法人类型的分类管理

在民政部门关于民办非企业单位现有分类的基础上设置各类别的法人，之后进行各类别法人的单行立法，以使民办非企业单位有法可依，明确自己的相关权利和义务，也便于政府相关部门对其进行监督管理和培育发展。

根据《中华人民共和国民办教育促进法》的规定，举办实施学历教育、学前教育、自学考试助学及其他文化教育的民办学校，由县级以上人民政府教育行政部门按照国家规定的权限审批；举办实施以职业技能为主的职业资格培训、职业技能培训的民办学校，由县级以上人民政府劳动和社会保障行政部门按照国家规定的权限审批，并抄送同级教育行政部门备案。审批机关对批准正式设立的民办学校发给办学许可证。民办学校取得办学许可证，并依照有关的法律、行政法规进行登记，登记机关应当按照有关规定即时予以办理。

针对不同类型的民办非企业单位法人，还应规定不同的设立条件，如何规定准入门槛是最为主要的，社会组织三大登记管理条例中唯独民办非企业单位登记管理条例没有对注册资金进行规定。社会团体是一种会员制的互益型社会组织，最低资金更类似于活动经费的性质。民办非企业单位是一种从事社会公益活动的社会组织，需要制定合理的注册资金法定数

---

① 2016年4月8日，第十二届全国人民代表大会常务委员会第二十次会议通过《中华人民共和国境外非政府组织境内活动管理法》。

② 《新加坡社团法》，中国社会组织网，http://www.chinanpo.gov.cn/1631/21252/index.html。

额，既能保证提供公益服务能力，又不至于阻碍组织的发展。在这方面，浙江省已有所尝试。2004年4月，浙江省人民政府办公厅发布《浙江省民办非企业单位管理暂行办法》①，规定举办法人类民办非企业单位的注册资金不少于3万元。在目前的经济环境下，对上述类型的民办非企业单位规定一定幅度范围的注册资金较为适宜，各省市可以因地制宜，规定与本地发展条件相符的额度。

根据2016年3月全国人大发布的《中华人民共和国慈善法》，民办非企业单位将变成社会服务机构，根据名称不同，将《民办非企业单位登记管理暂行条例》修改为《社会服务机构登记管理条例》，并对相关内容作出调整。

(二) 社会团体管理体制改革与创新

1. 采取备案登记制管理社会团体

社会团体的登记管理改革，首先可从备案登记制入手。备案登记制，是指只要符合法律规定的明示条件，社会团体就可以登记注册，取得合法活动的资格。② 在实际操作中，社会团体的备案登记制可看作是要求一些在成员人数、活动场所、业务经费等标准上达不到社会组织登记注册标准的民间组织，在开展业务活动的时候只需向相应的民政部门提交一些基本的信息和证明资料即可开始运转的体制。③

最早提出在社会组织中实行备案登记制的是民政部。早在2005年12月，民政部就在其所颁布的《关于促进慈善类民间组织发展的通知》④中提出对社会组织实施备案制。其中提出："在农村乡镇和城市社区中开展这些活动的慈善类民间组织，不具备法人条件的，登记管理机关可予以备案，免收登记费、公告费。"当时民政部推动慈善类民间组织发展的思路即降低准入条件。2007年，民政部在年度《民政工作综述》中提出："做

---

① 《浙江省民办非企业单位管理暂行办法》，浙江省科学技术厅网，http://www.zjkjt.gov.cn/html/node03/detail0301/2007/0301_1598.html。
② 徐家良：《中国社团管理：制度安排、职能协调与影响力》，《天津行政学院学报》2002年第1期。
③ 刘鹏：《分类控制走向嵌入型监管：地方政府社会组织管理政策创新》，《中国人民大学学报》2011年第5期。
④ 《关于促进慈善类民间组织发展的通知》，中华人民共和国民政部网站，http://sw.mca.gov.cn/article/zcwj/200711/20071100002859.shtml。

好新修订《社会团体登记管理条例》出台后的贯彻落实工作,制定配套措施,研究基层民间组织备案方法",将备案制在全国范围内的基层社会组织中推广,不再局限于慈善类社会组织。

之后,民政部将北京、江苏、深圳、湖北、江西等地列为社会组织备案制改革的试点地区。① 在这些改革试点中,又以江苏省南京市的社区社会组织备案制改革最为全面,其内容包括:实行"两级备案、两级管理"的双重管理体制;对社区社会组织实行登记备案制,降低社区社会组织登记备案的门槛;实行"三简、四免、五宽、六许"制度,放宽对社区社会组织登记的限制;基层政府在资金、设施、购买服务、税收政策以及鼓励规模化发展方面对社区社会组织发展予以鼓励等。这些举措都为降低基层民间组织的准入门槛、刺激民间组织的成立和发展提供了更为广阔的政策空间。②

2. 拓宽社会团体参与管理的渠道

随着中国治理模式的转型,社会组织参与公共政策制定的渠道被拓宽,其中最早被纳入科学化决策体系的是社会团体。2008年版的《国务院工作规则》中提出:"国务院各部门提请国务院研究决定的重大事项,涉及重大公共利益和人民群众切身利益的,要向社会公开征求意见,必要时应举行听证会;国务院在作出重大决策前,根据需要通过多种形式,直接听取民主党派、社会团体、专家学者、基层群众等方面的意见和建议。"

受国家层面的政策规定影响,全国大多数地区对行业协会商会类社会组织参与公共政策都作出了相关规定,对参与公共政策作出了制度安排,还把此作为行业协会拓展职能方面的明确要求。

目前,我国社会组织主要通过举办专家研讨会、论证会、论坛、听证会,以及递交建议书、发布调研报告、出版书籍刊物、联合媒体公开呼吁和报道、举办新闻发布会等各种方式,发出政策倡议以求对政策的制定和实施产生影响。在社会组织实际参与公共政策过程中,通常综合运用多种形式,用理性沟通的方式来帮助政府,以实现决策的科学化、民主化。

---

① 刘鹏:《分类控制走向嵌入型监管:地方政府社会组织管理政策创新》,《中国人民大学学报》2011年第5期。

② 赵军、符信新:《南京市社区社会组织管理工作的"五个创新"》,《社团管理研究》2009年第1期。

(三) 民办非企业单位管理体制改革与创新

1. 将民办非企业单位作为社会服务供给主体

目前,西方先发展国家的非营利组织正日益成为社会管理的主体,新公共管理下福利国家改革的重要模式,便是与非营利组织建立合作伙伴关系,将公共服务主要交由非营利组织供给,满足个人需求或社会需求。政府则会充分保障承接服务的非营利组织获得公共资金的支持。

在我国,尽管民办非企业单位还未完全成为公共服务的供给主体,但其在社会服务领域的地位已经日益凸显,下一步可考虑让其承担更重要的角色。上海市的调研显示,民办非企业单位致力于为老年人、残疾人、病人和青少年的服务正日趋增多。在政府部门的引导下,关爱弱势人群、热心公益事业,正成为沪上民办非企业单位的新热点,其中,卫生行政主管部门通过与民办非企业单位医疗机构的有效沟通,为老年病以及精神病的治疗、护理和康复、临终关怀、社区基本医疗等提供了价廉、便捷、优质的医疗服务。[①]而在广州,2010年1月起,政府在市一级涉及领域范围广、不具有行业特征的科技类民办非企业单位中,开展了取消业务主管单位、由民政部门直接登记管理的试点工作,并降低该类组织的准入门槛,将其最低注册资金由原来的100万元调整为5万元,同时还把公益性科技类民办非企业单位纳入社会组织发展专项资金和培育基地扶持、资助的范围。试点改革开展半年以后,广州市一级科技类民办非企业单位数量由原来的18个迅速增长至29个,增幅达61%,从而成为提供社会服务的中坚力量。[②]

因此,政府与民办非企业单位主动合作,将社会服务的供给职能逐步转移到民办非企业单位身上,能保证政府更有效地履行社会保障和公共服务的职能。民办非企业单位的专业性、民间性、自治性等自身优势使其更能反映服务对象的需求,因而能够提供针对性的专业服务,成为公共服务的重要提供者。

2. 改革民办非企业单位不得从事经营活动的规定

非营利性是民办非企业单位的基本特征之一,指其经营和运作的目的

[①] 《上海各级政府积极引导沪上民办非企业单位热心公益事业》,新浪网,http://news.sina.com.cn/s/2006-10-12/082010214247s.shtml。

[②] 余德华:《改革双重管理 完善监管机制——广州市科技类民办非企业单位直接登记的实践与思考》,《社团管理研究》2010年第6期。

不是为了获取利润,受到利润非分配原则的约束。然而法律对民办非企业单位规定"不得从事营利性经营活动"也存在分歧和不妥。从理论上讲,非营利性是对组织性质的规定,而不是对组织活动的规定;从实践上讲,允许一定比例的利润分配有助于壮大民办非企业单位,让更多的人参与到这种有助于公共服务提供的组织形式中来,进而提高社会治理效果。因此需要取消这一法律规定,且将民办非企业单位的概念从"从事非营利性社会服务活动的社会组织"改为"从事社会服务活动的非营利性社会组织"。[①]

在为民办非企业单位进行利润分配方面,温州的实践走在了全国前列。2013年,民政部与浙江省政府签署共建温州市民政综合改革试验区合作战略协议,温州承担起国家级社会治理改革的实验任务。[②] 温州市政府规定,登记为民办非企业单位的教育、卫生和养老机构的出资财产是出资人所有,且出资人取得合理回报是被允许的,同时,政府承诺若机构停办,政府将按出资额度回购。

(四)基金会管理体制改革与创新

1. 降低成立基金会的过高门槛

根据《基金会管理条例》,目前在我国成立公益基金会,即使是地方性的非公募基金会也需要200万元以上的注册资金,对于有意投身公益领域而资本不足的人士构成了直接的制度性障碍。对照美国等国家的相应法律,均未在基金会的原始资金额度上设限。美国政府政策对基金会成立提供便利,无准入资金的要求,这表面上看是对基金会的放任,但在结合严格的运营程序监管,尤其是税收、会计监督和州检察官管理制度之后,美国基金会的后续发展便得到了规制。[③] 而零准入金制度不仅激发了公众申请成立基金会的热情,扩大了公益事业的整体资源规模。适当降低基金会的成立资金门槛,或是在特定形式的基金会(如社区基金会)当中减少注

---

① 金国坤:《论政府对社会组织管理的机制创新——"民办非企业单位"引发的行政法思考》,《法学论坛》2010年第6期。
② 《温州民政综合改革,都改了啥?》,2015年1月22日,http://zjrb.zjol.com.cn/html/2015-01/22/content_2845277.htm?div=-1。
③ 刘啸、罗章:《中美基金会管理体制比较研究——基于制度可能性边界的理论》,《行政论坛》2012年第3期。

册资金的要求，是中国政府可以采取的措施。

在降低基金会成立门槛方面，深圳经验和上海经验可作为借鉴。2014年3月，深圳市为社区基金会的落地作出了制度安排，出台了《深圳市社区基金会培育发展工作暂行办法》及有关配套政策。其中，对基金会原始资金最低额度的要求有所降低，规定募集100万元原始基金即可登记成立社区基金会。在该政策的推动下，光明新区、宝安幸福海裕等5家社区基金会相继成立。截至2014年9月，深圳的社区基金会的数量已达到9家，募集资金超过2000万元。① 2014年年底，中共上海市委市政府发布"1+6"文件，1份意见，即《关于进一步创新社会治理加强基层建设的意见》，6个文件，即"深化本市街道体制改革"、"完善居民区治理体系"、"完善村级治理体系"、"组织引导社会力量参与社区治理"、"深化拓展网格化管理提升城市综合管理效能"、"社区工作者管理"6个实施意见和管理办法，其中提到要"发展社区基金会"，除已经成立的上海美丽心灵社区公益基金会、上海洋泾社区公益基金会外，还相继成立上海市场浦区江浦社区公益基金会、上海盈浦社区基金会等。

除了注册资金的要求，《基金会管理条例》中还有其他一些关于基金会成立的限制性措施，如"基金会工资福利和行政办公支出不得超过10%"的限定等。根据美国基金会中心网披露的数据，2012年美国募捐规模最大的十家基金会，其组织的行政及工资支出通常达到20%—30%的水平。② 而在先发展国家，专业募捐、管理人才的年薪超过公司高管的情况也屡见不鲜。这些支出是慈善组织吸纳人才、高效运行的必要成本。放开我国基金会在行政、薪资方面支出的限制，是让慈善组织摆脱发展束缚，加强能力建设的重要举措。

2. 通过税务制度对基金会开展监管

中国有关基金会的税收规定分散在零星几部法律中，如《基金会管理条例》、《中华人民共和国企业所得税条例》分别对免税范围和资产增值税进行规定。我国基金会可借鉴美国经验，通过税务制度来实现对基金会的

---

① 《社区基金会的深圳实验》，《南方都市报》2014年9月21日。
② 美国基金会中心是目前基金会信息披露最为集中的平台，截至2013年12月31日，这家中心已有107554个基金会的详细信息、捐赠者信息。窗体顶端美国基金会中心全球网络系统（US Foundation Center Cooperating Collections，简称CC）是一个集非营利资源中心、慈善培训机构、提供所在社区筹资信息及慈善相关技术援助的图书馆为一体的网络。

监督管理，美国政府对基金会进行监管的重要方式之一就是税务监管，具体方式为基金会成立后会向联邦国税局申请联邦所得税减免优惠，联邦国税局审查其是否符合免税条件并确定是否给予免税资格，基金会获得免税资格后，每年需要向税务局提交反映基金会资产、收支、薪资等情况的表格，该表格是公开性文件，任何公众可以向国税局申请得到该表格的复印件。美国曾颁发《1969年税制改革法》，调整公益基金会的税收制度，明确基金会每年投资所得利润要交税；严禁基金会内部转移资金；要求基金会每年将资产的一定比例用于公益；要求基金会一般不得持有任何一家公司20%以上有投票权的股票，并不得从事危及本金安全的投资活动；要求基金会每年提供详细的报告；严禁资助选举登记、政治宣传等响应立法和政策制定的游说活动；对个人的捐赠必须符合严格标准等。如有基金会违反上述条款的行为，将被课以重税。[1]

3. 建立基金会的常态社会监督机制

一方面，基金会由于涉及面广、资金额巨大而易受攻击，而基金会自身宣传工作不到位，一般社会公众对其运作并不了解，容易被误解，这都促使基金会建立起行业组织以消除各方阻碍；另一方面，在国内外公益基金会的发展历程中，都存在因为自身诚信问题而备受质疑的情形，也存在管理人员行为不规范的情况，因此，有必要成立行业组织规范行业的整体行为。[2]

类似美国的基金会理事会和英国的慈善基金会协会既能为基金会提供所需信息，又能督促基金会加强公开透明，且与立法、行政机关及媒体关系良好、保持长期联系的枢纽型组织，对基金会的发展具有积极作用，是基金会社会监督体系的重要构成部分。在中国，以基金会中心网为代表的机构已颇具枢纽型组织的雏形。

---

[1] 资中筠：《财富的归宿——美国现代公益基金会述评》，上海人民出版社2006年版，第54页。

[2] 李东民：《中国公益基金会治理法律制度研究》，中央民族大学博士学位论文，2013年。

第三章 政府转变职能与购买公共服务

一 研究政府购买公共服务的基本理论问题

(一) 治理理论

1989年,世界银行在其报告《撒哈拉以南的非洲:从危机到可持续增长》中首次使用了"治理"(governance)一词。[①] 此后治理理论逐渐形成并得到快速传播,进而形成较为完备的理论框架,并且在许多国家的政治、行政和社会管理改革中得以应用。

1. 治理的兴起背景

一项理论的兴起往往是建立在现实背景下的,是为了适应、指导和解决现实问题的。对于治理而言,它基本回应了以下三个现实问题:第一,对新的管理领域和管理主体的回应。在国家经济一体化及经济全球化带来的大背景下,国际性问题和国际组织逐渐进入视野,成为各国不得不面对的问题。这样的国际大环境,必然要求对传统的政治治理结构和行政治理结构,尤其是传统的官僚体制进行变革,以应对全球性质的公共管理问题;由国家扩张诱发的治理困境需要在理论上进行创新。自20世纪30年底开始的凯恩斯主义导致的行政福利国家,伴随着大政府时代的到来,出现了各种社会问题。如财务问题、信任危机等,这些已经是传统行政工具(主要是组织性工具、规制性工具和经济性工具)难以解决的问题,这就要求在治理工具上有所创新,以应对治理危机;第三,工业主义、理性主义和信息技术的发展,给管理组织结构、机制、体制、管理手段、方法和技术带来了新的变化,而且对于效率的要求也逐渐明晰,这些新的变化都需要一种新的理论范式的出现。

[①] 俞可平:《治理与善治》,社会科学文献出版社2000年版,第5页。

2. 治理的内容

詹姆斯·N. 罗西瑙，治理理论的主要创始人之一，他认为治理是"一系列活动领域里的管理机制，它们虽未得到正式授权，却能有效发挥作用"①。这一定义表明"治理"是一种有别于"统治"的管理活动，它并非必然需要以法定权威和强制力量为基础，而是更多的建立在权威的基础之上。正如罗茨所言，治理意味着"统治的含义有了变化，意味着一种新的统治过程，意味着有序统治的条件已经不同于以前，而是以新的方法来统治社会。"② 罗茨在此基础上，从六个维度对治理的含义做了界定：(1) 作为最小国家的管理活动的治理，它指的是国家削减公共开支，以最小的成本取得最大的效益；(2) 作为公司管理的治理，它指的是指导、控制和监督企业运行的组织体制；(3) 作为新公共管理的治理，它指的是将市场的激励机制和私人部门的管理手段列入政府的公共服务；(4) 作为善治的治理，它指的是强调效率、法治、责任的公共服务体系；(5) 作为社会控制体系的治理，它指的是政府与民间、公共部门与私人部门之间的合作互动；(6) 作为自组织网络的治理，它指的是建立在信任与互利基础上的社会协调网络。③

研究治理理论的另一位学者格里·斯托克对目前流行的各种治理概念作了一番梳理后指出，到目前为止，各国学者们对作为一种理论的治理已经提出了五种主要的观点。它们分别是：(1) 治理意味着一系列来自政府但又不限于政府的社会公共机构和行为者；(2) 治理意味着在为社会和经济问题寻求解决方案的过程中存在着界限和责任方面的模糊性；(3) 治理明确肯定了在涉及集体行为的各个社会公共机构之间存在着权力依赖；(4) 治理意味着参与者最终将形成一个自主的网络；(5) 治理意味着办好事情的能力并不仅限于政府的权力，不限于政府的发号施令或运用权威。④

全球治理委员会在研究报告《我们的全球伙伴关系》中将治理界定为以下几个方面：治理是各种公共的或私人的个人和机构管理其共同事务的诸多方式的总和，是使相互冲突或不同的利益得以调和并且采取联合行动

---

① [美]詹姆斯·N. 罗西瑙：《没有政府的治理》，张胜军、刘小林等译，江西人民出版社 2001 年版，第 10 页。
② [澳] R. A. W. 罗茨：《新治理：没有政府的管理》，《政治学研究》1996 年第 154 期。
③ [澳] R. A. W. 罗茨：《新治理：没有政府的管理》，《政治学研究》1996 年第 154 期。
④ [英] 格里·斯托克：《关于治理的五种观点》，《国际社会科学月刊》1998 年第 50 期。

的持续过程。它有四个方面的特征：(1) 治理不是一整套规则，也不是一种活动，而是一个过程；(2) 治理过程的基础不是控制，而是协调；(3) 治理既涉及公共部门，也包括私人部门；(4) 治理不是一种正式的制度，而是持续的互动。[1]

俞可平教授认为：治理一词的基本含义是指官方的或民间的公共管理组织在一个既定的范围内运用公共权威维持秩序，满足公众的需要。治理的目的是在各种不同的制度关系中运用权力去引导、控制和规范公民的各种活动，以最大限度地增进公共利益。[2]

当然，治理是一个大范围的概念，包含了许多中心治理、网络治理、整体治理、协同治理、系统治理等不同的类别，其中尤以多中心治理的研究和应用最为活跃。多中心治理缘起于英国学者迈克尔·博兰尼，形成于奥斯特罗姆夫妇。[3] 奥斯特罗姆夫妇"多中心"治理理论认为治理最重要的基础是"政府、市场与第三部门和公民之间形成互助与协作的治理框架"。[4]

3. 治理理论与政府购买公共服务

从上述对于治理理论的研究可以看出，尽管不同学者对治理的研究视角、着重点各有不同，但它们之间也存在一定的共识。而这些共识如果加以归纳，就构成了治理理论的主要特征，有助于我们更加深入理解治理的本质。基于这样的考虑，可以将治理理论的主要特征归纳如下：

(1) 治理的主体是多元的。治理是由共同的目标支持的一种管理活动，其关注的是共同目标的实现，而非这种活动的实施主体。因而，凡是有助于共同目标实现的主体都应纳入治理主体考量的范围，这就意味着治理的主体不限于政府，甚至未必是政府，其所依赖的基础也就不必然是国家的强制力量。

(2) 治理具有边界和责任上的模糊性。既然治理的主体不再限于政府

---

[1] 全球治理委员会：《我们的全球伙伴关系》(*Our Global Neighborhood*)，牛津大学出版社 1995 年版，第 23 页。

[2] 俞可平：《治理与善治引论》，《马克思主义与现实》1999 年第 5 期。

[3] 迈克尔·博兰尼的"多中心"更多用以说明自发秩序的合理性以及阐明社会管理可能性的限度，强调社会应该具备活力，能实现自我良好运转。奥斯特罗姆夫妇的"多中心"则突出治理主体的多元性，强调各方主体的积极互动和沟通，重视在彼此平等和商量的前提下制定有关规章制度，但同时指出自治仅是基础，并不是治理的全部。

[4] 张勤：《中国公民社会组织发展研究》，人民出版社 2008 年版，第 99 页。

机构，而是由公共部门、私人部门和个人共同分享，即把政府一部分原来的职能让渡给其他部门，重视"政府与民间、公共部门与私人部门之间的合作互动"，在第一部门、第二部门和第三部门三圈之间出现互动，这就使得政府与社会之间、公共部门与私人部门之间的界限不再泾渭分明，不可避免的，公共部门和私人部门之间的责任分担也变得模糊。

（3）治理的方式和手段是灵活的。如詹姆斯·N.罗西瑙的总结，治理强调效率和效益。在治理的视角下，国家会在保证共同目标实现的前提下，削减公共开支，以最小的成本实现最大的效益。为了实现这一点，必须在管理方式和管理手段上有所创新，比如引进"市场的激励机制和私人部门的管理手段"。[①]

那么，如果将治理理论用于指导现实问题，可以在政府购买公共服务方面给人们一些启示：

第一，政府职能转移。既然治理主体是多元的，政府不再是唯一的公共服务提供者，具体到公共服务供给的现实问题就意味着政府需要将可由其他部门帮助实现的政府职能转移给社会组织、企业、事业单位或者个人。

第二，公共服务供给方式的改变。治理是一种目标导向、效率导向和效益导向的管理活动。因此，任何可以有助于目标实现、效率提高、效益增进的公共服务供给方式都应该予以考虑，公共服务提供的政府购买方式自然是合理的。

第三，责任机制的完善。多主体供给的治理方式在伴随着界限和责任的模糊，主体之间存在着权力依赖的同时，也不可避免的可能会出现责任不清，互相推诿的现象，因而在进行制度设计时，就要考虑到责任问题，考虑到如何对治理主体进行监督和评价的问题，即建立完备的监管机制和绩效评估机制。

（二）资源依赖理论

1. 资源依赖理论的内容

资源依赖理论关心的重点是组织间关系，它以社会交换理论为出发点，假设控制其他组织所依赖的资源使一个组织获得权力。[②]

[①] [美]詹姆斯·N.罗西瑙：《没有政府的治理》，张胜军、刘小林等译，江西人民出版社2001年版，第10页。

[②] 马迎贤：《组织间关系：资源依赖理论的历史演进》，《社会》2004年第7期。

作为资源依赖理论的集大成者,费佛尔和萨兰奇科提出了四个具有因果关系、环环相扣的假设:第一,组织最重要的是关心生存;第二,为了生存,组织需要资源,而组织自己通常不能生产这些资源;第三,组织必须与它所依赖的环境中的因素互动,而这些因素通常包含其他组织;第四,生存因此建立在一个组织控制它与其他组织关系的能力基础之上。[①]除此之外,关于资源依赖理论,一个需要注意的问题是依赖并非只是单向的,事实上在资源依赖理论看来,依赖可以是相互的。更进一步的,伯特在齐美尔、费佛尔和萨兰奇科的理论基础上引入"结构自主性"模式来解释共同抉择和公司绩效。伯特认为社会网络中的行动者只要避免依赖其他人,在社会结构中占据相对稀疏的(非竞争性的)位置,并且受到那些占据相对拥挤的位置的行动者的依赖,他们将会受益。[②]

资源依赖理论在组织间关系上具有很强的解释力,但是有学者指出仅从资源的单一角度分析复杂的组织行为缺乏充分的解释力。比如,理查德·H. 霍尔就认为资源依赖理论抓住了获取资源是组织的主要活动这一点,但它却绕开目标问题,似乎违反了实际决策的真实过程。[③]

2. 资源依赖理论与政府购买公共服务

不管怎样,资源依赖理论的确可以用以解释组织间的控制和被控制关系,组织的权力来源等问题。根据资源依赖理论,组织间关系中的权力与一个组织对另一个组织的依赖程度呈负相关。[④] 这一理论对政府购买服务的研究有哪些借鉴意义呢?

在政府职能转移和政府购买中,涉及不同的主体,它们控制着不同的资源。而这些主体都拥有提供某项公共服务这一共同的目标,因而不同主体之间应当是一种相互依赖的关系,掌握着不同资源的不同主体就对其他主体具有不同程度的控制力。那么,什么样的制度设计可以让不同主体能够通过采取策略利用自己的资源实现对其他主体的控制,而最高效率的实现共同的目标就成为值得人们思考的问题。

[①] Pfeffer, J., and Salancik, G., *The External Control of Organizations: A Resource Dependence Perspective*, New York: Harper and Row, 1978.

[②] Burt, R. S., *Corporate Profits and Cooptation: Networks of Market Constraints and Directorate Ties*, in the American Economy, Academic Press, 1983.

[③] [美] 理查德·H. 霍尔:《组织:结构、过程及结果》,张友星、刘五一、沈勇译,上海财经大学出版社2003年版,第299页。

[④] 马迎贤:《组织间关系:资源依赖理论的历史演进》,《社会》2004年第7期。

(三) 公共物品理论

1. 公共物品理论的内容

1954年,萨缪尔森提出了"纯公共物品"的概念,即物品消费上的非竞争性特征。[①] 1959年,马斯格雷夫在此基础上总结出纯公共物品的"非排他性"特征,纯公共物品的当代定义(非排他性、非竞争性)得以完整。[②] 其中非竞争性指个体对物品的消费并不减少他人对该物品的消费,非排他性指个体不能拥有某物品消费的专有权。

然后,萨缪尔森的定义只是一种现实中可能并不存在的极端情况,为反映真实的现实世界,布坎南等学者将注意力放到了公共物品定义的连续性上,提出"俱乐部理论",布坎南认为,公共物品是通过俱乐部方式消费的,当新成员加入现有俱乐部时,一方面会分摊生产成本,使边际生产成本减少;另一方面又会带来拥挤成本,使边际拥挤成本增加,当减少的边际生产成本等于增加的边际拥挤成本时的成员数量就是消费该产品的最优俱乐部规模。[③]

从上述定义可知,公共物品的界定标准是某项物品的两种基本性质——非竞争性和非排他性——是否存在,而不是根据公共物品的提供主体来进行划分的,也即公共物品并非一定由政府来提供,更不一定由政府来生产。然而,实际情况是"公共物品"被想当然的与"公供物品"画上了等号,希望借由政府提供来消除公共物品存在的"搭便车"现象和外部性问题。

那么,应该如何判定公共物品的供给主体呢?从目前学术界的研究状况来看,主要有两种判定方式:

第一,传统的公共物品理论的判定方式。传统的公共物品理论认为,由于公共物品存在"搭便车"问题和"边际成本"问题,市场在提供公共物品上往往存在"市场失灵"的弊端,因而政府需要介入公共物品的提供。所谓"搭便车",是指公共物品由于具有非排他性,在消费这类物品时,即使不付费,供给者也很难将该消费者排除在外,因而消费者倾向成

[①] Paul A. Samuelson, The Pure Theory of Public Expenditure. *The Review of Economics and Statistics*, 1954, 36 (4).

[②] R. A. Musgrave, *The Theory of Public Finance Tokyo*, 1959.

[③] James M. Buchanan, An Economic Theory of Clubs. Economic, *New Series*, 1965, Volume 32, Issue 125: 1 – 14.

为免费搭乘者（free-rider）。加之公共物品的非竞争特性，搭便车者更不会受到他人的反对。这样，由于"搭便车"问题的存在，若公共物品的供给者为私人部门，它往往无法收回提供公共物品的成本。因为大家都试图掩盖自己的真实偏好，个人消费"量"变得不确定，而卖方又无法排除不付费的人，这就会导致价格机制不能有效发挥作用，最终使竞争市场无法在帕累托效率水平上提供该物品。①

公共物品的非竞争性使其边际成本为零，市场机制在这里并不起作用，因而政府应该介入并使用税收来对公共物品进行提供，收费在一定程度上可以使一些消费者放弃该物品，进而提高公共物品的利用率。②

第二，交易成本公共物品理论的判定方式。在这一方面，邢会强作出了有益的探索，他从交易成本理论和公共物品理论交叉的视角对公共物品的供给做了研究。认为政府应以更低的交易费用来提供公共物品，提供公共物品的目的是为了降低整个社会的交易费用。在决定一类物品由谁提供时，政府应该这样思考：该物品由私人提供和由国家提供，哪种方式交易费用较低？政府如何降低其交易费用？他主张把交易费用作为厘定政府与市场边界的尺度，政府的职能是以更低的交易费用提供公共物品。③

2. 公共物品理论与政府购买公共服务

政府应当介入公共物品的供给，但不应成为公共物品的唯一供给主体。依照公共物品理论，公共物品的提供者可以是多元化的，政府并不是公共物品的唯一提供者。政府供给公共物品，所指的公共物品，其实是纯公共物品。纯公共物品主要作为一种理论分析上的理想模型存在，现实中的公共物品多为准公共物品，它们"或者趋于私人产品一端，或者趋于纯公共产品一端，但却有许多产品是两者的性质兼有的"。④ "实际上，在纯

---

① 周燕、杜慕群：《公共物品理论为政府支出行为提供依据的困境》，《学术研究》2013年第8期。
② Samuelson P. A., Aspects of Public Expenditure Theories, *The Review of Economics and Statistics*, 1958, 40: 332–335.
③ 邢会强：《财政法的经济学根基——交易成本公共物品理论的提出》，《政法论丛》2012年第1期。
④ ［英］C. V. 布朗、P. M. 杰克逊：《公共部门经济学》（第四版），张馨主译，中国人民大学出版社2000年版。

私人产品与纯公共产品之间划一条清楚的界限是不可能的"。[①] 既然如此，适用于纯公共物品的"政府供给"就需要针对实际公共物品的实际"趋向"作出调整，适当引入其他供给主体。一方面，政府可以直接提供纯公共产品，而准公共产品则可以由市场或社会提供，公共产品提供方式可以多样化；另一方面，明确公共产品安排者与生产者的区别，也成为政府购买公共服务的前提。一直以来，公共服务的安排与生产被认为是一个概念，没有必要进行区分。但是，事实上安排与生产是有区别的，这是重新界定政府角色的基础，公共服务的提供者不一定必须是政府，但政府应该成为公共服务的安排者，政府决定提供什么公共服务、为谁提供公共服务、应该提供什么程度与水平的公共服务、应该如何解决公共服务的资金来源问题、如何监督等。政府在公共产品供给中主要是安排者的角色，这并不意味着必须由政府直接生产这种服务。公共产品也可以由市场组织或社会组织来生产，而政府保留监督服务提供的责任并为公共服务提供资金支持。因而，在公共服务供给中，政府的角色主要是政策制定、公共服务需求识别、建立指导目录、建立公共服务监督和评估机制，等等。政府从公共产品的直接提供者、生产者转变为安排者、购买者，或许可以摆脱政府管办不分、政事不分、政企不分、政社不分等等困境。

（四）圈理论

1. 圈理论的内容

圈理论是徐家良在结合我国实践与总结分析点理论、第三方理论和群理论的基础上提出来的。传统理论把第三部门、政府、企业各自看作一系列点的组织或是群的组织，徐教授提出"圈"的概念，这样就出现了第三部门圈、企业圈和政府圈这三个不同的圈，这三个圈之间通过不同组合形式形成单圈、双圈和三圈三种不同格局（见下图）。[②]

由于单个圈无法满足自身的需求，需要与其他的圈建立一定的联系，通过互动满足相互的需求，每一圈都关注的部分就成为"核"，双圈之间"核"的存在，才会出现圈与圈之间的互动。两个圈之间的互动，是指第

[①] David N. Hyman, Public Finance: a Contemporary Application of Theory to Policy (10Edition), *South-Western Cengage Llearning*, 2010.

[②] 徐家良：《第三部门资源困境与三圈互动：以秦巴山区七个组织为例》，《中国第三部门研究》2012 年第 3 卷。

三部门圈与企业圈、第三部门圈与政府圈、企业圈与政府圈形成双圈。在这各自的两个圈中，有一部分是双圈各自独立的，与另一圈没有关系，而与另一圈相交的部分，即"核"的出现，就呈现出相互之间的合作，但除了合作以外，也会呈现不合作，出现竞争与制约，要保持两圈的平衡，采取相互之间的合作、不合作、竞争、监督、制约等方式，逐渐产生出相互遵守的规则，推动相互关系的有效运行。①

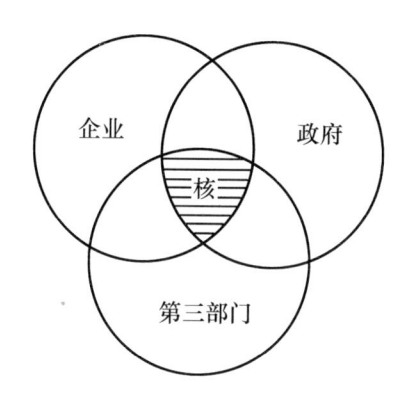

圈理论中的"三圈互动"分析

2. 圈理论与政府购买服务

圈理论对政府购买公共服务的启示主要有以下几个方面：

第一，政府向社会组织购买服务是有其先天基础的。在圈理论的解释框架下，第三部门圈和政府圈之间天然的存在重合部分——"核"，"核"的部分是第三部门圈和政府圈都关注、但仅靠单圈资源又无法满足的部分，因而"核"的存在就会导致圈与圈之间的互动。而徐家良在考察秦巴山区七个社会组织的既存资源和需求资源情况后，发现七个组织都程度不等地从政府圈获取资金、职能、人才、技术、管理、政策等资源。② 这告诉人们，第三部门从政府那边获得了相应的资源，与政府之间有重合的部分，否则，政府无缘无故不会提供相关资源。

---

① 徐家良：《第三部门资源困境与三圈互动：以秦巴山区七个组织为例》，《中国第三部门研究》2012 年第 1 期。

② 徐家良：《第三部门资源困境与三圈互动：以秦巴山区七个组织为例》，《中国第三部门研究》2012 年第 1 期。

第二，根据第三部门圈和政府圈共有的核，确定政府向社会组织购买服务的内容。第三部门圈和政府圈之间天然存在互动关系，并不意味着所有的政府圈存在的需求都可由第三部门圈满足，也不意味着所有的第三部门圈的需求都可由政府资源弥合。相反，只有包含在"核"范围内的需求才应该是由第三部门圈和政府圈通过不同形式的合作互动得以实现的。运用到政府向社会组织购买服务的实践中，这一点意味着政府向社会组织购买服务并非购买种类越多越好，而是要根据两者需求的交叉部分核对确实需要购买的服务种类进行科学的界定。

二 政府购买公共服务国际经验借鉴

考虑到市场经济发展的需要，西方先发展国家较早尝试政府购买公共服务实践活动。英国最早开展购买公共服务，比较注重政府与社会组织合作的制度化建设；在美国，政府将"政府固有职能"之外的产品与服务作为购买的范围，分别在联邦政府、州政府和地方政府开展，购买公共服务制度化显著；日本鼓励社会组织联合承接公共服务项目，并设立严格的第三方监管机构。英国、美国、日本在政府购买公共服务上有一定的特色，为我国提供了良好的借鉴范本，具有较高的实践参考价值。

（一）三国经验

1. 英国

英国政府购买公共事务时间较长，可以概括为以下几个方面的特点：

第一，有四个阶段的发展时期。英国的慈善历史悠久，提供志愿服务也有较长时间，非营利部门在经济和社会生活中占有重要地位。通过多年的探索，英国政府已经建立起相对完善的政府购买公共服务机制，该机制的建立和发展大致可划分为如下四个阶段：第一阶段是福利国家时期。1945年第二次世界大战结束后，英国提出"福利国家"建设的目标，并率先建立完善的公共服务体系，包括教育、文化、卫生、养老等领域；第二个阶段是民营化改革时期。20世纪70年代至90年代，英国逐渐出现了一些状况，不利于国家的发展：国有企业效率低、政府收入少支出多财政压力大、慈善组织作用没有得到有效发挥。以撒切尔夫人和梅杰为首的保守党政府对英国的公共服务进行了以自由主义和市场化为导向的改革，引入市场机制提高公共服务水平，快速促使经济好转，取得了一定的成效；第三个阶段是多元治理时期。1997 年，代表工党利益的布莱尔政府上台。布莱尔政府认识到，在公共服务领域中，光是政府和企业是不够的，需要借助第三部门的力量，他强调公共服务三个部门良好合作的重要性，形成"政府、市场与社区、志愿组织等第三部门"合作，推进多元治理，促使公共服务数量增加和质量提升，社会满意度提高；第四个阶段是"大社会"计划时期。2010 年 5 月，保守党卡梅伦政府执政，重视发挥非营利组织在社会公共服务中的作用，启动"大社会"（Big Society）计划，改变政府解决的单一中心做法，转向"小政府"、"还政于民"。[①]

第二，购买服务建立在政府对第三部门高度信任的基础上。政府通过慈善组织提供社会服务、降低成本和提高效率。1601 年《慈善使用条例》和《伊丽莎白济贫法》以及 1998 年英国政府公布的《政府与志愿及社区部门关系协定》，明确规定政府与社会的合作建立在相互信任和友好关系的基础之上。在这种背景下，政府通过积极转变治理方式，将越来越多的公共服务职能下放或移交给社会，由相应的慈善组织承担，服务领域也从传统的贫困、环保、弱势群体扶持等慈善领域扩展到社会治安、医疗卫生、教育、关怀、文化遗产保护及城镇规划与重建等。

第三，购买服务有足够的财力支持。英国政府每年用于采购公共服务的资金高达 2360 亿英镑，其中约 11% 的公共服务合同由慈善组织与社会企业执行。英国政府将每年博彩业收益的 16.7% 通过政府基金分配给全国的慈善组织，通过财政部专项资金资助慈善组织提供公共服务。[②] 第三部门得到政府购买服务的财力支持之后，扩大了服务范围，提高服务质量。

第四，政府与第三部门的合作有一个好的制度框架。在英格兰和威尔士，1998 年，英国政府发布了著名的 COMPACT，即《政府与志愿及社区部门关系协定》，它是政府与第三部门伙伴关系的主要文件，较详细地规定了政社合作提供服务的原则、价值观、分工等内容。2007 年，协定执行委员会成立，负责执行《政府与志愿及社区部门关系协定》的规定。内阁专门成立第三部门办公室。协定执行委员会、第三部门办公室、"协定之声"及地方政府协会等四个机构共同确保《政府与志愿及社区部门关系协

[①] 周宝砚、吕外：《英国政府购买公共服务特点及启示》，《中国政府采购》2014 年第 11 期。
[②] 高文兴：《小政府，大社会：英国公共服务体制改革》，《公益时报》2012 年 3 月 27 日。

定》的执行。2011年,英国政府发布《开放的公共服务白皮书》,对政府如何改进公共服务作出规划,将"选择"、"放权"、"多元化"、"公平性"和"责任"定为英国政府改进公共服务的五大关键原则。通过一系列的制度文件,政府为慈善组织与社会企业提供更多的帮助,让它们有更多机会参与公共服务的公平竞标。

第五,社会企业也成为政府购买公共服务的对象。从购买客体看,除了社会组织外,有大量的社会企业作为供应商参与其中。[①] 在英国,社会企业较多,如帮助流浪汉就业的《大问题》杂志、鼓励人们搭车出行有效利用英国道路空闲车座的"搭车族"等。2012年4月,英国首相卡梅伦推出"大社会资本计划"。政府共投入6亿英镑分发给第三部门,用于培育第三部门和社会企业,承担政府裁减机构后所需要提供的公共服务。

第六,在购买公共服务过程中,政府比较重视第三部门能力建设。英国政府在员工培训、改善技术与设施、规范战略制定等方面进行投资。政府有三类适用于不同第三部门能力建设的项目。一是"能力构建者"项目,为增强第三部门实力提供支持、管理资金,寻求影响决策制定者和其他资助者的政策制定和实践;二是"未来构建者"项目,帮助一线第三部门提升能力建设,扩大承接社会服务的范围和规模;三是"基层资助"项目,内阁办公室提供资助,由社区发展基金会进行管理。

2. 美国

自20世纪80年代以来,美国联邦政府、州政府和地方政府逐步改革公共服务供给方式,重新思考政府和市场、非营利组织的关系。在市场和非营利组织占优势的领域采用补助、凭单、合同外包、特许经营等方式,转变相关职能,购买公共服务。值得关注的一点是,美国是市场化程度较高的国家,但在民营化浪潮中,更多采取服务外包的方式,较少出售或转让国有资产,形成了一定的特色。

第一,"政府固有职能"之外的产品与服务作为购买的范围。美国政府购买公共服务最大的特点是以"政府固有职能"作为辨识标志,将政府购买服务分为涉及公权力行使的事项和不涉及权力行使、属于政府公共服务的事项。根据美国联邦采购政策局(OFPP)的政策文件,以"政府固有职能"

[①] 英国社会企业联盟(The Social Enterprise Coalition)为社会企业提供了一个简洁明了的定义:"运用商业手段,实现社会目的。"

作为辨别标准，禁止将政府固有职能委托给民间组织办理。1992年，美国联邦采购政策局发布第92号政策函，对"政府固有职能"的含义做了原则性阐释。联邦采购政策局详细列举19项"政府固有职能"，主要包括：（1）刑事侦查；（2）公诉和审判（仲裁和其他替代性纠纷解决方法除外）；（3）军队指挥；（4）外交事务和外交政策的决定；（5）政府部门政策的决定权，如对管制内容和适用范围的决定；（6）联邦施政计划优先顺序和预算请求的决定权；（7）联邦政府雇员的指挥管理；（8）情报和反情报活动的指挥和控制；（9）选任联邦政府雇员的决定；（10）联邦政府雇员的职位描述和考核标准的决定；（11）政府财产处分条件的决定；（12）联邦采购活动的重要决定，包括决定采购哪些财产和服务、参加有关招标投标的投票、批准合同文件、决标、合同管理、决定合同价格是否合理以及终止合同；（13）对信息公开请求申请的批准；（14）对决定重要权利或资格的听证会召开的批准；（15）核发联邦执照及检查的批准；（16）预算政策方针和策略的决定；（17）规费、关税、罚金、赋税和其他公共基金的征收、控制和分配；（18）财政账户的控制；（19）公共信托的管理。[1] 采取类似"负面清单"的方式，列明不允许外包的事项，未列入的属于可以外包的事项。[2] 同时，为了适应不同的购买程序，将购买的公共服务分为硬服务和软服务，硬服务符合竞争性招标的条件，大多采用竞争模式；软服务允许采用非竞争模式，主要包括协商模式和合作模式。

第二，购买服务制度化。根据不同时期需要，美国政府制定了相关购买服务必需的法律，包括《联邦财产和行政服务法》（*The Federal Property and Administrative Service Act*)、《联邦采购规定》（*Federal Acquisition Regulation*)、《合同竞争法》（*Competition in Contracting Act*)、《服务获取改革法》（*The Services Acquisition Reform Act*），这些法律规定政府购买服务所需的相关程序和要求。[3] 为了降低成本和提高管理质量，1993年发布《联邦政府绩效和结果法》，政府部门必须对该项职能是否适宜外包进行绩效评估：政府转移或选择外包的职能是否适宜，包给其他主体提供是否更加有效。这种有效意味着外包的产品或服务是可测量和评价的，对政府而言，投入少，产出多，社会效果明显。建立一套严格的监管制度：购买经费有详细

---

[1] Policy Letter 92-1, http://www.whitehouse.gov/omb/procurement_policy_letter_92-01/。
[2] 紫风：《软服务采购倾向于发包给非营利机构》，《政府采购信息报》2013年11月8日。
[3] 常江：《美国政府购买服务制度及其启示》，《政治与法律》2014年第1期。

的预算,纳入政府年度预算。每年,联邦政府由国会审议通过,州和地方政府由州议会、地方议会审议通过。采取透明化的管理制度,购买内容、购买标准和购买方式及时向社会公开。购买流程规范,购买流程规划——选择——交流——评估——购买——监督六个环节,环环相连,形成一个有机的购买服务流程体系。

第三,购买服务的主要方式。美国政府购买公共服务的运作方式,主要有竞争模式、非竞争模式两种。竞争模式,美国政府最常见的就是公开招标。公开招标的程序大致分为发标、邀标、投标和评标几个阶段。[1] 政府也会采用竞争性谈判的方式,如联系符合竞争性谈判条件且有意向的若干供应商,进行协商洽谈,最后确定名单。在非竞争模式,包括协商模式和合作模式,使政府与非营利组织具有一定的指向性,符合双方的利益与发展方向。

第四,评估注重关键性指标。综合性评估成本很高,在实践中,既关注关键性指标,又能实现低成本与高效果。在美国,从20世纪90年代开始,法律规定要评估承包商的绩效,并在招标中考察以往的"绩效得分"。在美国,政府有非营利组织以往绩效的数据库,这些数据可以反复使用,可以帮助政府了解非营利组织的基本情况,提升政府评估的有效性,降低评估过程的盲目性,优化服务质量。

3. 日本

日本政府购买公共服务是规制改革的重要组成部分。通过规制改革,建立新型的政府与企业、非营利组织三者关系,转变职能,提升非营利组织能力,促进经济社会发展。[2] 日本政府在购买服务过程中,比较重视社会组织之间的联合,关注第三方监管制度建设,主要有以下几个方面的特点。

第一,细化政府购买公共服务制度。日本政府购买服务的依据是相关的法律法规,包括会计法、预算决算与账目公开条例、合同式商业交易法规。同时,还出台专门的购买服务法律,2006年日本政府出台《关于导入竞争机制改革公共服务的法律》,规范政府公共服务的供给服务,政府购买公共服务也遵守这一法律。2015年8月日本总务省向地方自治体发出《关于推进地方行政服务改革之注意事项》,将政府服务购买与政府采购相

---

[1] David C. Moore, Government Contracting: How to Bid, Administer, and Get Paid, New York: Wiley, 1995.

[2] 韩丽荣、盛金、高瑜彬:《日本政府购买公共服务制度评析》,《现代日本经济》2013年第2期。

区别，按照购买内容的不同类型和特性，相继建立以定型化公共服务为对象的民间委托制度、以公共设施一揽子业务为对象的 PFI 制度（即 1999 年推出的《利用民间活力等以促进公共设施建设之法律》）、以公共设施管理业务为对象的指定管理者制度以及以广义公共服务为对象的市场检验制度，从而细化政府购买公共服务制度。[①]

第二，构建不同的公私伙伴关系。公私伙伴关系包括"民间技术引入路径"、"民间开放路径"和"协动路径"三条路径，其中民间开放路径类似于中国的政府服务购买，是指政府部门在保留监管权限等行政责任的前提下，按照一定的方式和程序将那些不涉及权力行使的行政事务和公共服务委托给社会力量实施，提升财政支出效率，实现政策目的。

第三，社会组织联合起来提供公共服务。社会福利服务提供网络的扩张，即多家社会组织联合起来共同提供服务，包括传统和新型的社会组织、志愿和专业的社会组织、国家和社会背景的社会组织，将政府、企业和社会组织联合起来充分发挥各自优势和整合优势。1998 年《日本非营利组织法》放宽了非营利组织法律登记的标准，但仍然有很多未登记的传统或小型社区志愿组织。在实践中许多未进行法律登记但提供社会福利服务的非营利组织仍然能够获得政府的资助，因为公共部门认为接受资助的非营利组织必然会限制自身的活动。

第四，重视评估机构建设。日本在各项政府购买服务制度中非常重视评估和监管体系的建设，为了保证公共服务供给的透明、中立、客观和公正，在内阁府中设立第三方机构"官民竞标监理委员会"，政府购买公共服务的活动都要通过委员会组织实施和监督管理。尤其是在市场检验制度中，采取法定形式强制要求建立由外部专家组成的第三方监管机构，委托其负责包括制度建设、实施流程、评估监管以及制度完善在内的政策实施全过程的监管，将监管信息进行彻底公开并接受社会各界的监督。

（二）国际经验总结

1. 社会组织参与购买公共服务的制度化水平较高

尽管不同国家在向社会组织购买公共服务的具体操作上各具特色，但

[①] 俞祖成：《日本政府购买服务制度及启示》，《国家行政学院学报》2016 年第 1 期。

凡购买公共服务做得好的国家都具备一个完善的政策体系。这一体系大到规范契约主体间的关系框架，小到明晰资金的支付方式，为提高服务效率和质量提供了坚实的政策保障。而且，近年来在社会组织参与购买公共服务方面更出现法制化的新动向，通过将政策支持提升到法律法规的层面，有力地促进了政府和社会组织之间的合作，有利于公共服务效率的提高和质量的提升。

2. 社会组织参与政府购买公共服务过程中自身能力得到培育和提升

从各国的实践来看，在政府购买公共服务的过程中，政府和社会组织的关系与其说是单纯的雇佣关系，毋宁说是合作关系。一方面，在公共服务的提供上，政府通过设定各类社会服务项目和配套资金吸引和培育社会组织参与公共服务供给市场。这些资金当然促进了公共服务的提供，但社会组织也借由这些资金支持得以更好地发展，政府的购买同时也起到培育社会组织的作用。另一方面，政府不断出台相关法规和政策以保障政社长期合作关系，拓展有利于社会组织发展的制度空间。比如英国政府就先后发布了社会组织公共服务承接行动计划、《第三部门在社会和经济振兴中的未来作用：最终报告》等文件。[1] 由此形成了政府与社会组织合作关系的长期战略，为社会组织承接能力的培育和发展提供坚实的官方背景。

3. 社会组织参与政府购买公共服务塑造新型的政府管理方式

政府在向社会组织等社会力量购买公共服务的过程中，"政府是公共服务的提供者"的角色发生了变化，转而成为公共服务的指导者和监管者。这样的角色转换必然伴随新的政府管理方式，不能继续采用政府直接管控型做法，转而强调政府的谈判和说服能力，通过有效的监管评估机制，敦促社会组织等公共服务提供者高效地提供优质公共服务。

三 政府购买公共服务的法律法规研究

自 1996 年以来，我国政府购买公共服务总体呈现"地方摸索，国家跟进，地方完善，国家指导"的自下而上的探索图景，地方和国家层面纷

---

[1] 孙健：《我国政府向社会组织购买公共服务研究》，中共广东省委党校硕士学位论文，2012 年。

纷出台一系列文件指导政府购买公共服务，而进入2013年，政府购买服务进入加速推进和应用阶段。2013年9月，国务院办公厅发布《关于政府向社会力量购买服务的指导意见》。2014年12月，财政部、民政部、工商总局关于印发《政府购买服务管理办法（暂行）》的通知，进一步细化了政府购买服务的相关内容，在购买内容方面，增加了政府履职所需服务事项，在承接主体方面，将事业单位纳入进来。安徽、山东、浙江、广东、上海、北京、江苏等省市相继出台政府购买社会力量服务的政府指导意见，进行试点工作。

北京、江苏、辽宁、山东等城市陆续出台政府向社会组织购买服务的政策和文件，对购买主体、购买内容、承接主体、购买程序、购买监督等问题作了详细规定。特别需要强调的是，除《中华人民共和国政府采购法》《中华人民共和国政府采购法实施条例》外，国内大部分的政府购买公共服务的法律规范都是较低层级的地方规范性文件。以上海市为例，在政府购买服务领域，2011年，上海市委办公厅、市政府办公厅印发《关于进一步加强本市社会组织建设的指导意见》，明确提出要加大政府职能转变力度，建立购买服务机制，提出"对协助政府参与社会管理和公共服务的社会组织，要通过项目招标、合同管理、评估兑现等形式，建立政府购买服务机制。政府部门要将购买服务的资金列入部门年度预算，并逐步扩大购买服务的比例"。2012年，上海市财政局印发《上海市市级政府购买公共服务项目预算管理暂行办法》（沪财预〔2012〕98号）和《上海市市级政府购买公共服务项目目录（2013年度）》，对政府购买公共服务项目目录、预算管理、职责分工等内容作出了明确的规定。2015年5月，上海市政府发布《上海市政府购买服务管理办法》，对购买主体、承接主体、购买内容、预算管理、政府采购、合同管理、绩效评价、信息公开、监督管理等内容作了规定。尽管作出了一些规定，但还是存在一些问题。第一个问题，政府向社会力量购买公共服务缺乏统一的制度规范，无论是在政府购买服务的项目目录、总量规划上，还是在购买服务的目标设定和推进方式上都缺乏明晰的规定，导致不同政府部门开展公共服务购买的进度、水平参差不齐；第二个问题，针对重要承接主体——社会组织的扶持性政策体系尚未形成，以致社会组织在租用场地、水电煤收费、注册登记、税收等方面的优惠政策无法明确，社会组织运行环境有很大的提升空间。

四 国内政府购买公共服务的现状

国内政府购买公共服务，不少地方作了有益的探索，比较做得有特色的地方主要是北京、天津、上海、重庆、广州等。

（一）北京

北京市政府购买服务实践，着重构建了"1+3+N"政府购买服务制度体系。即：一项总管理制度（《北京市关于政府向社会力量购买服务的实施意见》），三项重点配套制度（购买服务预算管理、政府购买服务同机构编制衔接、承接主体资质审查），以及在购买范围、绩效评估、监督检查等方面建立多项相关政策措施。制定政府购买服务的保障措施，明确政府各职能部门的职责和分工，财政部牵头，其他部门分工配合。

1. 购买服务范围

《北京市2014—2015年市级政府向社会力量购买服务指导性目录》明确规定了北京市政府购买服务范围的十二大类，除涵盖民生方面、社会公共事务、社会管理、咨询决策、城市基础服务等方面外，还包括公益文化创作与运营等文化类，国民体质测试指导、全民健身指导等体育类，交通执法、营运车辆综合性能检测等交通类。

2. 购买方式

北京市政府一直在不断创新政府购买方式，主要有：①公开招标。要求政府各职能部门要与承接主体签订项目合同，明确服务内容、对象、服务范围、期限、数量、质量、标准、资金总额及支付方式，购买主体和承接主体双方的权利、义务及违约责任等内容。②直接补助。主要有政府资助补贴、以奖代补等方式。此外，还有开展定向购买方式，采用单一来源采购，创新地加入竞争性谈判、询价等环节，以降低政府购买成本。①

3. 资金来源

北京市政府购买服务的资金来源主要有财政支出、福利彩票公益金等。《北京市市级政府向社会力量购买服务预算管理暂行办法》（以下简称

---

① 《地方探索创新经验》，《中国民政》2015年第9期。

《预算管理暂行办法》)中明确规定,北京市政府对购买服务资金采用"以事定费"的预算统筹管理,不设定专项基金。由政府各职能部门按《购买服务指导性目录》进行调研,制定年度购买服务项目申报书进行申报。市财政局进行评审,批复后,将各职能部门购买服务年度计划信息向社会公布,并进行绩效评估。

4. 运作流程和监督方式

北京市政府购买服务的总体流程为:①提出购买项目。②制定购买细则。主要是确定购买主体/承接主体、购买方式、购买程序、购买合同等。③报请政府审议。④确定购买规模。⑤组织实施购买。⑥进行绩效评价。按照《预算管理暂行办法》,对 200 万元以上的政府购买服务重点项目要实行绩效评价,实施政府监督检查、专家评审、群众测评、社会监督等监督考核手段。对于绩效评价不好的项目,将缩减后期资金。①

(二) 天津

天津市于 2014 年 2 月出台了《关于政府向社会力量购买服务管理办法》,政策出台目的是进一步推动政府职能转变,加强和创新社会管理,优化公共资源配置,提高公共服务水平。到 2020 年,显著提升公共服务水平和质量,建立健全比较完善的政府购买服务制度和机制,形成与我市经济社会发展相适应、高效合理的公共服务资源配置体系和供给体系。

1. 政府购买服务的概念

政府向社会力量购买服务(以下简称政府购买服务),是通过发挥市场机制作用,把政府直接向社会公众提供的一部分公共服务事项,按照一定的方式和程序,交由具备条件的社会力量承担,并由政府根据服务数量和质量向其支付费用。

2. 购买服务范围

政府购买服务的内容为适合采取市场化方式提供、社会力量能够承担的公共服务,突出公共性和公益性。凡适合由社会力量承担的公共服务,都可以交由社会力量提供。下列事项可通过政府购买服务的方式,逐步交由社会力量承担:①基本公共服务事项。基本公共教育、公共就业服务、社会救助、社会福利、基本养老服务、优抚安置服务、基本医疗卫生、人口和计划生育服务、基本住房保障、公共文化、公共体育、基本公共安全

---

① 王箭:《政府购买服务机制比较:四直辖市例证》,《重庆社会科学》2014 年第 11 期。

服务、残疾人基本公共服务、环境保护、交通运输、人才服务、粮油储备等领域适宜由社会力量承担的基本公共服务事项。②社会管理服务事项。社会组织管理、社区事务、社工服务、法律援助、慈善救济、公益服务、人民调解、社区矫正、安置帮教、公共公益宣传等领域适宜由社会力量承担的公共服务事项。③行业管理与协调事项。行业职业资格认定、处理行业投诉等领域适宜由社会力量承担的公共服务事项。④技术服务事项。科研、行业规划、行业规范、行业调查、行业统计分析、资产评估、检验检疫检测、监测服务等领域适宜由社会力量承担的公共服务事项。⑤政府消耗性服务事项。公车租赁服务、机关物业管理服务、会议服务以及其他适宜由社会力量承担的机关后勤服务事项。⑥政府履职所需辅助性事项。法律服务、课题研究、政策（立法）调研草拟论证、监督、评估、绩效评价、工程服务、项目评审、咨询、技术业务培训、审计服务等领域适宜由社会力量承担的公共服务事项。

3. 购买方式

政府购买服务原则上按照部门预算和政府采购的程序、方式组织实施，建立项目申报、项目评审、预算编报、组织采购、过程监控、绩效评价的规范化流程。购买主体在编制年度部门预算时，科学测算购买服务成本，明确购买服务的数量、价格、可行性报告、目标和评价标准等，编报政府购买服务预算，经财政部门审核后确定。购买主体根据部门预算确定的采购项目，原则上应当编制政府采购预算和计划，通过公开招标、邀请招标、竞争性谈判、单一来源、询价等方式确定承接主体，严禁转包行为。

4. 运作流程和监督方式

购买主体应建立健全内部监督管理制度，及时将购买服务项目、内容、要求、采购结果、预决算信息以及绩效评价结果等向社会公开，自觉接受财政、监察、审计等部门检查和社会监督。承接主体应当健全财务报告制度，并由具有合法资质的注册会计师对财务报告进行审计。民政、工商及行业主管等部门联合财政部门、购买主体负责建立信用记录和应用制度，不断健全守信激励和失信惩戒机制。建立政府购买服务退出机制，绩效评价结果较差的承接主体不得参加下一年度政府购买服务项目竞标，弄虚作假、冒领财政资金的承接主体在3年内不得参与政府购买服务。

(三) 上海

1. 购买服务范围

政府购买服务的范围是有限的，有的可以通过购买的方式寻求由社会组织或企业提供，有的则只能由政府进行提供。因此，要对政府购买服务的范围进行合理界定。上海市公共服务购买实践，目前基本涵盖了民生服务的各个方面，并在其他领域逐步扩展。根据2015年5月发布的《上海市政府购买服务管理办法》，上海市政府购买公共服务范围主要集中在六个方面：(1) 基本公共服务。公共教育、劳动就业、人才服务、社会保险、社会救助、养老服务、儿童福利服务、残疾人服务、优抚安置、医疗卫生、人口和计划生育、住房保障、公共文化、公共体育、公共安全、公共交通运输、三农服务、环境治理、城市维护等领域适宜由社会力量承担的服务事项。(2) 社会管理性服务。社区建设、社会组织建设与管理、社会工作服务、法律援助、扶贫济困、防灾救灾、人民调解、社区矫正、流动人口管理、安置帮教、志愿服务运营管理、公共公益宣传等领域适宜由社会力量承担的服务事项。(3) 行业管理与协调性服务。行业职业资格和水平测试管理、行业规范、行业投诉等领域适宜由社会力量承担的服务事项。(4) 技术性服务。科研和技术推广、行业规划、行业调查、行业统计分析、检验检疫检测、监测服务、会计审计服务等领域适宜由社会力量承担的服务事项。(5) 政府履职所需辅助性事项。法律服务、课题研究、政策（立法）调研草拟论证、战略和政策研究、综合性规划编制、标准评价指标制定、社会调查、会议经贸活动和展览服务、监督检查、评估、绩效评价、工程服务、项目评审、咨询、技术业务培训、信息化项目管理和运维、后勤管理等领域适宜由社会力量承担的服务事项。(6) 其他适宜由社会力量承担的服务事项。[1]

2. 购买方式

上海市的政府购买以定向购买为主。定向购买是指政府将一个项目或者一项职能直接委托给特定的机构，通过支付现金、实物或者提供政策优惠作为购买的方式，该购买方式有三种具体的实践形态：项目形式、非项目形式、直接资助形式。项目方式是指政府部门根据社会需求

---

[1] 《上海市政府购买服务管理办法》，中国政府采购网，http://www.ccgp.gov.cn/gpsr/zcfg/201506/t20150608_5387501.htm。

将公共服务设置成相关的项目,然后委托给特定的机构。非项目形式是指针对综合性与复杂性的情况,委托的公共服务不能进行项目化管理,政府只作原则性的规定,允许承接主体发挥自身的主动性与创造性的形式。市禁毒委员会办公室、市司法局社区矫正工作办公室、团市委社区青少年事务办公室对市自强社会服务总社、市新航社区服务总站、市阳光社区青少年事务中心3家社会组织的购买主要通过购买服务人员的方式进行,主管单位以每位社工每年大约5万元或6万元的标准支付,当然这笔经费除了支付社工的工资外,还包括管理费用与办公经费。直接资助形式的做法是,作为购买者的政府对于承担公共服务职能的机构给予一定的资助,资助的形式既有经费资助、实物资助,也有优惠政策扶持。浦东新区社会发展局按照"小政府、大社会"理念,以直接资助的形式创建浦东新区罗山市民会馆,不仅为罗山市民会馆提供资金的资助(总投入856万元,其中社会发展局投入218万元),还提供房屋与场地(市场估计价200万元),更在扩大会馆规模、动员社会资源等诸方面得到浦东社会发展局的优惠政策扶持与帮助。

当然,也存在招投标的方式。招投标是指政府的公共服务项目向社会公开招标,投标的机构通过项目申请,以质取胜,并由政府付费的一种购买方式。招投标是一种典型的项目化运作形式。就中标项目的投标来看,参与投标机构往往只有3—5家,具备竞标能力的社会组织参与远远不足。浦东新区政府购买不完全是竞争的,而是带有支持和培育性的。公益创投也是以典型的项目化方式运行的,即公益组织发现社会需求,设置创造性的公益项目,然后向政府部门申请资助。

从上海市政府购买实践看,除了市民政局的公益招投标外,上海政府购买公共服务的方式以定向购买为主。[①]

3. 资金来源

资金来源主要有三种渠道。第一种渠道是财政预算资金。政府各职能部门都有年度预算资金,用于购买本部门的公共服务。从市政府相关部门来看,大多数政府职能部门将本部门年度预算资金用于政府购买。从区县政府来看,浦东新区已经将政府购买教育公共服务全部纳入公共预算,并且作为一个单独的条目列入部门的公共预算;第二种渠道是专项发展资金。在全国

---

① 徐家良、赵挺:《政府购买公共服务的现实困境与路径创新:上海的实践》,《中国行政管理》2013年第8期。

养老压力运行的高态势下,成立居家养老服务补助的专项发展资金;第三种渠道是预算外资金。主要为福利彩票公益金,福利彩票公益金占市民政局政府购买经费较大的比重。市社区服务中心购买公共服务的资金主要来源于福利彩票公益金,体现"扶老、助残、救孤、济困"的宗旨。

4. 运作流程和监督方式

目前,上海市政府购买服务形成了政府购买信息发布、购买主体和承接主体资格评估、过程监督、绩效考核(效益评价)等较为完善的运作流程。[①]

尽管上海市购买服务以定向购买为主,但其社区服务中心公益招投标的流程比较规范,评估指标体系较全面。公益招投标的流程分为立项与招标、投标与评审、项目实施、过程监督、绩效评估五个环节。首先由市与区县民政局提出项目招标需求,然后作为满足资质要求的单位提交申请。社区服务中心是社区公益服务项目招投标的工作平台,作为受托机构负责招标工作方案和各环节的具体组织实施、投标方案的评估审议、协助有关方面对资助项目的过程监督评估与效益评价等。从招投标的流程看,涉及招标方、受托机构、投标方三个主体。

随着政府购买公共服务的持续多年,评估的作用越来越大,上海市民政局和上海市社区服务中心专门制定《上海社区公益服务招投标项目评估指标体系(暂行)》,共分项目完成情况、服务满意度、财务绩效、组织能力建设、综合效益评价五个一级指标,用于评估所有上海社区公益服务招投标的中标项目,既是评定接受上海市福利彩票公益金资助的主要依据,又为中标项目提高项目品质提供技术指导。2012年2月,上海市颁布《社区公益服务项目绩效评估导则》,对上海市公益服务类社会组织在社区运作的公益服务项目进行绩效评估,充分发挥社区公益服务项目资助机构与第三方评估机构的作用。

(四) 重庆

1. 购买服务范围

重庆市政府购买服务内容,主要为扶贫、养老、助残、环卫、教育、交通、住房保障等一般性公益服务项目,比如2009年购买了公共交通汽车客运服务。后来增加了公务用车定点维修、物业、餐饮、会议等政府机构日常

---

① 徐家良、赵挺:《政府购买公共服务的现实困境与路径创新:上海的实践》,《中国行政管理》2013年第8期。

政务的后勤服务购买内容。目前，重庆市政府为了拓宽公共服务购买内容，对于购买服务项目的确定，采用了双向互动模式，政府部门可确定和发布"需求项目"，社会组织也可根据自身调剂，自主设计服务项目，争取进入政府购买的范围。2014年12月，重庆市政府办公厅发布《重庆市政府购买服务暂行办法》，强调政府购买服务的内容为适合采取市场化方式提供、社会力量能够承担的公共服务和管理事项。突出公共性和公益性，重点考虑和优先安排与保障和改善民生密切相关的领域和项目，购买服务项目可分以下六类：(1) 一般性公共服务。公共教育、劳动就业、住房保障、医疗卫生、人口和计划生育服务、社会保障、文化体育、环境保护、交通运输、服务"三农"、社会救助、社会福利、残疾人服务、公共安全、城市维护及市政设施管理等领域适宜由社会力量承担的公共服务事项。(2) 社会管理服务。社区事务、法律援助、慈善救济、社区矫正、人民调解、社工服务、安置帮教、公益宣传等领域适宜由社会力量承担的事务性管理和服务事项。(3) 行业管理与协调性服务。行业职业资格认定、处理行业投诉等领域适宜社会力量承担的服务事项。(4) 技术性服务。规划设计、检验检疫检测、工程服务、统计调查、监测服务、网络信息等领域适宜社会力量承担的服务事项。(5) 政府履职所需的辅助性事项。法律服务、课题研究、政策（立法）调研草拟论证、会议经贸活动和展览服务、监督、绩效评价、评估、项目评审、咨询、技术业务培训、审计服务等领域适宜由社会力量承担的服务事项。(6) 其他适宜由社会力量承担的公共服务事项。[①]

2. 购买方式

（1）公开招标。主要为纳入财政预算的公共服务项目，比如2014年10月以比选、招标向社会组织购买公共文化演出服务，政府公布项目信息机，社会组织公平竞争。

（2）定向委托。适用于政府部门把政府职能转移给社会组织时，把相应财政预算拨付给承接主体，比如重庆市江北区政府委托区团委向专业社工组织购买"社工+志愿者"服务。

（3）直接补助。重庆市九龙坡区把补助资金定购给医院转化成健康服务卡，免费发放给农民。农民凭借健康服务卡到定点医院享受"服务包"内容，主要有预防接种、计生、儿童及孕产妇保健、健康教育等九项

---

① 《重庆市政府购买服务暂行办法》，重庆市政府网，http://www.cq.gov.cn/publicinfo/web/views/Show!detail.action?sid=3947001。

内容。

（4）凭单补贴。2010年重庆市黔江区针对儿童、孕产妇发放"公共卫生服务券"，各医疗机构在提供公共卫生服务后，按照一定计算公式获取费用。与直接补助不同，凭单补贴能激发各医疗卫生机构之间的竞争，提高公共卫生服务质量和效率。①

3. 资金来源

政府购买服务所需资金列入财政预算，从部门预算或经批准的专项资金等既有预算中统筹安排。随着政府提供公共服务的发展所需新增的资金，原则上都应按照购买服务的方式实施并纳入财政预算安排。购买主体应在梳理现有公共服务资金安排基础上，逐步增加政府购买服务资金的比例。

4. 运作流程和监督方式

政府购买服务实行全过程预算绩效管理，建立购买主体、服务对象及第三方有机结合的综合性评估机制。实施购买前，购买主体应充分了解服务对象的需求状况、参考第三方意见，认真制定所购买服务的绩效目标，细化考核标准，作为购买服务的前置条件。实施过程中，及时跟踪分析项目绩效运行情况，采取有效措施，确保预期目标实现。项目结束后，对绩效目标的实现程度、资金使用效果、服务质量、公众满意度等进行严格的绩效考核评估。评估结果向社会公开，并作为结算服务费用、编制以后年度资金预算和选择承接主体的重要依据。

（五）广州

1. 购买服务范围

2013年1月23日，广州市民政局发布《广州市具备承接政府职能转移和购买服务资质的社会组织目录管理试行办法》。

2013年7月10日，广州市财政局发布《广州市财政局关于印发广州市本级政府向社会组织购买服务目录（第一批）的通知》确定140项服务项目被纳入政府采购服务范围，涉及基本公共服务、社会事务服务、行业管理与协调事项、技术服务事项、政府履职所需辅助性和技术性服务等。

2014年12月30日，广州市财政局发布《关于贯彻〈广东省政府向社会力量购买服务暂行办法〉的通知（穗财行〔2014〕455号）》规定：除法律

---

① 王箭：《政府购买服务机制比较：四直辖市例证》，《重庆社会科学》2014年第11期。

法规另有规定，或涉及国家安全、保密事项以及司法审判、行政决策、行政许可、行政审批、行政执法、行政强制等特定事项外，属于政府承担的基本公共服务、社会事务服务、行业管理与协调、技术服务以及政府履职所需辅助性事务等事项，适合采取市场化方式提供、社会力量能够承担的，原则上通过政府向社会力量购买服务的方式，逐步转由社会力量承担。政府新增或临时性、阶段性的公共服务事项，凡适合社会力量承担的，原则上都按照政府购买服务方式进行。

2. 购买方式

根据《关于贯彻〈广东省政府向社会力量购买服务暂行办法〉的通知（穗财行〔2014〕455号）》规定，广州市政府向社会力量购买服务的形式有三种：

第一，服务外包。引入竞争机制，将政府购买服务事项通过合同、委托等方式，交给符合条件的承接主体来完成，根据其所提供服务的数量和质量交付服务费用。承接主体不得转包。

第二，补助或奖励。对兼顾或义务提供公共服务的社会力量，政府通过给予资金支持来降低特定产品或服务的价格，从而使消费者具备购买能力，或弥补特定社会力量的生产成本，提高其提供公共服务的水平和能力。

第三，政府确定的其他方式。

3. 资金来源

根据《关于贯彻〈广东省政府向社会力量购买服务暂行办法〉的通知（穗财行〔2014〕455号）》规定，现行财政财务管理制度，购买主体购买服务所需资金从其部门预算安排的公用经费或经批准使用的专项经费中解决。重大项目、重大民生事项或党委、政府因工作需要临时确定的重要事项，按照财政专项资金管理规定和"一事一议"原则，专项研究确定购买服务资金规模和来源。政府购买服务资金实行国库集中支付。各部门依据购买服务合同或协议，按现行的部门预算政府采购资金支付流程支付。

4. 运作流程和监督方式

根据《关于贯彻〈广东省政府向社会力量购买服务暂行办法〉的通知（穗财行〔2014〕455号）》规定，运作流程有四个环节：

第一，编制购买服务预算。购买主体应根据当年政府向社会力量购买服务目录，结合同级党委、政府工作部署以及部门预算安排、本单位工作实际等因素，编制年度购买服务预算，纳入部门预算管理，经同级财政部门审核后，主动向社会公开所需购买服务项目的范围、标的、数量、质量要求、评价方法以及承接主体的条件、服务期限等内容，按规定开展向社会组织购买服务。

第二，实施购买服务。购买服务根据《中华人民共和国预算法》、《中华人民共和国政府采购法》、《中华人民共和国合同法》和《政府采购非招标采购方式管理办法》等有关规定组织实施。重大项目、重大民生事项或党委、政府因工作需要临时确定的重要事项，由财政部门委托第三方机构通过公开招标方式确定供应方组织实施。其余项目中，属于政府采购范围的，应按规定采取公开招标等方式实施；不属于政府采购范围的，除单笔金额较小的项目外，均应通过公开竞争方式实施。

第三，严格合同管理。通过以上方式确定承接主体后，购买主体应及时与承接主体签订购买服务合同，明确购买服务的时间、范围、标的、数量、质量要求、资金支付和违约责任等，并负责对合同的履行进行跟踪监督，及时验收结算。承接主体要严格履行合同义务，按时完成服务项目，确保服务数量、质量和效果。

第四，资金安排和支付。根据财政财务管理制度，购买主体购买服务所需资金从其部门预算安排的公用经费或经批准使用的专项经费中解决。重大项目、重大民生事项或党委、政府因工作需要临时确定的重要事项，按照财政专项资金管理规定和"一事一议"原则，专项研究确定购买服务资金规模和来源。政府购买服务资金实行国库集中支付。各部门依据购买服务合同或协议，按现行的部门预算政府采购资金支付流程支付。

市民政局参与政府向社会力量购买服务绩效评价；市监察局负责对政府向社会力量购买服务工作开展监督检查；市审计局负责对政府向社会力量购买服务资金的使用情况进行审计监督。

购买主体负责购买服务的具体组织实施，并会同有关部门对承接主体进行资质审查，对承接主体提供的服务进行跟踪监督，在项目完成后组织考核评估和验收。按照"谁组织，谁负责"原则，购买主体按《中华人民共和国政府信息公开条例》等规定，主动将购买服务相关的购买内容、承接主体、购买方式、资金安排、绩效评价和监督检查结果等内容向社会公开，接受财政、监察、审计等部门的监督及社会监督。

北京、天津、上海、重庆、广州分别在购买范围、制定方式、资金来源、运作流程、监督方式、文件6个方面有不同规定，可以进行分类比较，具体见下页表。

国内购买服务范围、方式、流程和文件出处一览表

城市	购买范围	购买方式	资金来源	运作流程	监督方式	文件
北京	12大类：民生、社会公共事务、社会管理、咨询决策、公益文化、基础服务、城市运营与创作、国民体质测试指导、全民健身指导、体育类、交通执法、营运车辆综合性能检测交通类	(1) 公开招标 (2) 直接补助	财政支出、福利公益金	(1) 提出购买项目；(2) 制定购买细则；主要是确定购买主体、承接主体、购买方式、购买程序、购买合同等；(3) 报请政府审议；(4) 组织购买规模；(5) 实施购买；(6) 进行绩效评价	200万元以上的政府购买服务重点项目要实行绩效评价、专家评审、监督检查、社会监督等监督考核手段。对于绩效评价不好的项目，将缩减后期资金	《北京市关于政府向社会力量购买服务的实施意见》；《北京市 2014—2015 年市级政府向社会力量购买服务指导目录》；《北京市级政府向社会力量购买服务预算管理暂行办法》
天津	民生、社会公共事务、社会管理、行业管理与协调服务、机关后勤服务、咨询决策	(1) 政府委托 (2) 项目补贴 (3) 直接补助	财政支出、专项基金、项目经费、部门业务经费、福利彩票公益金	确定和申报具体项目，评审立项，编报预算，组织购买，过程监管，绩效评价	购买主体进行全过程监管，引入第三方评审机构，由购买主体、服务对象及第三方对于服务项目成果进行综合性评审，建立政府购买服务出机制	《关于政府向社会力量购买服务管理办法》
上海	(1) 基本公共服务；(2) 社会管理性服务；(3) 行业管理与协调性服务；(4) 技术性服务；(5) 政府履职所需辅助性事项	定向购买 公益招投标	财政资金、专项发展资金、预算外资金：主要为福利彩票公益金	政府购买信息发布，购买主体和承接主体资格评估，过程监督，绩效考核（效益评价）	引入第三方评估监管	《上海市社区公益服务项目绩效评估导则》；《上海市政府购买服务管理办法》

续表

城市	购买范围	购买方式	资金来源	运作流程	监督方式	文件
重庆	(1) 一般性公共服务；(2) 社会管理服务；(3) 行业管理与协调性服务；(4) 技术性服务；(5) 政府履职所需的辅助性事项	(1) 公开招标 (2) 定向委托 (3) 直接补助 (4) 凭单补贴	政府财政支出	政府职能部门和社会组织双向互动确定项目，政府审定项目、资金分配，结果公示和效果采评估	对服务过程采取全方位监管，引入第三方评价体系，强化政府购买服务信息公开制度	《重庆市政府购买服务暂行办法》
广州	基本公共服务、社会事务服务、行业管理服务、技术服务与协调事项、政府履职所需辅助性和技术性服务等	服务外包（合同、委托等）补助或奖励 其他	政府财政支出为主	编制预算 实施购买 合同执行 资金安排和支付	市民政局参与绩效评价；市监察局对工作开展监督检查；市审计局对资金使用情况进行审计监督；购买主体合同有关部门对承接主体提供的服务进行资质审查，对承接主体提供的服务进行跟踪监督，在项目完成后组织考核验收评估和验收	《广州市具备承接政府职能转移和购买服务资质的社会组织目录管试行办法》；《广州市财政局关于印发〈广州市本级政府向社会组织购买服务目录（第一批）〉的通知》

五 政府购买社会组织公共服务中存在的问题和影响因素

（一）宏观上政策法规缺失

我国政府购买公共服务实践先于立法，没有形成完善的制度化保障，相关的法律法规还不健全。①《中华人民共和国政府采购法》是政府购买社会组织服务的重要法律依据，《中华人民共和国预算法》、《中华人民共和国招标法》、《中华人民共和国合同法》作为配套法律也已经具备，国务院根据《中华人民共和国政府采购法》发布《中华人民共和国政府采购法实施条例》，但专门的法律法规也就仅此一项。各地购买服务的实践多以当地的意见、条例或办法等约束性行动准则为指导，这些规范性文件多采取肯定列举的形式对购买服务范围进行界定，缺乏对政府购买社会组织公共服务的整个流程以及涉及的相关内容明确规定，不仅效力低，而且随意性很大，地方政府购买公共服务的进展水平往往与当地领导重视程度成正比。

（二）中观上管理体制的不完善

1. 购买内容

第一，对购买服务范围界定不清。不少政府职能部门对政府向社会力量购买公共服务认识不够明晰，在购买公共服务时无所适从，实际工作的开展水平也大相径庭。上海市青浦区政府购买社会组织服务活动中，有的部门尚未开展政府购买公共服务工作，有的部门认为只有通过政府采购平台向机构购买公共服务才属于政府购买服务的范畴，有的部门则积极利用社会力量提供公共服务。与此同时，部门之间也缺乏相互衔接和协调的机制，政府购买公共服务基本处于相关职能部门"各自为战"的状态，没有形成全区整体运作的格局。

第二，购买内容多为增量购买。长期以来，政府都是公共服务最主要的提供者。而现在，随着政府职能转变的需要，众多公共服务需要以政府

---

① 赵淑钰：《我国政府购买公共服务的行政法规制》，中国社会科学院研究生院硕士学位论文，2013年。

购买的形式逐步分离出去，这势必会对承接主体的资质和能力提出较高的要求，同时也不可避免地会触动既得利益，伴随很大的初始成本和政治风险，因而只能采取渐进式改革策略，区分"增量"公共服务和"存量"公共服务，分类推进。从总体上来看，增量购买多一些。

2. 财政体系

政府购买资金尚未全部纳入统一的预算科目，不利于审计与监管。从目前国内的实践来看，购买服务的资金来源包括财政支出、专项基金、福利彩票金等多种形式，并没有将政府购买资金全部纳入统一的预算科目。

3. 政府与社会组织的关系

第一，政府购买服务日益呈现出"官僚制内部性购买"，社会组织与政府的关系极其微妙。双方是一种关联交易。在实践中，购买主客体双方完全独立的几乎没有。社会组织越来越依赖政府的资金支持，政府购买项目的资金占社会组织经营收入的比重越来越大。

第二，由于政府与社会组织的内在关系，在购买行为中，政府占据主导地位，社会组织与政府的地位不平等导致政府购买的不平等，社会组织趋于劣势地位。

（三）微观上实施机制不健全

1. 监督及绩效评估

第一，目前各地政府购买服务主要是针对老年人和青少年等弱势群体，他们自身缺乏对服务效果评估的能力。有些政府购买的软服务由于服务本身的特性，导致服务质量难以量化以及成本和价格难以计算。另一方面，政府购买服务后，普遍缺乏科学系统的评价体系和强有力的监督体系，尤其是缺乏专门的人员对服务提供过程中的技术问题进行监管。同时，缺乏以绩效目标（产出）以及相关资源/成本（投入）阐述为基础的关键性指标，而这些恰恰是成本绩效核算的前提。大部分政府在评估承包方服务时采用的还是传统的行政化的方法，监督评估体系缺乏系统性。[1]

第二，第三方评估缺位。政府购买服务的评估应当是一个多方参与的监管模式，通过专项评估、内部评估和外部评估的共同作用，做到事前、

---

[1] 许小玲：《政府购买服务：现状、问题与前景——基于内地社会组织的实证研究》，《思想战线》2012年第2期。

事中和事后的全过程评估。当前国内各地实际对承接主体进行第三方评估的做法并不常见，尚未建立起一套包括第三方评估在内的政府购买公共服务评估体系。

2. 竞争机制

很多时候，因非自发成立、上级政府要求积极开展政府购买项目等原因，承接项目的社会组织还没有成立，政府购买便迫不及待推行，一些社会组织在匆忙之中由政府"扶持"起来，结果产生了大量的形式性购买；二是部分公共服务领域内，政府很难找到多家社会组织承接购买项目。

一方面是社会组织能力较弱，它们没有多少资源，专业化的人员少，承接业务不多，整体能力不强；另一方面政府对它们了解沟通不多，对社会组织信任度低，由此造成社会组织在承接购买服务项目时处于劣势地位。这样，出现一种现象，在政府购买公共服务招投标中，真正有能力、有竞争力的社会组织就很难找到。

第四章　社会组织评估监督研究

一　社会组织评估监督理论基础

近年来，我国社会组织在数量上快速增长。截至2015年第三季度，我国有民办非企业单位31.4万个，社会团体32万个，基金会4553个。[①] 数量激增的社会组织，一方面给社会组织带来了活力、贡献了力量；另一方面也出现一些问题，有的是社会组织本身能够解决，有的是社会组织自身解决不了，只能依靠外部力量，如由政府来处理，这对我国政府的管理能力提出了挑战。政府和社会组织应该如何互动？政府对社会组织进行有效监管的同时，如何激发出社会组织的活力？目前，政府对社会组织的监管是有效推进、还是抑制了其发展？政府监管的目的、原则、方式是否合适，是否有所选择，这些问题引起社会广泛的关注和讨论。针对政府对社会组织的监管问题，法团主义、第三方治理、委托代理等理论均有不同的解释。

（一）法团主义理论

菲利普·C.斯密特在20世纪70年代末概括提出法团主义理论，他认为"法团主义可以被界定为一个利益代表的系统，在此系统中，构成单位被组织成一些单一的、义务性的、非竞争性的、层级有序的、功能有别的有限团体，这些团体由国家认可并被赋予在其同行中的垄断代表权，以此

[①] 中华人民共和国民政部规划财务司：《社会服务统计季报》（2015年3季度），中华人民共和国民政部官方网站。

为交换,国家对其领导人选择、需求和支持的表达实行一定程度的控制。"① 他根据国家与社会力量对比的差异,把法团主义结构安排分为"国家法团主义"和"社会法团主义"。法团主义的基本观点可以概括为:法团主义是一种关于社会结构性冲突及秩序的学说,其关注核心问题是社会不同利益如何得到有序集中、传输、协调和组织,并用各方同意的方式进入体制,以便决策过程有序吸收社会需求,将社会冲突降低到不损害秩序的限度。② 国家是影响利益构成和团体作用的决定性力量,应当寻求在利益团体和国家之间建立制度化的联系通道,重视利益团体对国家与社会关系的协调作用。③ 相比于市民社会理论,国内学者运用法团主义理论研究成果较多。张静通过对企业职代会案例的研究说明了社会基层与国家的制度化联系渠道,以及建立在此基础之上的基层社会结构与政治秩序。④ 许婷从我国的传统政治文化、多元社会格局、政府与社会组织之间的结构性张力和互补性的角度,认为法团主义作为一种理想的政府与社会关系模式选择在我国存在具备可能性和必要性。⑤ 顾昕、王旭研究国家与专业社团的关系变迁,认为两者关系具有国家法团主义的特征,这一特征并不是一个过渡的形态。⑥ 此外,还有基于法团主义进一步概念的深化和创新,提出"庇护性国家法团主义"和"层级性国家法团主义"等。⑦ 也有人谈到在国家法团主义视角下政社关系的讨论。⑧ 法团主义强调国家具有对社会组织的合法性认可的强制权力,不同利益的分割、冲突的降低也是由国家起决定作用。国家所具备的强制权力,决定了国家可以对社会组织进行监

---

① 丁惠平:《中国社会组织研究中的国家——社会分析框架及其缺陷》,《社会学》2015年第1期。

② 张静:《法团主义》,中国社会科学出版社1998年版,第27页。

③ 刘安:《市民社会?法团主义?——海外中国学关于改革后中国国家与社会关系研究述评》,《文史哲》2009年第5期。

④ 张静:《利益组织化单位:企业职代会案例研究》,中国社会科学出版社2001年版,第20页。

⑤ 许婷:《法团主义:政府与社会组织的关系模式选择》,《中共浙江省委党校学报》2006年第4期。

⑥ 顾昕、王旭:《从国家主义到法团主义——中国市场转型过程中国家与专业团体关系的演变》,《社会学研究》2005年第2期。

⑦ 范明林:《非政府组织与政府的互动关系——基于法团主义和市民社会视角的比较个案研究》,《社会学研究》2010年第3期;张钟汝、范明林、王拓涵:《国家法团主义视域下政府与非政府组织的互动关系研究》,《社会》2009年第4期。

⑧ 邓国胜:《政府与NGO的关系:改革的方向与路径》,《中国行政管理》2010年第4期。

督管理，使其往国家期望的方向发展。

（二）第三方治理理论

美国非营利部门研究专家萨拉蒙，在对20世纪50—80年代美国私人非营利部门和政府关系进行研究时，分析了"政府失灵"和"市场失灵"两种理论的缺陷。这两种理论认为，志愿部门的存在是私人市场和政府作为"集体物品"提供者的固有局限性的产物，志愿部门应该起到"拾遗补阙"的作用。但是，萨拉蒙发现，美国非营利部门在提供政府承担财政责任的服务，在理论上违背了非营利部门存在是为了提供政府没有提供的产品或服务的理由。[1] 基于大量的调研分析，萨拉蒙提出"第三方治理"理论来解释美国非营利部门和政府之间的关系。当把福利国家力量应用到美国时，主要问题是，它没有把政府作为资金提供者和监管者的作用以及政府作为服务提供者的作用区分开来。事实上，联邦政府作为资金提供者和监管者的能力增加，当涉及实际的服务提供时，联邦政府广泛求助于其他机构——州、市、县、大学、医院、银行、行业协会等。美国福利国家利用大量第三方机构来实施政府职能，其结果是出现一个精巧的"第三方治理"体系。在这个体系中，政府与第三方执行者在很大程度上共享公共资金支出和公共权威运用方面的裁量权。[2] 萨拉蒙对于社会福利和公共服务中的政府角色进行了明确的区分，政府是资金的提供者和监管者，"第三方治理"体系中政府需要加强对大量第三方的指导和监督，以便实现精巧的治理体系链条。"政府购买服务有助于解决初创期非营利组织的资金困难问题，引导其不断成为公共服务的重要生产者，从而实现政府对非营利组织的培育与监管。"[3]

（三）委托代理理论

杰森和麦克林认为委托代理是指"一个或多个行为主体雇佣另一些行

---

[1] ［美］莱斯特·M. 萨拉蒙：《公共服务中的伙伴——现代福利国家中政府与非营利组织的关系》，田凯译，商务印书馆2008年版，第41页。
[2] ［美］莱斯特·M. 萨拉蒙：《公共服务中的伙伴——现代福利国家中政府与非营利组织的关系》，田凯译，商务印书馆2008年版，第43页。
[3] 赵挺：《非营利组织的独立性、绩效与合作机制》，《中国第三部门研究》2011年第2卷，第121页。

为主体为其提供服务，并授予后者一定的决策权力，依据其提供服务的数量和质量支付相应的报酬"。① 这里的授权者就是委托人，被授权者是代理人。由于两者都是追求效用最大化的经济人，且效用函数不同，所以代理人的利益目标并不总与委托人相一致。另外，相关信息在两者之间分布不对称，也容易引发非协调、非效率，即"委托—代理"问题。这种问题主要有两种表现形式：一是"道德风险"，即代理人鉴于委托人监督困难便采取减少自己要素的投入，或者采取机会主义行为损害委托人的利益；二是"逆向选择"，即代理人占有委托人所观察不到的信息，并利用这些私人信息进行决策，鉴于自身利益的考虑，代理人可能会采取某些不利于委托人的行为。② 政府购买社会组织公共服务过程中也存在"委托—代理"问题。政府购买公共服务过程中社会组织的道德风险，主要体现在为了获得政府的公共服务代理权有意隐藏不利于自己的信息或夸大有利于自己信息，致使政府选择产生盲目性。在得到公共服务代理权后，凭借自身信息优势以及具有一定的决策权而出现降低公共服务数量和质量、吞噬公共服务经费等行为。而社会组织产生道德风险的根本原因在于政府与社会组织的目标存在不一致，客观原因是信息不对称致使政府对社会组织的监督乏力，直接影响因素则是政府对社会组织的激励机制缺位以及购买程序不健全。③ 我国政府购买社会组织公共服务的力度越来越大，已经成为政府和社会组织合作的重要形式。契约关系导向下的购买服务具有明显的委托代理问题，因而对于购买服务的主体、代理人——社会组织的监管和激励问题也日益重要。

此外，社会团体的合法性问题也是政府加强对社会组织监管的依据之一。高丙中把社会团体的合法性分为四个方面：社会合法性、行政合法性、政治合法性和法律合法性。他认为，社团的社会合法性主要有地方传统、当地的共同利益、有共识的规则或道理三种，这是社团开展活动的基础；行政合法性是一种形式合法性，是社团法人的前提条件，其基础是官僚体制的程序和惯例，其获得形式包括机构文书、领导人的同意、机构的

---

① Jensen and Mackling, "Theory of the Firm: Managerial Behavior, Agency Costs and Ownership Structure", *Journal of Financial Economics*, 1976.
② 黄恒学：《公共经济学》，北京大学出版社2002年版，第58页。
③ 吕外：《政府购买公共服务过程中社会组织道德风险成因及防范——基于委托代理视角分析》，《中国政府采购》2014年第6期。

符号（如名称、标志）和仪式（如授予的锦旗）等；政治合法性是一种实质合法性，对于社团的存在和发展都是至关重要的，它涉及的是社团内在的方面，如社团的宗旨、社团活动的意图和意义，它表明某一社团或社团活动符合某种政治规范，即"政治上正确"；法律合法性，指的是社会团体必须在民政部门登记注册，得到法律的认可，成为合法组织，否则，将会受到法律的制裁。① 徐家良进而提出社会团体合法性分类框架体系，认为社会团体合法性由外部合法性和内部合法性构成。外部合法性由官方合法性、社会合法性组成，其中官方合法性包括政治合法性、法律合法性和行政合法性，而内部合法性就由组织合法性和成员合法性两个要件构成。"组织合法性"是指社会团体内部的权威被接受和承认的程度，反映行业、社会团体与会员之间的关系状态。"成员合法性"是指社会团体的领导人被普通会员接受、承认并服从管理的状态。因此，社会团体内部合法性，是指社会团体的成员或准备吸纳为成员的群体对该团体的认同，以及其治理结构能够确保这种认同程度的状态。②

二　社会组织评估研究

（一）社会组织评估的现状

评价与评估，到底是不是一个词，含义上是否有所不同。一种认为评价是对已经量化的评估标准进行判断，评估是对所做事情的量化。③ 评估是一种对评估客体的价值的评价和判断活动。④ 实际上可以理解为，评估是事实判断、价值判断、工具判断的集合，是评估者依据标准选择一定的评估对象、范围与内容，衡量被评估的客体各种状况而得出结论并采取相应措施的活动过程。⑤

从评估主体和范围来看，我国社会组织评估主要分为以下三类：第一

---

① 高丙中：《社会团体的合法性问题》，《中国社会科学》2000年第2期。
② 徐家良、孙钰林：《论社会团体的内部合法性》，《甘肃行政学院学报》2006年第4期。
③ "绩效评估是对所做的事情的量化，绩效评价是对已经量化的绩效评估标准从价值和质量两个方面进行判断。"［英］理查德·威廉姆斯：《组织绩效管理》，蓝天星翻译公司译，清华大学出版社2002年版，第118页。
④ 邓国胜等：《民间组织评估体系：理论、方法与指标体系》，北京大学出版社2007年版，第45页。
⑤ 徐家良：《政府评价论》，中国社会科学出版社2006年版，第5页。

类是狭义的社会组织评估,即民政部门主导的社会组织规范化等级评估;第二类是政府购买社会组织服务绩效评估,即各级政府在购买社会组织公共服务的过程中,政府部门内部自行实施或委托第三方机构开展的购买服务绩效评价;第三类是公益组织和项目评估,即公益行业中的社会组织、项目资助方等利益相关方对组织发展、项目实施等进行评估。从广义概念来看,社会组织评估是社会组织监督管理的方式之一,但是,社会组织评估的更大意义在于培育和发展社会组织、促进社会组织能力的提升。

1. 社会组织评估

2010年,民政部颁布《社会组织评估管理办法》,对社会组织评估进行规定。该办法指出,"社会组织评估,是指各级人民政府民政部门为依法实施社会组织监督管理职责,促进社会组织健康发展,依照规范的方法和程序,由评估机构根据评估标准,对社会组织进行客观、全面的评估,并作出评估等级结论。"社会组织评估是各级民政部门监督管理社会组织、促进社会组织健康发展的日常工作之一。[①]

随着社会组织在社会建设中发挥越来越重要的作用,社会组织的法人治理结构的规范、管理制度的完善、服务能力的提升等也日益受到政府和社会公众的关注。从2005年开始民政部民间组织管理局招标西安交通大学、北京师范大学、大连理工大学、民政管理干部学院、北京华夏经济社会发展研究中心等研究团队对民间组织评估理论、评估指标和评估实践进行了理论研究。[②] 2006年,行业类社团、公益类社团、学术类社团、联合类社团、基金会及民办非企业单位六类社会组织评估指标基本理论研究框架形成。2007年正式启动基金会评估,2008年启动全国性行业协会商会评估,2009年启动民办非企业单位评估,2012年启动全国性联合类社团、公益类社团、职业类社团评估。不论是哪一个类型都包括基础条件、内部治理、工作绩效、社会评价四个方面的评估。我国社会组织评估形成了较为全面、分类评价的评估指标体系,并通过评估实践发展了评估体系。从2013年开始,上海交通大学与民政部合作对中国社会组织评估实践活动进行系统整理分析,形成总报告、分报告、案例、问题与建议、附录五个部

---

① 《社会组织评估管理办法》,中国网,http://www.china.com.cn/policy/txt/2011-01/14/content_21736198_3.htm。

② 国家民间组织管理局:《中国民间组织评估》,中国社会出版社2007年版,第126—164页。徐家良作为北京师范大学课题组负责人主持"中国社会团体评估指标体系研究"课题。

分，先后编写出版《中国社会组织评估发展报告（2013）》、《中国社会组织评估发展报告（2014）》和《中国社会组织评估发展报告（2015）》。[①]

社会组织评估的政策保障方面，2007年8月，民政部发布《全国性民间组织评估实施办法》和《关于推进民间组织评估工作的指导意见》，正式启动社会组织评估工作。2010年12月，民政部颁布《社会组织评估管理办法》，这是规范社会组织评估工作的部门规章，也是目前为止我国社会组织评估的重要政策依据。该办法适用于经各级人民政府民政部门登记注册的社会团体、基金会、民办非企业单位三类社会组织，从评估对象和内容、评估机构和职责、评估程序和方法、评估的回避与复核、评估等级管理等方面对社会组织评估工作做了基本规定。《社会组织评估管理办法》第六条规定，取得社会团体、基金会或者民办非企业单位登记证书满两个年度，未参加过社会组织评估的，或者获得的评估等级满5年有效期的社会组织，可以申请参加评估。各级人民政府民政部门设立相应的社会组织评估委员会，按照组织类型的不同，对社会组织评估实行分类评估。在评估内容方面，社会团体、基金会实行综合评估，评估内容包括基础条件、内部治理、工作绩效和社会评价；民办非企业单位实行规范化建设评估，评估内容包括基础条件、内部治理、业务活动、诚信建设和社会评价。

地方社会组织评估的实践也在不断探索中。截至2014年年底，全国各省、自治区、直辖市和计划单列市已全部开始了社会组织评估工作。[②] 全国26个省、自治区、直辖市制定了具有地方特色的社会组织评估工作管理办法和分类评估指标。[③] 广东省出台《关于社会组织评估管理的暂行办法》、浙江省出台《全省性社会组织评估实施办法》、福建省出台《福建省社会组织评估暂行办法》，推进和规范了社会组织评估实践。截至2013年年底，各省、区、市共有社会组织35700多家，其中有3814家社

[①] 徐家良、廖鸿主编：《中国社会组织评估发展报告（2013）》，社会科学文献出版社2013年版；徐家良、廖鸿主编：《中国社会组织评估发展报告（2014）》，社会科学文献出版社2014年版；徐家良、廖鸿主编：《中国社会组织评估发展报告（2015）》，社会科学文献出版社2015年版。

[②] 徐家良、廖鸿主编：《中国社会组织评估发展报告（2015）》，社会科学文献出版社2015年版，第10页。

[③] 徐家良、廖鸿主编：《中国社会组织评估发展报告（2013）》，社会科学文献出版社2013年版，第30页。

会组织参加并完成评估，占所有省级社会组织总数的10.7%。[①] 2014年，127家全国性社会组织申请参加评估，实际评估116家。[②]

社会组织评估结果运用合理与否，影响到社会组织参加评估的积极性的高低。《社会组织评估管理办法》把社会组织评估结果分为5个等级，由高至低依次为5A级（AAAAA）、4A级（AAAA）、3A级（AAA）、2A级（AA）和1A级（A）。社会组织评估等级有效期为5年。在评估结果的运用方面，根据《社会组织评估管理办法》的规定，获得3A以上评估等级的社会组织，可以优先接受政府职能转移，可以优先获得政府购买服务项目，可以优先获得政府奖励；获得3A以上评估等级的基金会、慈善组织等公益性社会团体可以按照规定申请公益性捐赠税前扣除资格；获得4A以上评估等级的社会组织在年度检查时，可以简化年度检查程序。部分省市在推行社会组织评估工作的过程中，明确地在地方规章、政策性文件中体现了评估结果的激励性，特别是把社会组织评估结果作为政府转移职能和购买服务的重要依据。河南省民政厅、财政厅联合发布《河南省政府购买社会工作服务实施办法》，该办法规定，政府购买社会工作服务的承接对象必须具备下列条件，即"具有独立法人资格，依法登记的社会团体、民办非企业单位和基金会，取得社会组织评估等级3A级以上资质的优先"。广东省财政厅发布《关于开展政府购买社会组织服务试点工作的意见》规定，经县级以上民政部门评估，获得3A级以上等级的社会组织是承接政府购买服务的社会组织应具备的资质之一。总之，社会组织评估的等级结果越来越受到社会组织的重视。

2. 政府购买社会组织服务绩效评估

政府向社会力量购买服务，就是通过发挥市场机制和社会机制的作用，把政府直接向社会公众提供的一部分公共服务事项，按照一定的方式和程序，交由具备条件的社会力量（包括企业、社会组织事业单位）承担，通过绩效评估，由政府根据服务数量和质量向其支付费用的一项社会活动。

我国政府购买社会组织公共服务的起步时间较晚，通常认为我国内地

[①] 徐家良、廖鸿主编：《中国社会组织评估发展报告（2014）》，社会科学文献出版社2014年版，第33页。

[②] 徐家良、廖鸿主编：《中国社会组织评估发展报告（2015）》，社会科学文献出版社2015年版，第12页。

政府购买服务发轫于上海。1995年,上海浦东新区开始探索政府购买的新型公共服务提供模式。其后,全国各地政府探索购买社会组织提供公共服务的机制。政府购买服务的范围逐渐扩大到医疗卫生服务、教育服务、社区服务、培训服务、就业服务、计划生育服务等各个服务领域。2013年9月国务院办公厅出台《关于政府向社会力量购买服务的指导意见》,就政府向社会力量购买服务的重要性、正确把握政府向社会力量购买服务的总体方向、扎实推进政府向社会力量购买服务工作三方面内容作出了规定。之后,各地省市政府也出台政府购买服务的相关文件。但是,政府向社会组织购买服务,在我国大多数城市还是新生事物。对于"为什么要购买"、"购买什么"、"向谁购买"、"怎么购买"、"购买了以后如何做"、"怎么买得值"等问题,多数城市尚处于探索阶段。

政府购买社会组织服务的绩效问题,涉及政府职能转移和政府购买服务这项制度的成功与否。作为政府购买公共服务的一个重要环节,评估的有效运作是保障政府购买公共服务的关键。[①] 在实践中,各地在探索政府购买社会组织服务中也逐渐意识到购买服务评估的重要性,并出台相关政策文件以推进和规范政府购买公共服务评估工作。2010年广州市民政局、财政局联合发布《广州市政府购买社会服务考核评估实施办法(试行)》,通过审阅文件、面谈、观察、抽查等方法,从专业服务标准、服务量及服务成果标准、服务质量标准、服务项目管理标准四个方面对服务项目进行考核评估。2012年2月,上海市质量技术监督局发布上海市地方标准《社区公益服务项目绩效评估导则》(以下简称《导则》),分别就范围、规范性引用文件、术语和定义、评估的基本原则、评估的基本内容和要求、评估的基本方法和程序、评估结果、社区公益服务项目等级、评估报告要求作出了规定。该标准适用于社区公益服务项目资助机构、第三方评估机构,对公益服务类社会组织在上海市行政区域内组织运作的社区公益服务项目,进行事先、事中、事后的绩效评估。该《导则》是我国第一个关于公益项目绩效评估方面的地方标准,为规范项目评估提供了全面、科学的考察依据。2014年厦门市民政局印发《厦门市政府购买社会工作服务项目评估实施办法》,规定从专业服务、服务成效、服务管理三个方面对项目服务情况的中期和末期进行评估。对于绩效评估的结果,两地政府都采取

---

① 徐家良、赵挺:《政府购买公共服务评估机制研究》,《政治学研究》2013年第5期。

较为严格的规定。评估结果为优秀和良好的，购买方或社会工作主管部门在选择政府购买服务承接主体时可在同等条件下给予其优先资格或者奖励；考核评估结果不合格的服务项目，应当视情况扣减经费，且该服务提供机构在两年内不得承接政府购买服务项目；由于任务未完成导致不合格的，应当敦促服务提供机构继续提供服务直到政府购买服务合同任务的完成；情节严重的，取消其承接政府购买服务项目的资格。

3. 公益组织和项目评估

项目是大多数社会组织开展活动的主要形式，项目评估是项目管理的重要环节。项目评估对公益项目中的不同利益主体具有不同的重要意义。对于政府或其他资助方来说，通过项目评估，了解项目进展及成效，可以对所资助的社会组织进行有效的控制、监督或者约束，避免失控，远离预期目标；对于社会组织而言，项目评估有助于完善项目管理，监控项目执行过程，以确保项目执行的有效性，提高服务质量；而且，向资助方陈述项目的实施情况，有利于社会组织争取更多的社会资源；对于社会公众来说，通过客观、公正的项目评估，可以更深入地了解社会组织的基本情况，对运作项目有一个清晰的认识，有助于增强公众对社会组织的信任，把更多的资源投入到公益领域。

虽然公益项目评估具有重要的意义，但是由于我国公益行业的发展还不够成熟，公益项目评估也经历了一个逐渐发展的过程。1989 年中国青少年发展基金会实施"希望工程"这类公益项目，很少开展内部的项目评估，外部的项目评估更是少之又少，更多的是采取内部监测和控制的方式对项目进行监督。直到 1997 年，中国青少年发展基金会才首次正式委托中国科技促进发展研究中心对希望工程进行评估。2002 年，中国人口福利基金会委托清华大学公共管理学院 NGO 研究所对其所实施的"幸福工程"进行评估。[1] 北京大学社会学系刘能曾对希望工程教师培训项目进行评估，最后将评估材料整理后结集出版——《公益项目评估：希望工程教师培训项目暨朗讯班总体绩效评估》。[2] 2008 年汶川地震后，中国红十字基金会首批拿出 2000 万元捐款，面向民间公益组织和专业公益服务机构公开招

---

[1] 邓国胜：《中国公益项目评估的兴起及其问题》，《学会》2009 年第 11 期。
[2] 刘能：《公益项目评估：希望工程教师培训项目暨朗讯班总体绩效评估》，文汇出版社 2004 年版。

标灾后重建项目,尝试和探索与其他民间公益组织的合作。2011年中国红十字基金会委托北京大学公民社会研究中心担任项目第三方评估,对中国红十字基金会"5·12"灾后重建公开招标项目的17个中标项目执行情况进行评估。第三方项目评估不仅对17个项目进行评价,还就中国红十字基金会未来在项目设计和项目管理方面可能的改进方向提出针对性的建议。① 在上海,上海映绿公益事业发展中心、上海长三角社会组织发展中心、上海东方社会工作事务所等都逐渐对各种不同的项目进行了评估。不过,总体而言,在国内主动开展第三方项目评估的社会组织仍占少数。目前开展第三方项目评估的社会组织大多属于规模较大、项目的社会关注度高、项目资金额度较高的组织。

相比较而言,规模较大、历史较久的境外在华非政府组织对公益项目的评估较为重视。这些机构一般会专门设置"项目监测评估官员"的人力资源岗位,也会在项目计划书上把"项目评估"作为一项重要工作进行安排并编制相应预算。国际美慈组织不仅邀请相关专家对其项目进行评估,还加强项目内部监控,组织以"项目监测评估"为主题的培训会,以提高合作伙伴在美慈项目执行过程中的监测评估意识和能力。②

(二) 社会组织评估存在的问题

1. 社会组织和公益项目的评估理论还不够成熟

现有主流社会组织评估理论模型主要包括"3E"评估理论、"3D"评估理论、"APC"评估理论等。"3E"评估理论从经济、效率、效果三个角度展开,对于社会组织的绩效进行评估,但是该理论无法体现社会组织因为社会价值属性而具有的公正、公开、公平、民主等公共理念,因此后来增加了公平(Equity)指标,形成更加科学完整的"4E"评估理论。"3D"评估理论以项目和问题为出发点,围绕组织发展阶段整合指标,初步形成了诊断、设计、发展为模块的指标体系,侧重于根据社会组织提供

---

① 中国红十字基金会:《中国红十字基金会"5·12"灾后重建公开招标项目评估报告》,中国红十字基金会官方网站,http://www.crcf.org.cn/sys/html/lm_1/2012-05-16/144256.htm。
② 国际美慈组织:《灾后恢复项目监测评估培训会在雅安召开》,国际美慈组织官网,http://meici.org.cn/modules/article/view.article.php/510。

的具体服务或项目的问题阶段展开评估。① "APC"评估理论是清华大学邓国胜提出的一套适合中国非营利组织发展的评估框架，即对非营利组织问责（Accountability）、绩效（Performance）和组织能力（Capacity）的全方位评估。② 现有几种社会组织评估理论模型，关注视角有不同的侧重，对社会组织发展具有不同维度的判断。在评估实践中，因我国社会组织发展还不成熟，治理结构还不够健全，各项制度建设、服务的专业化和规范性等也需要提升，使用脱离我国实际、缺乏操作意义的评估理论，无法有效开展评估，因而难以达到有效评价社会组织和项目、推动社会组织发展的目的。

民政部推行的社会组织评估，虽然规定从基础条件、内部治理、工作绩效和社会评价四个方面对社会团体、基金会实行综合评估；从基础条件、内部治理、业务活动、诚信建设、社会评价等方面对民办非企业单位实行规范化建设评估，并出台《全国性学术类社团评估指标》等具体指标，但是部分评估指标和社会组织的实际情况存在脱节现象，社会组织评估指标需要完善。广西在评估中发现，"代表本行业反倾销、反补贴和保障措施的应诉""行业性集体谈判"等相关指标，经评估实践检验，80%以上的参评机构被认为不符合行业协会商会的实际情况。③ 评估理论是设计评估指标、选择评估方法、运用评估结果的理论性指导，评估指标对于被评机构开展工作具有引导意义，必须在评估实践的基础上，进一步完善评估理论，增强评估指标的科学性、适用性。

2. 社会组织、政府部门、项目资助者等相关利益方对评估的认识有待提升

虽然近年来参与社会组织评估的社会组织逐年增长，但全国性、省市级、区县级的社会组织参评率存在一定差距，社会组织的总体参评率较低。从2007年开展全国性社会组织评估至今，已累计评估900多家全国性社会组织，约占符合参评条件的全国性社会组织的70%，这说明全国性社会组织参评率较高。相比较而言，地方性社会组织参评率较低。以上海

---

① 王守文：《"SCC"理论：中国社会组织评估机制研究》，华中科技大学博士学位论文，2013年。
② 邓国胜：《非营利组织"APC"评估理论》，《中国行政管理》2004年第10期。
③ 徐家良、廖鸿主编：《中国社会组织评估发展报告（2014）》，社会科学文献出版社2014年版，第259页。

为例，市级社会组织参评率为 10.7%，区（县）社会组织参评率为 8.3%。① 因此，社会组织评估的整体参评率仍需要提升。政府购买社会组织公共服务的绩效评估的制度化程度弱，地方政府尚未形成统一的综合绩效评估制度，评估内容和重点不同，具有较大的随意性。而公益项目评估则更与社会组织与公益行业内部对于评估价值的认识相关。在我国社会组织发展的初期阶段，行业内还未充分认识到评估对于提升项目质量、增强组织公信力、推动组织发展的意义，公益项目评估的开展还没有形成规模、成为共识。

部分社会组织缺乏参加社会组织评估的主动性，原因有以下三个方面：第一，社会组织评估对参评的社会组织来说增加了成本。社会组织评估需要投入一定的人力、物力、财力和时间。按照评估要求进行档案材料的汇总和整理，这对于规模不大、人手不多、制度有待完善的社会组织而言，具有较大的压力，使其对评估有一定的抵触情绪；第二，评估并未给机构带来显著的利益和实惠。政府购买服务的优先机会、基金会资助、免检、免税的实质性利益对刚参加社会组织评估的社会组织来说，时间上有点远，可望而不可即；第三，政府部门、公益项目资助者未充分认识到社会组织、公益项目的评估重要性，没有把评估作为对社会组织进行监督管理和培育发展的手段。

3. 第三方评估机构稀少，尚未充分参与社会组织和公益项目的评估

随着我国政府购买社会组织公共服务实践活动的不断尝试，部分省市已经积极探索委托第三方评估机构开展社会组织及公益项目的评估。北京市社会团体办公室委托北京市管理科学院、北京大学公民社会研究中心、北京明德社会组织能力建设促进中心等六家单位作为第三方社会组织评估机构，负责社会组织评估的实地考察和评估；上海浦东新区民政局委托上海映绿公益事业发展中心对 2011—2014 年度的浦东新区社区公益招投标中标项目进行季度监测、中期和结题评估；北京市温暖基金会委托上海交通大学第三部门研究中心担任"职工服务公益孵化"项目的第三方评估机构运行项目的招投标评审、中期评审和最终评估。

2015 年 10 月，2015 年度全国性社会组织第三方评估机构实行公开招

---

① 徐家良、廖鸿主编：《中国社会组织评估发展报告（2014）》，社会科学文献出版社 2014 年版，第 258 页。

投标，11月发布公告，有北京七悦社会公益服务中心、中国社会组织促进会和北京海潮社会组织服务与评估中心三个机构入围。

总体而言，现在社会组织和公益项目评估的主体较为单一，我国社会组织评估仍以政府为主导，由各级人民政府民政部门设立相应的社会组织评估委员会，对社会组织进行等级评估；政府购买社会组织公共服务的绩效评估也主要由政府组织专家进行，评估的科学性、专业性良莠不齐；大多数公益项目主要由社会组织内部开展对项目的监控，缺乏独立第三方机构进行项目监测和评估。

目前，我国社会组织和公益项目评估现状，构成了第三方评估机构的生存环境。同时，出于缺乏资金支持、政府授权、行业内对评估不够重视等原因，第三方评估机构发展遇到资金、人才、专业等方面困难，这些困难将阻碍第三方评估机构的产生、发展和壮大，使其未能充分担任社会组织和公益项目评估者的角色。

（三）改善社会组织评估的建议

1. 加强评估的法制化保障，提升社会组织评估的权威性

我国现有关于社会组织的三个条例，即《社会团体登记管理条例》、《民办非企业单位登记管理暂行条例》、《基金会管理条例》，皆属于国务院颁布的行政法规，但在我国法律体系中其立法层次和立法权威较低。民政部2011年施行的《社会组织评估管理办法》以"民政部令"的方式出现，属于部门规章，立法权威性则更低。上述立法权威性较低的条例、办法影响了评估权威性，以及社会组织参与参评的积极性。

对于政府购买社会组织公共服务，2013年国务院办公厅发布的《国务院办公厅关于政府向社会力量购买服务的指导意见》中提到"加强监督检查和科学评估，建立优胜劣汰的动态调整机制"。还专门就绩效管理作了规定："严格绩效评价机制。建立健全由购买主体、服务对象及第三方组成的综合性评审机制，对购买服务项目数量、质量和资金使用绩效等进行考核评价。评价结果向社会公布，并作为以后年度编制政府向社会力量购买服务预算和选择政府购买服务承接主体的重要参考依据。"

地方也相继出台了有关政府购买服务的办法、意见等政策性文件，多数涉及项目评估。上海市长宁区出台《2013、2014年度长宁区政府购买服务项目绩效评估实施方案》，长宁区政府购买服务项目审定委员会办公室

委托上海申杰社会组织培育评估中心作为第三方评估机构，于 2014 年 7 月起开展"2014 年度长宁区政府购买公共服务项目中期绩效评估（中期督导）"工作。2014 年度中期绩效评估完成 51 个项目，涉及总资金 1448.16 万元。51 个项目中，评估结果得分在 90 分以上（含 90 分）优秀项目有 22 个；得分在 80—89 分良好项目有 25 个；得分在 80 分以下的项目有 2 个；有 2 个项目不评分，作为督导项目。

但是总体上而言，对于政府购买服务绩效评估的规定过于笼统、缺乏操作性，无法指导评估工作科学开展。在公益行业内部，政府对于公益项目的评估没有具体规定，主要依靠社会组织自主选择是否对项目进行评估。

2016 年 3 月 16 日，第十二届全国人民代表大会第四次会议通过《中华人民共和国慈善法》，第九十五条规定："民政部门应当建立慈善组织评估制度，鼓励和支持第三方机构对慈善组织进行评估，并向社会公布评估结果。"这对建立社会组织评估制度提供了法律依据。

针对我国目前社会组织评估制度建设不足的情况，有必要完善《社会组织评估管理办法》以及相关的社会组织管理条例，从顶层设计上推进社会组织评估体系建设。结合修订《社会团体登记管理条例》、《民办非企业单位登记管理暂行条例》、《基金会管理条例》，在三大条例中适当增加评估内容，作为评估活动的总依据，使评估规范由部门规章上升为行政法规，提高社会组织评估的权威性。[①] 对于政府购买社会组织服务的绩效评估，各地政府应以"购买服务绩效评估"为考量制定政策性文件，规范和指导政府购买公共服务的绩效评估活动。

2. 扩大评估结果的运用范围，引导社会组织和公益项目良性发展

社会组织和公益项目评估是社会管理的重要工具，因此，必须注重评估结果的运用。政府、市场和社会对社会组织进行考量、形成认知，以及对评估结果加以实际运用，往往会直接影响到社会组织的生存与可持续发展。

社会组织评估结果的运用主要体现在四个方面：第一，政府通过社会组织的参评结果，决定是否对社会组织进行再次购买服务。政府通过对这

[①] 徐家良、廖鸿主编：《中国社会组织评估发展报告（2014）》，社会科学文献出版社 2014 年版，第 28 页。

些评估结果的认定判断社会组织落实项目的具体情况，从而决定在下一次招投标中是否继续由这些社会组织参与政府购买的招投标活动；第二，评估结果较好的社会组织，可以享受政府相关优惠政策，如税收政策、土地政策、补贴政策等。一般来说，获评3A以上等级的社会组织，获得相关优惠的政策较多；第三，评估结果决定社会组织是否继续获得政府或社会上的捐赠和支持。社会组织的利益相关者和社会公众通过评估结果对社会组织进行全面、系统的考量，决定是否继续对社会组织进行捐赠和支持，并产生对该社会组织"公信力"方面的声誉评价。社会组织获得社会公信力，这是一种社会资本；第四，有助于参评社会组织的完善和提升。参评的社会组织根据评估结果所提出的不足进行自我反思，找出自身存在的问题并积极改进，提升社会组织的能力，确保社会组织健康发展。[①]

扩大社会组织和公益项目评估结果的运用范围，搭建评估结果的公示平台，并把评估与政府购买服务、税收优惠、社会组织信用体系等方面有效结合起来。例如，在政府购买社会组织公共服务的过程中，对评估结果较差的社会组织，采取一定的处罚措施，如组织整顿、取消合同、列入负面清单等；对评估结果较好的社会组织，只需给予一定奖励、再次承接政府购买服务、媒体宣传等措施。通过对评估结果的合理运用，激活优胜劣汰的竞争机制，培育更多规范、健康发展的社会组织，充分发挥社会组织在公共服务方面的积极作用。

3. 培养专业化的评估队伍，推进社会组织和公益项目评估人才职业化

从结构上看，全国各地的社会组织评估队伍一般是由政府官员、登记管理机关领导、社会组织负责人、高校研究机构专家学者、律师、会计审计工作者等组成，还包括机关、企事业单位退居二线的干部或离退休人员。虽然其中不乏专业人才，但是专业人才所占比例严重偏低是不争的事实。部分离退休人员的知识结构、专业服务、开拓创新、维权意识等方面较弱，对社会组织缺乏全面了解。[②] 现有的评估人员结构影响了社会组织评估的效果。

可以从以下四个方面着手培养社会组织评估人才：一是倡导和支持更

---

① 王守文：《"SCC"理论：中国社会组织评估机制研究》，华中科技大学博士学位论文，2013年，第52页。

② 曹天禄：《评估困境：当前社会组织评估面临的软肋——以广东深圳为例》，《深圳职业技术学院学报》2014年第6期。

多的具备公共管理、社会工作等相关专业背景、拥有高学历、实践经验丰富的社会组织从业人员、专家学者参加社会组织评估，提高社会组织评估队伍的总体素质；二是规范社会组织评估人员的岗位设置，规定社会组织评估持证上岗制度，构建社会组织评估人才的职业资格认证体系；三是完善社会组织评估在职人员继续教育制度，制定社会组织评估人才教育培训规划，设立专项培训基金，加大培训力度；四是完善社会组织评估从业人员的福利待遇体系，提高社会组织评估人员的薪酬待遇，并在职称评定、社会保障、考核表彰等方面进行制度化建设。

4. 支持第三方评估机构活动，确保社会组织和公益项目评估的独立性

政府是评估活动的第一方，开展公共服务项目的社会组织是评估活动的第二方，从事项目评估活动的是第三方。支持第三方评估机构活动，充分发挥其所具有的人才、理论和技术等方面的优势。具体而言，第三方评估机构介入社会组织评估具有以下优势：一是评估介入的活动领域更宽。第三方评估机构有各种类型，不仅可以包括社会福利、教育、卫生等方面的评估，还可以拓展到国际问题、宗教、两岸关系、政党事务等事务[①]；二是评估的立场更为独立和客观。不论是作为企业的第三方评估机构，如会计师事务所，还是作为社会组织的第三方评估机构，都不附属于政府机构，人员构成上不包括公务员或者被评机构利益相关者，资金上也不是唯一依靠政府投入和被评机构的购买，因此，能避免被评机构相关人员的干扰，保证评估工作的独立性和评估结果的客观性；三是评估更综合和深入。第三方评估机构是有职业化和专业化的队伍，可以全面了解和分析被评机构的结构与流程，为社会组织评估提供诊断性、针对性的建议。

实现独立的第三方评估，支持第三方评估机构的发展，需要做好以下几个方面的工作：一是加大对第三方评估机构的政府购买，给予第三方评估机构一定规模的资金支持。二是培育第三方评估市场。第三方评估机构无法满足社会和经济发展的需要，这要求政府出台相关的措施，培育第三方评估机构，增加第三方评估机构的数量。三是对第三方评估机构进行资质认证。为了提高第三方评估机构的规范性和职业化，需要从机构资质、员工素质、服务专业性、组织公信力等方面进行系统考核，只有具备第三方评估机构资质认证的第三方评估机构才能获得政府购买的相应业务。四

---

① 刘惠苑、叶萍：《社会组织管理质量评估体制研究》，《前沿》2011年第24期。

是运行第三方评估机构动态监管机制。加强对第三方评估机构评估工作的日常管理、跟踪调查、奖励处罚、投诉受理等管理制度，规范其评估行为。五是加大对第三方评估机构的宣传，扩大其影响力。通过召开以第三方评估为主题的论坛、沙龙、研讨会、媒体报道，让政府部门、社会组织、社会公众逐渐认识到第三方评估的价值和意义。六是加强第三方评估理论的研究。第三方评估是理论研究的新领域，需要相关高校研究机构重点进行国内外评估理论的比较研究，提出与中国国情相符合的第三方评估理论。

三 社会组织监督研究

（一）社会组织监督的现状

监督管理是行政机关和行政人员通过章程监督、年度检查、财务审查、税务审查、评估监督、行政执法等途径对社会组织、社会公众有关社会事务合法性、合理性、有效性的检查、监察、督促和了解的活动。而社会团体监督管理是指行政机关、行政人员对社会团体和社会团体人员从事社会事务的合法性、合理性和有效性的检查、监察、督促和了解，从而作出相关规定的活动。[①] 关于社会组织的监督，可以分为社会组织的外部监督和内部监督，而外部监督又主要来自几个部分：法律规制、行政监管和社会监督。外部监督对于社会组织来说具有重要的意义，确定社会组织的法律合法性、行政合法性和社会合法性。而内部监督则强调组织治理要合乎章程规定，推动组织规范化执行，为组织发展构建稳定的管理架构。

1. 法律规制

从中央层面来看，目前我国针对社会组织的立法主要有全国人大或全国人大常委会制定的法律、国务院制定的行政法规、中央政府有关部门制定的部门规章三个层面。

在法律层面，我国还没有一部专门针对社会组织一般性的立法，与社会组织相关的主要有《中华人民共和国民法通则》、《中华人民共和国工会法》、《中华人民共和国红十字会法》、《中华人民共和国公益事业捐赠法》、《中华人民共和国慈善法》等法律。我国立法没有确立起营利法人与

---

① 徐家良编著：《社会团体导论》，中国社会出版社2011年版，第99页。

非营利法人的分类。"非营利法人"是民法学界现成的术语,作为"营利法人"的对称,属于法人分类的一种。①《中华人民共和国民法通则》把"法人"定义为具有民事权利能力和民事行为能力,依法独立享有民事权利和承担民事义务的组织,规定"法人应当具备依法成立,有必要的财产或者经费,有自己的名称、组织机构和场所,能够独立承担民事责任"四项条件。《中华人民共和国民法通则》对企业、机关、事业单位和社会团体法人进行规定,但是对于机关、事业单位和社会团体法人的规定较为简单,仅对法人设立进行要求。《中华人民共和国民法通则》第五十条规定:"有独立经费的机关从成立之日起,具有法人资格。具备法人条件的事业单位、社会团体,依法不需要办理法人登记的,从成立之日起,具有法人资格;依法需要办理法人登记的,经核准登记,取得法人资格。"1999年由第九届全国人民代表大会常务委员会第十次会议通过的《中华人民共和国公益事业捐赠法》,主要目的是规范捐赠和受赠行为,保护捐赠人、受赠人和受益人的合法权益,促进公益事业的发展。《中华人民共和国公益事业捐赠法》对于捐赠和受赠的主体、范围做了原则性规定,并对捐赠财产的使用和管理做了较为细致的要求,如第十六条"受赠人接受捐赠后,应当向捐赠人出具合法、有效的收据,将受赠财产登记造册,妥善保管。"第十七条规定,"公益性社会团体应当将受赠财产用于资助符合其宗旨的活动和事业。对于接受的救助灾害的捐赠财产,应当及时用于救助活动。基金会每年用于资助公益事业的资金数额,不得低于国家规定的比例"。第十八条规定,"受赠人与捐赠人订立了捐赠协议的,应当按照协议约定的用途使用捐赠财产,不得擅自改变捐赠财产的用途。如果确需改变用途的,应当征得捐赠人的同意"。第十九条规定,"受赠人应当依照国家有关规定,建立健全财务会计制度和受赠财产的使用制度,加强对受赠财产的管理"。

1950年6月29日,中央人民政府颁布《中华人民共和国工会法》,1992年4月3日第七届全国人民代表大会第五次会议修正,2001年10月27日第九届全国人民代表大会常务委员会第二十四次会议再次修正。《中华人民共和国工会法》强调工会组织的职责与工会的权利、义务,包括基层工会组织、工会的经费和财产、法律责任等部分。第二条规定,"工会

---

① 金锦萍:《非营利法人治理结构研究》,北京大学出版社2005年版,第13页。

是职工自愿结合的工人阶级的群众组织。"涉及工会的职责和维护权益的途径，第六条强调："维护职工合法权益是工会的基本职责。工会在维护全国人民总体利益的同时，代表和维护职工的合法权益。工会通过平等协商和集体合同制度，协调劳动关系，维护企业职工劳动权益。"提到法人资格的问题，第十四条规定："中华全国总工会、地方总工会、产业工会具有社会团体法人资格。基层工会组织具备民法通则规定的法人条件的，依法取得社会团体法人资格。"

《中华人民共和国红十字会法》由1993年10月31日第八届全国人民代表大会常务委员会第四次会议通过。法律主要规定组织、职责、标志、经费与财产等四个方面。《中华人民共和国红十字会法》强调，中国红十字会是中华人民共和国统一的红十字组织，是从事人道主义工作的社会救助团体。中华人民共和国公民，承认中国红十字会章程并缴纳会费的，可以自愿参加红十字会。第八条规定："县级以上按行政区域建立地方各级红十字会，根据实际工作需要配备专职工作人员。全国性行业根据需要可以建立行业红十字会。全国建立中国红十字会总会。"那么，中国红十字会是什么法人呢？第十一条规定，中国红十字会总会具有社会团体法人资格；地方各级红十字会、行业红十字会依法取得社会团体法人资格。针对政府与红十字会的关系，第二十一条强调："国家对红十字会兴办的与其宗旨相符的社会福利事业给予扶持。"同时，享受减税、免税优惠。第二十三条规定："红十字会接受用于救助和公益事业的捐赠物资，按照国家有关规定享受减税、免税的优惠待遇。"同时，还可以进行募捐活动。第二十二条规定："红十字会为开展救助工作，可以进行募捐活动。"

《中华人民共和国慈善法》2016年3月16日由中华人民共和国第十二届全国人民代表大会第四次会议通过。《中华人民共和国慈善法》主要对慈善组织、慈善募捐、慈善捐赠、慈善信托、慈善财产、慈善服务、信息公开、促进措施、监督管理、法律责任作出规定。第三条规定，慈善活动是指自然人、法人和其他组织以捐赠财产或者提供服务等方式，自愿开展的公益活动。第八条规定"慈善组织，是指依法成立、符合本法规定，以面向社会开展慈善活动为宗旨的非营利性组织。慈善组织可以采取基金会、社会团体、社会服务机构等组织形式。"第十条则强调，"设立慈善组织，应当向县级以上人民政府民政部门申请登记，民政部门应当自受理申请之日起三十日内作出决定。"已经设立的基金会、社会团体、社会服务机构等非营利性组织，可以向其登记的民政部门申请认定为慈善组织。针对行业组织问题，第十九条规定："慈善组织依法成立行业组织。慈善行业组织应当反映行业诉求，推动行业交流，提高慈善行业公信力，促进慈善事业发展。"而《中华人民共和国慈善法》把慈善募捐分为两种形式：一是面向社会公众的公开募捐；二是面向特定对象的定向募捐。

在行政法规层面，国务院制定的《社会团体登记管理条例》、《民办非企业单位登记管理暂行条例》、《基金会管理条例》，对社会组织的设立、变更、注销、监督等各方面都有所规定，形成我国对社会组织的双重管理体制。登记管理机关和业务主管单位各履行不同的监督管理职责。此外，《社会团体登记管理条例》、《民办非企业单位登记管理暂行条例》两大条例对于社会组织的非营利性进行了规定，明确规定社会团体、民办非企业单位不得从事营利性经营活动。对于社会团体和民办非企业的规模和发展设定限制，《民办非企业单位登记管理暂行条例》第十三条规定，"民办非企业单位不得设立分支机构。"《社会团体登记管理条例》则规定，在同一行政区域内已有业务范围相同或者相似的社会团体，没有必要成立的，登记管理机关不予批准筹备。如果社会团体成立后经审查申请登记设立分支机构、代表机构，该分支机构、代表机构不具有法人资格，且社会团体不得设立地域性的分支机构。《基金会管理条例》规定，基金会设立的分支机构、代表机构要依据基金会的授权开展活动，不具有法人资格。此外，在我国成立外国商会，需依照《外国商会管理暂行规定》，应当通过中国国际商会提出书面申请，由其报送中华人民共和国对外经济贸易部审查。

在部门规章层面，民政部为了规范社会组织管理、促进社会组织发展，相继出台了一些部门规章：1996年民政部公布施行《社会团体年度检查暂行办法》；1999年，根据《民办非企业单位登记管理暂行条例》，公布施行《民办非企业单位登记暂行办法》；2001年，为了加强对社会团体分支机构、代表机构的管理，公布施行《社会团体分支机构、代表机构登记办法》；2005年，公布施行《民办非企业单位年度检查办法》；2006年民政部公布施行《基金会年度检查办法》；2010年，为了规范社会组织评估工作，公布施行《社会组织评估管理办法》；2012年，为规范对社会组织行政处罚程序，保护公民、法人和其他组织的合法权益，根据《中华人民共和国行政处罚法》、《中华人民共和国行政强制法》、《社会团体登记管理条例》等相关法律法规，公布施行《社会组织登记管理机关行政处罚程序规定》。

2. 行政监管

《社会团体登记管理条例》、《民办非企业单位登记管理暂行条例》、《基金会管理条例》对登记管理机关和业务主管单位的监督管理职责做了明确规定。登记管理机关对社会组织的监督管理职责主要包括三个方面：一是负责社会组织的成立、变更、注销登记或备案；二是对社会组织实施年度检查；三是对社会组织违反三大条例的问题进行监督检查，对违反三大条例的行为给予行政处罚。

业务主管单位的监督管理职责主要包括五个方面：一是负责社会组织筹备申请、成立登记、变更登记、注销登记前的审查；二是监督、指导社会组织遵守宪法、法律、法规和国家政策，按照章程开展活动；三是负责社会组织年度检查的初审；四是协助登记管理机关和其他有关部门查处民办非企业单位的违法行为；五是会同有关机关指导社会组织的清算事宜。

（1）登记管理

我国现行的社会组织管理实行的是双重管理体制，即由登记管理机关和业务主管单位分别行使对民间组织的监督管理职能。《社会团体登记管理条例》、《民办非企业单位登记管理暂行条例》规定，国务院民政部门和县级以上地方各级人民政府民政部门是本级政府的社会团体、民办非企业单位的登记管理机关，国务院有关部门和县级以上地方各级政府的有关部门、国务院或者县级以上地方各级政府授权的组织，是有关行业、业务范围内社会团体、民办非企业单位的业务主管单位。《基金会管理条例》规定，国务院民政部门和省、自治区、直辖市政府民政部门是基金会的登记管理机关；国务院有关部门或者国务院授权的组织，是国务院民政部门登记的基金会、境外基金会代表机构的业务主管单位；省、自治区、直辖市政府有关部门或者省、自治区、直辖市政府授权的组织，是省、自治区、直辖市政府民政部门登记的基金会的业务主管单位。双重管理体制深受诟病，通过双重负责、双重把关的审批制度为所有的民间组织获得合法身份设置了障碍。[①] 双重管理体制的结果是：由于获得合法身份的门槛太高，

---

① 徐家良：《中国社团管理：制度安排、职能协调与影响力》，《天津行政学院学报》2002年第2期。

越来越多的民间组织转而采取工商注册的形式，或者在其他党政部门的支持下取得各种变相的合法形式，或者甘冒不登记注册的风险。①

双重管理体制改革，始于上海的行业协会管理体制改革。2002年10月31日上海市第十一届人民代表大会常务委员会第四十四次会议通过《上海市促进行业协会发展规定》，规定"市行业协会发展署、市社团登记管理部门和市政府有关工作部门应当按照各自职责，做好促进行业协会发展的具体工作。"市行业协会发展署作为第二个业务主管单位，承担了找不到业务主管单位、找到相关单位而相关单位又不愿意担任业务主管单位的角色。2004年6月，深圳设立行业协会服务署，成为新设立的政府部门，主要负责对行业协会规范、指导、协调、服务工作，所有的业务主管单位都集中在行业协会服务署。2005年12月2日广东省第十届人民代表大会常务委员会第二十一次会议通过《广东省行业协会条例》，第七条规定："县级以上人民政府民政部门是行业协会的登记管理机关；其他有关部门在各自职责范围内依法对行业协会进行相关业务指导。"在行业协会管理中，没有业务主管单位，直接到民政部门登记注册。

2013年3月14日，第十二届全国人民代表大会第一次会议批准通过《关于国务院机构改革和职能转变方案的决定（草案）》，改革社会组织管理制度，加快形成政社分开、权责明确、依法自治的现代社会组织体制。"逐步推进行业协会商会与行政机关脱钩，强化行业自律，使其真正成为提供服务、反映诉求、规范行为的主体。探索一业多会，引入竞争机制。重点培育、优先发展行业协会商会类、科技类、公益慈善类、城乡社区服务类社会组织。成立这些社会组织，直接向民政部门依法申请登记，不再需要业务主管单位审查同意。"

近年来，上海、河南等地开始实行社会组织直接登记工作。2014年3月14日上海市民政局颁布《上海市社会组织直接登记管理若干规定》，规定全市范围内行业协会商会类、科技类、公益慈善类、城乡社区服务类等社会组织到上海市、区（县）民政部门直接登记，政治法律类、宗教类、涉外类等社会组织的登记仍实行双重管理。2014年9月15日，河南省政府办公厅发布《关于四类社会组织直接登记的通知》，规定该省行业协会商会类、科技类、公益慈善类、城乡社区服务类共4类社会组织可以直接

---

① 王名：《改革民间组织双重管理体制的分析和建议》，《中国行政管理》2007年第4期。

向民政部门依法申请登记工作。截至2014年9月25日，全国共有27个省、自治区和直辖市开展或试行了社会组织直接登记工作，有18个省、自治区和直辖市先后出台了推进社会组织登记制度改革的相关政策文件。[①]

（2）年度检查

因为社会团体等社会组织数量较多，登记管理机关和业务主管单位不可能对社会组织进行经常性检查，因此，社会组织的工作情况、登记事项的变更及违法行为，主要是通过年度检查事后发现的。所以，对社会组织实施年度检查制度显得非常迫切和重要。[②] 社会组织的年度检查，是指登记管理机关对社会团体、民办非企业单位、基金会等社会组织，依法按照年度对社会组织遵守法律、法规、规章和章程开展活动的情况进行检查和监督管理的制度。根据《社会团体登记管理条例》、《民办非企业单位登记管理暂行条例》、《基金会管理条例》的规定，社会组织年检由登记管理机关实施。《社会团体登记管理条例》、《民办非企业单位登记管理暂行条例》、《基金会管理条例》对社会组织年检的内容、程序等做了初步规定，之后由民政部公布实施针对社团、民非、基金会的年度检查办法。

1996年民政部公布《社会团体年度检查暂行办法》，规定社团年检的程序、内容、结果及惩处。社团年检于每年第一季度进行；如有特殊情况，可适当顺延时间，但须于6月30日前结束。社团年检的程序是，由登记管理机关发出有关年检公告或通知，社团在规定的时间里领取《社会团体年检报告书》，之后由社团按要求准备材料并经业务主管部门审查后，报送登记管理机关，登记管理机关按本办法第五条规定的年检内容进行检查并审核有关材料，最后由登记管理机关作出年检结论。社团年检的内容包括：执行法律法规和有关政策情况、开展业务活动情况、开展经营活动情况、财务管理和经费收支情况、办事机构和分支机构设置情况、负责人变化情况、在编及聘用工作人员情况、其他有关情况。社团年检的结论分为"合格"和"不合格"两类。年检不合格社团由登记管理机关责令其限期整改。社团不接受年检或有其他违法违纪行为的，依照国家有关法律、法规以及社会团体处罚有关规定予以处理。

[①] 中华人民共和国民政部：《已有27个省区市开展或试行社会组织直接登记》，中央政府门户网站（http://www.gov.cn/2014-09/25/content_2756002.htm）。

[②] 徐家良编著：《社会团体导论》，中国社会出版社2011年版，第102页。

2005年民政部公布《民办非企业单位年度检查办法》，对民办非企业单位年检的程序、内容、结果及惩处等做了具体规定。民办非企业单位年检的程序是，每年3月31日前，民办非企业单位向业务主管单位报送年检材料，经业务主管单位出具初审意见后，于5月31日前报送登记管理机关。登记管理机关审查年检材料，作出年检结论，发布年检结论公告。年检的内容包括：遵守法律法规和国家政策情况，登记事项变动及履行登记手续情况，按照章程开展活动情况，财务状况、资金来源和使用情况，机构变动和人员聘用情况，其他需要检查的情况。年检的结论分为"年检合格""年检基本合格"和"年检不合格"三种。《民非年检办法》的第八条列举了"违反国家法律、法规和有关政策规定"等十三种情形，如果民办非企业单位有其中之一的情形，由登记管理机关责令改正，情节轻微的，确定为"年检基本合格"；情节严重的，确定为"年检不合格"。"年检基本合格"和"年检不合格"的民办非企业单位，应当进行整改，整改期限为3个月。对"年检不合格"的民办非企业单位，登记管理机关根据情况，可以责令其在整改期间停止活动。登记管理机关对连续两年不参加年检，或连续两年"年检不合格"的民办非企业单位，予以撤销登记并公告。

2006年民政部公布《基金会年度检查办法》，具体规定了对基金会和境外基金会代表机构实施年检的程序、内容、结果及惩处等。基金会、境外基金会代表机构应当于每年3月31日前向登记管理机关报送经业务主管单位审查同意的上一年度的年度工作报告，接受登记管理机关检查。年度工作报告的内容应当包括：财务会计报告、注册会计师审计报告，开展募捐、接受捐赠、提供资助等活动的情况以及人员和机构的变动情况等。年检的结论分为"年检合格""年检基本合格""年检不合格"。登记管理机关作出基本合格或者不合格年检结论后，应当责令该基金会或者境外基金会代表机构限期整改，并视情况依据《条例》有关规定给予行政处罚。基金会、境外基金会代表机构无正当理由不参加年检的，由登记管理机关责令停止活动，并向社会公告。基金会、境外基金会代表机构连续两年不接受年检的，由登记管理机关依法撤销登记。

（3）行政执法

行政执法指国家行政机关等行政执法主体依照法定职权和法定程序，贯彻、执行法律的活动。社会组织行政执法是指社会组织登记管理机关对社会组织实施的行政执法行为，其实质是社会组织管理行政执法或者说是对社会组织的行政执法。① 社会组织行政执法是行政执法的重要组成部分，与行政执法之间是属种关系。

依据法律法规执法是对社会组织进行行政执法的必要条件。目前，对于社会组织行政执法，我国已经建立以宪法为核心、以相关法律、法规、部门规章等为基础的法律体系。宪法是国家根本大法，是对社会组织进行行政执法的最高依据。在法律层面，有社会组织行政执法相关的法律有《中华人民共和国行政诉讼法》、《中华人民共和国行政处罚法》、《中华人民共和国行政复议法》、《中华人民共和国公益事业捐赠法》等。行政规章层面，国务院出台的《社团条例》、《民非条例》、《基金会条例》对社会组织的法律责任做了具体规定。部门规章层面，以民政部门为主导，出台《民办非企业单位登记管理暂行办法》、《民办非企业单位名称管理暂行办法》、《取缔非法民间组织暂行办法》、《社会团体分支机构、代表机构登记办法》等。在地方法规层面，山东省、江苏省等地制定了《山东省行政处罚听证程序实施办法》、《江苏省地方性基金会监督管理暂行办法》等地方政府规章。此外，我国各级行政机关还依据法定职权制定了大量行政规范性文件，这些文件属于法的范畴，不能作为对社会组织的行政执法依据，但却是加强社会组织管理的重要依据。②

国务院颁布的《社会团体登记管理条例》、《民办非企业单位登记管理暂行条例》、《基金会管理条例》规定了管理社会组织的主体及其职能，是社会组织行政执法的基本法律依据。社会组织行政处罚的主体是社会组织登记管理机关，行政处罚的对象是社会组织。社会组织行政处罚的种类包括警告、责令撤换直接负责的主管人员、罚款、没收违法所得、撤销登记等。撤销登记是最为严厉的行政处罚。一旦社会组织有下列情形之一，则会被登记管理机关撤销登记：①社会组织在申请登记时弄虚作假，骗取登记的，或者自取得《社会团体法人登记证书》、《基金会法人登记证书》之日起1年未开展活动的。②针对社会团体、民办非企业单位规定，出现下列情形之一，情节严重的：涂改、出租、出借《社会团体/民办非企业单位法人登记证书》，或者出租、出借社会团体印章的；超出章程规定的

---

① 庞承伟主编：《社会组织行政执法》，中国社会出版社2011年版，第1页。
② 庞承伟主编：《社会组织行政执法》，中国社会出版社2011年版，第7页。

宗旨和业务范围进行活动的；拒不接受或者不按照规定接受监督检查的；不按照规定办理变更登记的；擅自设立分支机构、代表机构，或者对分支机构、代表机构疏于管理，造成严重后果的；从事营利性的经营活动的；侵占、私分、挪用社会团体资产或者所接受的捐赠、资助的；违反国家有关规定收取费用、筹集资金或者接受、使用捐赠、资助的。③针对基金会的规定，出现下列情形之一，情节严重的：未按照章程规定的宗旨和公益活动的业务范围进行活动的；在填制会计凭证、登记会计账簿、编制财务会计报告中弄虚作假的；不按照规定办理变更登记的；未按照本条例的规定完成公益事业支出额度的；未按照本条例的规定接受年度检查，或者年度检查不合格的；不履行信息公布义务或者公布虚假信息的。④社会组织的活动违反其他法律、法规的，由有关国家机关依法处理，有关国家机关认为应当撤销登记的。

2003年11月，民政部对3个因擅自设立分支机构，或在分支机构下又私设分支机构的3个全国性社团，分别给予限期停止活动1个到6个月的行政处罚。这是我国自1950年开展社会团体登记管理工作以来，民政部作为国务院承担社会团体登记管理工作的职能部门首次对全国性社会团体作出行政处罚。这次被处罚的社会团体有中国行为法学会、中国人生科学学会和中国建筑装饰协会。其中，中国行为法学会因在分支机构下再设立分支机构被限期停止活动1个月，中国人生科学学会和中国建筑装饰协会因擅自设立分支机构分别被限制停止活动6个月、3个月。

从2003年开始，一直到2015年，民政部基本上每年都发布行政处罚，最新的数据是2015年10月8日，民政部对中国艺术文化普及促进会作出撤销登记的行政处罚，对中华伏羲文化研究会、晋察冀文艺研究会、中国京剧程派艺术研究会等3家社团已作出停止活动6个月的行政处罚。这4家社团均存在未按照规定接受社会团体年度检查的违法行为，其中中国艺术文化普及促进会连续4年未按照规定接受年度检查。

各省市社会组织登记管理机关也开展相应的行政执法工作。山东省2013年有20家社团、55家民办非企业单位因未能如期年检，被撤销登记。① 2014年，深圳市民政局对深圳市中日经济文化交流促进会、深圳天

---

① 张榕博：《山东省20家社团、55家民办非企业单位被撤销登记》，大众网－齐鲁晚报，http://www.chinanpo.gov.cn/2654/61474/bsfwindex.html。

使居家养老服务社等83家社会组织下达限期整改的命令，因为它们均存在不按规定参加年检的违法行为。

根据不完全的网络统计，从2003年到2015年民政部行政执法的社会组织数为202个，其中，2003年63个组织、2008年37个组织。行政执法类型包括责令限期整改、降低评估等级、年度检查不合格、警告、限期停止活动、不予重新登记、撤销登记、予以取缔8种（见下表）。

2003—2015年民政部行政执法的社会组织数汇总

年度	责令限期整改	降低评估等级	年度检查不合格	警告	限期停止活动	不予重新登记	撤销登记	予以取缔	年度总计
2003						63			63
2004			1			6			7
2005				10					10
2006						1			1
2007				3					3
2008				16	9		11	1	37
2009				7	7				14
2010				9	2		2		13
2011	8			4	2		1		15
2012		2		5			1		8
2013				6	4		1		11
2014				4	4		3		11
2015				3	3		3		9
总计	8	2	1	54	44	69	22	2	202

资料来源：根据网站数据进行统计所得。

在社会组织行政执法的数据基础上，还对处罚对象、处罚理由、处罚结果、处罚组织数进行了数量分析，发现有的年份处罚对象较多，如2003年6月6日的处罚。2004年12月，只有一家单位受到处罚，近30家社会组织是在一次公告中一家公布。随着时间的推移，社会组织行为逐渐规范，这直接导致处罚数量逐渐减少（见下页表）。

2003—2015年民政部对社会组织行政执法情况汇总表①

日期	处罚对象	处罚理由	处罚结果	处罚组织数
2003年6月6日	中国辽金及契丹女真史研究会、中国谱牒学研究会、中国中亚文化研究会、中国金瓶梅学会、中国南社与柳亚子研究会、中国外汇交易协会、中国城区发展促进会、中国社会服务促进会、中国乡镇发展协会、中国民康复医学会、中国钓鱼协会、中国歌舞厅音乐协会、中国民航空航天体育协会、中国寒地开发促进会、中国国际人力资源发展跨文化研究会、中华人才开发研究会、中国古典家具研究会、中国文献信息速记学会、《西厢记》研究会、中华清风书画协会、中国文化研究会、中国干部教育协会、中华梨园学研究会、中国莎士比亚剪纸研究会、中国土资源开发利用促进会、中国可再生能源研究会、中国能源基地研究会、西北电力企业管理协会、华中电力企业经营协会、华中电力企业管理协会、华北电力企业建设企业协会、西北电力建设企业协会、华东电力企业管理协会、华东电力建设企业协会、东北水利发电工程学会、东北电力企业多种经营协会、东北电力建设企业管理协会、东北电力企业多种经营协会、东北电力建设企业协会、南方电力企业管理协会、华东地区机械设备成套工程学会、西北电力多种经营协会、中华学习机普及协会、中国速记打字学会、通用中文代码国际联合会、中国清真食品协会、中国现代文学研究会、中国边缘科学研究会、中国气功科学研究会、东北水利经济学研究会、中国印度文学研究会、中国兵器工业企业管理协会、松辽水利企业管理协会、中国德语文学研究会、中国俄罗斯丁美洲文学研究会、中国法国文学研究会、中国西班牙葡萄牙拉丁美洲文学研究会、中国少数民族自治州金融协会、中国实用射击总会、全国港澳经济文化交流协会、中国影视音像交流协会	违反《社会团体登记管理条例》第三十九条的规定	不予重新登记	63家社会团体

---

① 资料来源:对民政部"中国社会组织"网站公开信息整理所得。

续表

日期	处罚对象	处罚理由	处罚结果	处罚组织数
2004年2月4日	中国孙子与齐文化研究会、中国国际质量认证咨询促进会、中国西北经济协会、全国报纸理论宣传研究会、中国广场鸽国际交流促进会、中国投资环境学会	违反《社会团体登记管理条例》第三十九条的规定	不予重新登记	6家社会团体
2004年12月9日	中国延安鲁艺校友会	根据《社会团体管理条例》有关规定	2003年度检查不合格	1家社会团体
2005年5月17日	中国城镇住房制度改革研究会、中国乡镇企业协会、全国机械电子体育协会、中国汽车工业体育协会、中国五千年动画文化工程促进会、中国古典文学普及研究会、晋察冀艺术档案学会、中国昆剧研究会、中国歌剧研究会	没有按照《社会团体登记管理条例》的规定报送2003年度年检材料，后虽经民政部多次发文督促，仍然不参加年检	停止活动三个月	10家社会团体
2006年7月18日	中国之友研究基金会	有"弄虚作假、骗取登记"的违法行为，且违法行为一直持续状态	撤销登记	1家基金会
2007年7月9日	中国地区开发促进会	存在下列违法行为：一、超标准收取会费；二、使用会员单位收据向非会员单位收取其他费用	限期停止活动3个月，并依法封存该会印章等有关物品	1家社会团体

续表

日期	处罚对象	处罚理由	处罚结果	处罚组织数
2007年8月20日	中国食品科学技术学会	违法使用"世界拉面协会中国分会"名称对外开展活动，以"世界拉面协会中国分会"名义参与方便面制品分会筹备及与所属分支机构串通，超出章程规定的宗旨和业务范围；"世界拉面协会中国分会"实为"一套人马，两块牌子"，对分支机构疏于管理	责令立即停止违法行为，不得再使用"世界拉面协会中国分会"的名称进行活动；限期停止活动两个月，要求该会进行整改；停止活动期间，依法封存该会印章和登记证书等物品	1家社会团体
2007年9月25日	中国企业文化促进会	在2005年11月、12月间，违法使用北京市行政事业性统一银钱收据收取会费167.94万元，数额巨大；在2004年至2005年，违法使用社会团体会费收据向所属分支机构收取会费1万元；上述行为违反《社会团体登记管理条例》和民政部、财政部《关于调整社会团体会费政策等有关问题的通知》（民发〔2003〕95号）的有关规定	限期停止活动3个月，并依法封存该会登记证书和印章等有关物品	1家社会团体

续表

日期	处罚对象	处罚理由	处罚结果	处罚组织数
2008年2月3日	中国性学会	一、超出章程规定的宗旨和业务范围开展活动，为企业进行产品认证、电视推广等活动，并将推广等活动列为中国性学会监制产品、推荐产品等；二、违反国家有关规定收取费用，使用会费收据收取企业培训活动协作费、授权费；以加入中国性学会"合作单位""协作单位""连锁基地"等名义，使用会费收据收取会费管理费	限期停止活动6个月，责令改正违法行为，并依法封存该会印章和登记证书等有关物品	1家社会团体
2008年3月12日	中国秦文研究会、中国古都学会、中国延安鲁艺校友会、中国京剧程派艺术研究会、中国梅兰芳文化艺术研究会、中国民族声乐北公学华北联合大学校友会、中国古代铜鼓研究会、中国延安陕北公学华北联合大学校友会、皖楚文化研究会、中国考古学研究会、中国医药企业发展促进会、中国农村劳动力资源开发研究会	不按照规定接受监督检查，存在未参加社会团体年度检查或不合格的违法行为，违反《社会团体登记管理条例》第三十一条的规定	警告	12家社会团体

续表

日期	处罚对象	处罚理由	处罚结果	处罚组织数
2008年3月12日	中国少数民族作家学会、中国轻工业史学会、中国医药物资协会、中国电子工业安全卫生协会	不按照规定接受监督检查，存在未参加社会团体年度检查不合格的违法行为，违反《社会团体登记管理条例》第三十一条的规定	停止活动6个月	4家社会团体
2008年3月12日	中国神剑文学艺术学会、中国包装装潢印刷工业协会	不按照规定接受监督检查，存在未参加社会团体年度检查不合格的违法行为，违反《社会团体登记管理条例》第三十一条的规定	撤销登记	2家社会团体
2008年5月7日	中国艺术摄影学会	不按照规定接受监督检查，存在未参加社会团体年度检查不合格的违法行为，违反《社会团体登记管理条例》第三十一条的规定	停止活动3个月	1家社会团体
2008年5月7日	中国国有资产管理学会、中国《玛纳斯》研究会	不按照规定接受监督检查，存在未参加社会团体年度检查不合格的违法行为，违反《社会团体登记管理条例》第三十一条的规定	停止活动6个月	2家社会团体

续表

日期	处罚对象	处罚理由	处罚结果	处罚组织数
2008年7月28日	中国朝鲜民族史学会、中国蒙古史学会、华夏文化促进会、中国国情研究会	存在未按规定参加2006年度社会团体年度检查的违法行为，违反《社会团体登记管理条例》第三十一条的规定	警告	4家社会团体
2008年7月28日	东北三省中国经济史学会、中国古典文学普及研究会、中国车工业体育协会、中国邮电工业企业协会、中国建设机械协会、中国城镇住房制度改革研究会、华东地区机电行业横向联合体联合会、中国科学基金研究会	未按规定参加2004年、2005年、2006年社会团体年度检查的违法行为，违反《社会团体登记管理条例》第三十一条的规定	撤销登记	8家社会团体
2008年10月27日	中国洗净工程技术合作协会	不按照规定接受监督检查，存在未参加2004年、2005年、2006年社会团体年度检查的违法行为，违反《社会团体登记管理条例》第三十一条的规定	撤销登记	1家社会团体
2008年11月17日	中华爱国工程联合会	不按照规定接受监督检查，存在未参加2004年、2005年、2006年社会团体年度检查的违法行为，违反《社会团体登记管理条例》第三十一条的规定	限期停止活动3个月	1家社会团体

第四章　社会组织评估监督研究

续表

日期	处罚对象	处罚理由	处罚结果	处罚组织数
2008年11月28日	中国家庭教会联合会	未经登记，擅自以社会团体名义进行活动	予以取缔	未登记
2009年1月6日	中国老年书画研究会	存在2004年、2005年、2006年社会团体年度检查不合格的违法行为，违反《社会团体登记管理条例》第三十三条第一款第（三）项的规定	限期停止活动3个月	1家社会团体
2009年6月19日	中国少数民族文化艺术基金会	2007年年度检查结论为不合格	警告	1基金会
2009年7月2日	中国文化管理学会、中国兵器工业体育协会、中国食文化研究会、中国石油职工思想政治工作研究会、中国少林书画研究会、中国商业史学会	不按照规定接受监督检查，存在未参加年度检查不合格或年度检查不合格的违法行为，违反《社会团体登记管理条例》第三十一条的规定	警告	6家社会团体

续表

日期	处罚对象	处罚理由	处罚结果	处罚组织数
2009年7月2日	中国京剧程派艺术研究会、中国蒙古史学会、中国老年法律工作者协会、中国医药企业发展促进会、中国情报研究会、中国人生科学学会	不按照规定接受监督检查，存在未参加社会团体年度检查不合格的违法行为，违反《社会团体登记管理条例》第三十一条的规定	停止活动6个月	6家社会团体
2009年9月24日	国际热区人工群落与生物多样性协会	不按照规定接受监督检查，存在2004年、2005年、2006年连续三年未参加社会团体年度检查的违法行为，违反《社会团体登记管理条例》第三十一条的规定	撤销登记	1家社会团体
2010年5月25日	中国医药物资协会、周信芳艺术研究会、中国私用航空器拥有者及驾驶员协会、中国新文学学会、中国旅游报刊协会、中华伏羲文化研究会、中国少数民族声乐学会、中国古代铜鼓研究会	不按照规定接受监督检查，存在未参加2008年社会团体年度检查的违法行为，违反《社会团体登记管理条例》第三十一条的规定	警告	8家社会团体

续表

日期	处罚对象	处罚理由	处罚结果	处罚组织数
2010年5月25日	中国医药企业发展促进会	不按照规定接受监督检查，存在未参加2008年度检查的违法行为，违反《社会团体登记管理条例》第三十一条的规定	停止活动1个月	1家社会团体
2010年12月9日	中国城市环境卫生协会	违反《社会团体登记管理条例》第三十三条的规定，构成挪用社团资产的违法行为	警告，并责令该会撤换直接负责的主管人员	1家社会团体
2010年12月9日	中国《玛纳斯》研究会	拒不接受监督检查，连续三年未参加社会团体年度检查，违反《社会团体登记管理条例》的有关规定	撤销登记，并该会登记证书、印章予以收缴	1家社会团体
2010年12月20日	中国民（私）营经济研究会	擅自设立"中国民（私）营水行业委员会"并开展活动，违反《社会团体登记管理条例》第三十三条的相关规定	停止活动3个月，并对该会登记证书、印章予以封存	1家社会团体

续表

日期	处罚对象	处罚理由	处罚结果	处罚组织数
2010年12月20日	中国国情研究会	拒不接受监督检查，连续三年未参加社会团体年度检查，违反《社会团体登记管理条例》第三十三条的有关规定	撤销登记，并对该会印章予以登记证书、收缴	1家社会团体
2011年3月21日	中国电子商会	其主办的"3·15消费电子投诉网"违规收费的行为违反《民政部、国家发展改革委、监察部、财政部、国家税务总局、国务院纠风办关于规范社会团体收费行为有关问题的通知》中有关社会团体不得强制服务和强制收费的规定。且未对"3·15消费电子投诉网"实际发生的经济业务事项进行会计核算，违反国家有关财务管理的规定	行政处罚，同时向该会发出《责令改正通知书》，责令该会限期整改，并对有关责任人员作出处理	1家社会团体

续表

日期	处罚对象	处罚理由	处罚结果	处罚组织数
2011年5月17日	"全国高技术产业化协作组织"及其设立的相关机构	未经登记，擅自以社会团体名义进行活动，属于非法民间组织	予以取缔	未登记
2011年6月1日	中国文化管理学会、晋察冀文艺研究会、中国散文诗学会、中国农民书画研究会	不按照规定接受监督检查，存在未参加2009年度社会团体年度检查的违法行为，违反《社会团体登记管理条例》第三十一条的规定	警告	4家社会团体
2011年8月15日	中国经济报刊协会	违反国家有关规定，开展"共和国脊梁"时代功勋人物评比表彰活动的违法行为	停止活动3个月	1家社会团体
2011年8月15日	中华爱国工程联合会、中国散文学会、中华文学基金会、中国报纸副刊研究会、中国纪实文学研究会、中国发展战略学研究会、中国新闻文化促进会	"共和国脊梁"时代功勋人物评比活动中，以挂名具体业承办的方式参与由企业承办的活动，不履行主办单位联责，对活动疏于监管的行为	发出《责令改正通知书》	7家社会团体

续表

日期	处罚对象	处罚理由	处罚结果	处罚组织数
2011年9月2日	中华爱国工程联合会	在参与主办的"共和国脊梁"时代功勋人物宣传推介活动中，未经会员（代表）大会讨论通过和有关部门批准，设置"共和国脊梁十大功勋人物"等多个表彰项目，于2011年7月10日在北京举行颁奖典礼。上述行为违反《社会团体登记管理条例》第四条和《民政部、监察部、财政部、国家发展改革委、国家税务总局、国务院纠风办关于规范社会团体收费行为有关问题的通知》（民发〔2007〕167号）中有关"全国性和省级社会团体举办评比达标表彰项目，应当严格参照章程规定，经会员大会（会员代表大会）通过，并经有关部门批准"、"社会团体举办各类评比达标表彰活动一般应在会员范围内开展"的规定	停止活动1个月，并依法对该会会印章予以封存	1家社会团体

续表

日期	处罚对象	处罚理由	处罚结果	处罚组织数
2012年4月10日	中国城市经济学会、中华伏羲文化研究会、中国电子商务协会	存在未按规定参加2010年度社会团体年度检查的违法行为，违反《社会团体管理条例》第三十一条的规定	警告	3家社会团体
2012年5月28日	中国国际经济科技法律人才学会	存在不按照规定接受监督检查，连续三年以上不参加社会团体年度检查的违法行为，违反《社会团体登记管理条例》第三十一条的规定	撤销登记	1家社会团体
2012年12月11日	中国足球协会	存在将所接受的广告赞助收入纳入下属企业进行核算的行为，违反民政部、国家发展改革委、监察部、财政部、国家税务总局、国务院纠风办《关于规范社会团体收费行为有关问题的通知》（民发〔2007〕167号）中不得将社会团体经费与所属单位经费混管的有关规定	警告	1家社会团体

续表

日期	处罚对象	处罚理由	处罚结果	处罚组织数
2012年12月11日	中国通信标准化协会	存在以会议费名义违规使用协会资金的行为，违反《社会团体登记管理条例》第二十九条的规定	警告	1家社会团体
2012年11月6日	中国通信标准化协会、中国电子视像行业协会	在2010年至2011年"小金库"专项治理工作中，被检查出存在套取资金的行为，受到财政部罚款行政处罚。根据《社会组织评估管理办法》第三十条关于"社会组织受相关政府部门警告、罚款、没收非法所得、限期停止活动等行政处罚的，由民政部门作出降低评估等级处理"的规定	降低评估等级：将中国通信标准化协会由4A等级降为3A等级，中国电子视像行业协会由3A等级降为2A等级	2家社会团体
2013年1月4日	中国乡土艺术协会	存在不按照规定接受监督检查，连续三年以上不参加社会团体年度检查的违法行为，违反《社会团体登记管理条例》第三十一条的规定	停止活动6个月	1家社会团体

续表

日期	处罚对象	处罚理由	处罚结果	处罚组织数
2013年7月22日	晋察冀文艺研究会、中国延安鲁艺校友会、中国蒙古史学会、辛亥革命史研究会	存在未按照规定参加2011年度社团年度检查的违法行为，违反《社会团体管理条例》第三十一条的规定	警告	4家社会团体
2013年7月22日	中国城市经济学会、中国电子商务协会	存在未按规定参加2010年、2011年社团年度检查的违法行为，违反《社会团体登记管理条例》第三十一条的规定	停止活动6个月	2家社会团体
2013年8月15日	中国杜仲综合开发协会	存在未按规定参加2009年、2010年、2011年社会团体年度检查的违法行为，违反《社会团体登记管理条例》第三十一条的规定	撤销登记	1家社会团体

续表

日期	处罚对象	处罚理由	处罚结果	处罚组织数
2013年8月15日	中国微型小说学会、中国国际经济法学会	存在未按照规定参加2011年社会团体年度检查的违法行为，违反《社会团体登记管理条例》第三十一条的规定	警告	2家社会团体
2013年8月15日	中国艺术文化普及促进会	存在未按规定参加2010年、2011年社会团体年度检查的违法行为，违反《社会团体登记管理条例》第三十一条的规定	停止活动6个月	1家社会团体
2014年2月17日	中国音韵学研究会	存在未按规定参加2010年、2011年社会团体年度检查的违法行为，违反《社会团体登记管理条例》第三十一条的规定	停止活动6个月	1家社会团体
2014年2月17日	中国散文诗学会	存在未按规定参加2009年、2010年、2011年社会团体年度检查的违法行为，违反《社会团体登记管理条例》第三十一条的规定	撤销登记	1家社会团体

续表

日期	处罚对象	处理理由	处罚结果	处罚组织数
2014年11月4日	中国艺术文化普及促进会	存在未按规定接受2010年、2011年、2012年社会团体年度检查的违法行为,违反《社会团体登记管理条例》第三十一条的规定	停止活动6个月	1家社会团体
2014年11月4日	中国京剧程派艺术研究会、中国华侨文学艺术家协会	存在未按照规定接受2012年社会团体年度检查的违法行为,违反《社会团体登记管理条例》第三十一条的规定	警告	2家社会团体
2014年11月4日	辛亥革命史研究会、晋察冀文艺研究会	存在未按规定接受2011年、2012年社会团体年度检查的违法行为,违反《社会团体登记管理条例》第三十一条的规定	停止活动6个月	2家社会团体
2014年11月26日	中国少林书画研究会、中华伏羲文化研究会	存在未按照规定接受2012年社会团体年度检查的违法行为,违反《社会团体登记管理条例》第三十一条的规定	警告	2家社会团体

续表

日期	处罚对象	处罚理由	处罚结果	处罚组织数
2014年11月26日	中国民用爆破器材流通协会、中国音韵学研究会	存在未按规定接受2010年、2011年、2012年社会团体年度检查的违法行为，违反《社会团体登记管理条例》第三十一条的规定	撤销登记	2家社会团体
2015年8月18日	中华洪堡学者协会、中国扇子艺术学会、中国电子商务协会	存在未按照规定接受2013年社会团体年度检查的违法行为，违反《社会团体管理条例》第三十一条的规定	警告	3家社会团体
2015年10月8日	中国艺术文化普及促进会	存在未按照规定接受2010年、2011年、2012年、2013年社会团体年度检查的违法行为，违反《社会团体登记管理条例》第三十一条的规定	撤销登记	1家社会团体
2015年10月8日	中华伏羲文化研究会、晋察冀文艺研究会、中国京剧程派艺术研究会	存在未按照规定接受的社会团体年度检查的违法行为，违反《社会团体登记管理条例》第三十一条的规定	停止活动6个月	3家社会团体

续表

日期	处罚对象	处罚理由	处罚结果	处罚组织数
2015年12月11日	中华爱国工程联合会	存在未按照规定参加民政部2007年至2010年社会团体年度检查的行为，违反《社会团体登记管理条例》第三十一条的规定，构成《社会团体登记管理条例》第三十三条第一款第（三）项所述"拒不接受或者不按照规定接受监督检查的"违法行为且情节严重	撤销登记	1家社会团体
2015年12月11日	中慈社会捐助服务中心	存在未按照规定参加民政部2009年至2014年民办非企业单位年度检查的行为，违反《民办非企业单位登记管理暂行条例》第二十三条第一款的规定，构成《民办非企业单位登记管理暂行条例》第二十五条第（三）项所述"拒不接受或者不按照规定接受监督检查的"违法行为且情节严重	撤销登记	1家民办非企业单位

（4）财税审查

社会组织财税审查包括财务审查和税务审查两个方面。

财务审查主要由社会组织登记管理机关在对社会组织进行年检的过程中，单独或会同有关部门，对社会组织财务进行检查或对其进行财务审计。我国行政法规对于社会组织财务审查的要求分为三个方面：社会组织设立时财务审查、日常运营中财务审查、法定代表人财务审查。

社会组织设立时，社会组织要有合法的资金来源。申请登记民非要有与其业务活动相适应的合法财产；成立全国性的社会团体要有10万元以上活动资金，地方性的社会团体和跨行政区域的社会团体要有3万元以上活动资金。[1] 相比于民非和社团，成立基金会的资金起点较高。《基金会管理条例》规定，全国性公募基金会的原始基金不低于800万元人民币，地方性公募基金会的原始基金不低于400万元人民币，非公募基金会的原始基金不低于200万元人民币，且原始基金必须为到账货币资金。[2]

社会组织日常运营中，我国行政法规从收入来源、资金使用、财务管理和监督等方面对社会组织进行财务审查。①收入来源方面，包括开办资金、政府资助、在业务范围内开展服务活动的收入、捐赠、利息、其他合法收入。《社会团体登记管理条例》和《民办非企业单位登记管理暂行条例》明确规定，社会团体、民办非企业单位不得从事营利性经营活动；《基金会管理条例》规定，基金会应当按照合法、安全、有效的原则实现基金的保值、增值。[3] ②资金使用方面，社会组织的经费、开展章程规定的活动按照国家有关规定所取得的合法收入，必须用于章程规定的业务活动。任何单位和个人不得侵占、私分或者挪用社会组织的资产。社会组织接受捐赠、资助，必须符合章程规定的宗旨和业务范围，必须根据与捐赠人、资助人约定的期限、方式和合法用途使用。社会组织应当向业务主管单位报告接受、使用捐赠、资助的有关情况，并应当将有关情况以适当方式向社会公布。[4] 对基金会的要求较为严格，《基金会管理条例》规定，公

---

[1] 《社会团体登记管理条例》，中华人民共和国民政部网站，http://mjzx.mca.gov.cn/article/zcfg/201304/20130400437175.shtml。

[2] 《基金会管理条例》，中华人民共和国民政部网站，http://www.mca.gov.cn/article/zwgk/tzl/200711/20071100003953.shtml。

[3] 《基金会管理条例》，中华人民共和国民政部网站，http://www.mca.gov.cn/article/zwgk/tzl/200711/20071100003953.shtml。

[4] 汤世强：《独联体国家非政府组织登记管理制度研究》，郑州大学硕士学位论文，2007年。

募基金会每年用于从事章程规定的公益事业支出，不得低于上一年总收入的70%；非公募基金会每年用于从事章程规定的公益事业支出，不得低于上一年基金余额的8%。基金会工作人员工资福利和行政办公支出不得超过当年总支出的10%。[1] ③财务管理和监督方面，《社会团体登记管理条例》等三大条例对社会组织都有一定要求。社会组织必须执行国家规定的财务管理制度，接受财政部门的监督；资产来源属于国家拨款或者社会捐赠、资助的，还应当接受审计机关的监督。对于基金会，《基金会管理条例》明确提出，基金会应当执行国家统一的会计制度，依法进行会计核算、建立健全内部会计监督制度，且应当接受税务、会计主管部门依法实施的税务监督和会计监督。[2] 我国目前针对社会组织的财务管理制度还有待完善。2004年财政部公布施行《民间非营利组织会计制度》，目的是规范民间非营利组织的会计核算，提高会计信息质量；该制度适用于在中华人民共和国境内依法成立的各类民间非营利组织，包括社会团体、基金会和民办非企业单位。[3]

法定代表人财务审查，是指社会组织在换届或者更换法定代表人之前，登记管理机关、业务主管单位应当组织对该法定代表人进行财务审计。[4]

税务审查是国家税务机关对社会组织的经济收入纳税情况进行检查，以确保国家税收的正常收取。根据国家法律规定，社会组织的经营性收入必须纳税。税务机关根据国家相关法律法规，对社会组织的经济收入纳税情况进行检查，查处偷税、漏税违法行为，确保国家税收制度的严肃性和权威性。

3. 社会监督

社会组织是属于政府、市场之外的第三部门，其属于社会范畴，具有正规性、民间性、非营利性、自治性、志愿性和公益性的基本特征。[5] 我

---

[1] 《基金会管理条例》，中华人民共和国民政部网站，http://www.mca.gov.cn/article/zwgk/tzl/200711/20071100003953.shtml。

[2] 《基金会管理条例》，中华人民共和国民政部网站，http://www.mca.gov.cn/article/zwgk/tzl/200711/20071100003953.shtml。

[3] 任红：《民办教育发展的制度保障及政府的责任》，《辽宁教育研究》2007年第8期。

[4] 《基金会管理条例》，中华人民共和国民政部网站，http://www.mca.gov.cn/article/zwgk/tzl/200711/20071100003953.shtml。

[5] Salamon L. M, Anheier H. K, *The Emerging Nonprofit Sector: An Overview*, Manchester University Press, 1995: 1-10.

国法律法规对社会组织进行社会监督具有较为笼统的规定。《中华人民共和国公益事业捐赠法》规定，受赠人应当公开接受捐赠的情况和受赠财产的使用、管理情况，接受社会监督。①《中华人民共和国慈善法》第九十七条规定，任何单位和个人发现慈善组织、慈善信托有违法行为的，可以向民政部门、其他有关部门或者慈善行业组织投诉、举报。国家鼓励公众、媒体对慈善活动进行监督，对假借慈善名义或者假冒慈善组织骗取财产以及慈善组织、慈善信托的违法违规行为予以曝光，发挥舆论和社会监督作用。②《基金会管理条例》规定，公募基金会组织募捐，应当向社会公布募得资金后拟开展的公益活动和资金的详细使用计划；基金会、境外基金会代表机构应当在通过登记管理机关的年度检查后，将年度工作报告在登记管理机关指定的媒体上公布，接受社会公众的查询、监督。③ 从以上法律法规可以看出，在一般情况下，社会公众对于社会组织的监督属于被动监督，只有社会组织主动公开其活动情况、资金管理、年检结果等，社会公众才能对其进行监督，目前，有些强制性规定和制度化渠道让社会公众对社会组织的监督逐渐成为常态机制，如《中华人民共和国慈善法》第七十一条规定，慈善组织、慈善信托的受托人应当依法履行信息公开义务。信息公开应当真实、完整、及时。《中华人民共和国慈善法》第七十二条强调："慈善组织应当向社会公开组织章程和决策、执行、监督机构成员信息以及国务院民政部门要求公开的其他信息。上述信息有重大变更的，慈善组织应当及时向社会公开。慈善组织应当每年向社会公开其年度工作报告和财务会计报告。具有公开募捐资格的慈善组织的财务会计报告须经审计。"针对募捐，《中华人民共和国慈善法》第七十三条规定，具有公开募捐资格的慈善组织应当定期向社会公开其募捐情况和慈善项目实施情况。④

随着大众媒体的多元化，多起慈善系统的丑闻，引起了社会公众对社会组织的争议，也让社会公众通过公共事件来进一步了解和监督社会组

---

① 《中华人民共和国公益事业捐赠法》，中国政府门户网站，http：//www.gov.cn/ziliao/flfg/2005－10/01/content_ 74087. htm。
② 《中华人民共和国慈善法》，中央政府门户网站，http：//www.gov.cn/zhengce/2016－03/19/content_ 5055467. htm。
③ 《基金会管理条例》，中华人民共和国民政部网站，http：//www.mca.gov.cn/article/zwgk/tzl/200711/20071100003953. shtml。
④ 《中华人民共和国慈善法》，中央政府门户网站，http：//www.gov.cn/zhengce/2016－03/19/content_ 5055467. htm。

织。有媒体报道，2007年4月"中国母亲"胡曼莉所办爱心孤儿院经审计部门审计，发现账目混乱、多笔款项有问题，被媒体报道称"昔日中国妈妈以孤儿名义聚敛钱财"；2011年4月上海市卢湾区红十字会与企业协会的一顿公务餐消费9859元①，消费发票被曝光，引发公众对红十字会"万元餐"事件的非议；2011年7月，湖南女孩郭美美微博炫富，导致传闻纷飞，卷入事件的中国红十字会及其多个合伙伙伴处于无法自证清白的尴尬境地，引发社会公众对于中国红十字会的信任危机；② 2011年9月，河南宋庆龄基金会大量资金流入像河南宋基投资有限公司这样的各种"宋基系"公司，在房地产、钢铁、计算机网络等诸多领域进行投资业务，甚至还有大量资金用于放贷。③ 媒体报道之后，引发各界人士关注，成为公众热议的话题。大众媒体成为社会公众了解社会组织、参与社会组织活动、监督社会组织行为的重要方式之一。

4. 行业自律

章程是社会组织的根本制度，是机构治理的基本依据，在社会组织治理中具有最大的权威性。社会组织加强自律，从监督管理的角度来看，就是社会组织应严格按照章程来实施社会组织内部治理。

《社会团体登记管理条例》和《民办非企业单位登记管理暂行条例》对社团和民非的章程做了基础规定，要求章程中应该包括：名称和住所，宗旨和业务范围，组织管理制度，法定代表人或者负责人的产生与罢免的程序，会员资格，会员的权利与义务（社会团体应该包括），资产管理、使用和处理的原则，章程的修改程序和终止程序，以及需要由章程规定的其他事项。与社团和民非相比，《基金会管理条例》对基金会的内部治理规定更为严格和具体。基金会章程必须明确基金会的公益性质，并且应当载明下列事项：名称及住所；设立宗旨和公益活动的业务范围；原始基金数额；理事会的组成、职权和议事规则，理事的资格、产生程序和任期；法定代表人的职责；监事的职责、资格、产生程序和任期；财务会计报告的编制、审定制度；财产的管理、使用制度；基金会的终止条件、程序和

---

① 黄莎：《中国慈善事业的危机传播研究》，暨南大学硕士学位论文，2014年。
② 史川楠：《近年慈善系统丑闻整理》，凤凰网，http：//news.ifeng.com/society/special/guomeimei/。
③ 凤凰网资讯：《河南宋庆龄基金会涉嫌善款放贷》，凤凰网，http：//news.ifeng.com/mainland/special/henansongjihui/。

终止后财产的处理。①《基金会管理条例》专门有章节对基金会的"组织机构"进行规定,形成了基金会的权力结构、决策机制、人员构成、避免关联交易等基本框架和原则。

在《社会团体登记管理条例》、《民办非企业单位登记管理暂行条例》、《基金会管理条例》对社会组织章程的基本规定基础上,结合其他有关法律法规,民政部相继制定了《社会团体章程示范文本》、《民办非企业单位(法人)章程示范文本》、《基金会章程示范文本》。章程示范文本旨在为社会团体、民办非企业、基金会制定章程提供范例,并规定制定的章程中"应当包括章程示范文本中所列全部条款,可根据实际情况作适当补充"。实质上,我国法律法规对于组织通过章程的格式性规定,确定了社会组织内部治理的基本制度,同时也构建了政府对社会组织内部监督的制度路径。社会组织登记管理机关和其他相关部门通过年度检查、行政执法、财税审查等方式,来监督社会组织按照章程进行内部治理,推进社会组织内部治理的民主化。

随着社会组织越来越深入地参与到公共服务和社会治理中,社会组织内部治理的重要性日益受到关注。各地政府部门也出台相应的法规、政策性文件,强调进一步加强社会组织自律自治、推动社会组织自我监督。2014年上海市出台《市民政局关于完善社会组织综合监管体系促进社会组织健康发展的指导意见》,指出工作重点之一是促进社会组织自律自治,"健全内部治理机制。深入推进政社分开,强化社会组织法人地位和责任。健全以章程为核心的独立自主、权责明确、运转协调、制衡有效的社会组织内部治理机制,完善社会组织会员(代表)大会、理事会、监事(会)制度,推动各项内部民主监督机制有效运作。"

(二) 社会组织监督存在的问题

1. 社会组织法律法规有待完善

目前,关于社会组织监督管理方面的法律法规数量偏少,没有形成完整完善的社会组织法律体系。缺少与社会组织直接相关的立法,除《中华人民共和国公益事业捐赠法》、《中华人民共和国慈善法》、《中华人民共

---

① 《基金会管理条例》,中华人民共和国民政部网站,http://www.mca.gov.cn/article/zwgk/tzl/200711/20071100003953.shtml。

和国红十字会法》、《中华人民共和国工会法》等法律外，与之相关的立法主要是依据国务院颁布的行政法规《社会团体登记管理条例》、《民办非企业单位登记管理暂行条例》、《基金会管理条例》，总体上层次不高。在实际运作中，真正起作用的主要是民政部颁布的部门规章或相关的政策性文件，法律层次不高、权威性不强。社会组织监管的法律法规数量偏少，配套不完善，可操作性不强，造成社会组织的登记、定位、性质、职能及作用等问题没有完全规范化；与此同时，在人员结构、职称评定、社会保险、税收优惠等其他方面还没有相关配套法规，造成社会组织人员不稳定，知识结构老化，缺乏应有的活力，作用发挥不充分。[①]

从实际情况来看，随着改革开放深入和社会发展形势的变化，现有的社会组织法律体系滞后于实际需要，甚至阻碍了社会组织的发展。我国对于社会组织采取限制和规范发展的监管原则，在行政法规中明确限制了社会团体和民办非企业单位的规模。《民办非企业单位登记管理暂行条例》第十三条规定，"民办非企业单位不得设立分支机构。"《社会团体登记管理条例》则规定，在同一行政区域内已有业务范围相同或者相似的社会团体，没有必要成立的，登记管理机关不予批准筹备。[②] 如果社会团体成立后经审查申请登记设立分支机构、代表机构，该分支机构、代表机构不具有法人资格，且社会团体不得设立地域性的分支机构。《基金会管理条例》规定，基金会设立的分支机构、代表机构要依据基金会的授权开展活动，不具有法人资格。[③] 限制分支原则和非竞争性原则抑制了社会组织的充分发展。这种人为形成的同一地区或同一领域内的垄断局面对社会组织长期发展具有不可忽视的隐性危害，会形成先入社会组织的垄断，违背市场竞争原则。[④] 同时，这也限制了我国社会组织发展规模，影响了我国社会组织整体实力和数量提升，不利于社会组织的培育。

[①] 孙涛：《社会组织监管问题分析及对策建议》，《中共青岛市委党校·青岛行政学院学报》2009年第10期。

[②] 《社会团体登记管理条例》，中华人民共和国民政部网站，http://mjzx.mca.gov.cn/article/zcfg/201304/20130400437175.shtml。

[③] 《基金会管理条例》，中华人民共和国民政部网站，http://www.mca.gov.cn/article/zwgk/tzl/200711/20071100003953.shtml。

[④] 杨柯：《社会组织监管体制存在的问题及改革对策探析》，《云南行政学院学报》2011年第6期。

2. 行政监管限制社会组织发展

社会组织双重管理体制，由登记管理机关和业务主管单位分别行使对社会组织的监督管理职能，该体制对我国社会组织合法性的获得设置了严格进入门槛，实质上限制了社会组织的发展。学界一直对双重管理体制诟病重重。双重管理体制是在计划经济体制下国家在对社会团体归口管理的实践中形成的一种制度安排，它在本质上将社会组织和政府置于相互对立的关系上，政府管理社会组织的首要目标是限制其发展并规避可能的政治风险，其手段则表现为通过双重审批进行准入限制，其结果就是大量涌现的社会组织纷纷绕开现行法规的做法，使得现行法规的有效性大打折扣。① 双重管理体制原本是要加强对社会组织监管力度，但实际情况是让各种形式的社会组织得不到应有的约束和监管，现有的法律法规激发了公民的不守法行为，损害了社会组织的总体发展。

行政监管的其他手段，年度检查是日常监管的手段之一，方便获取社会组织年度发展的重大情况，但是年检属于事后监督和形式性审查，无法提前预知和预警社会组织非法活动，在社会组织有意隐瞒的情况下，更是不利于了解社会组织的情况的真实性、合法性。行政执法问题在于，现有法规尤其是《社会团体登记管理条例》和《民办非企业单位登记管理暂行条例》等法规程序性内容居多，缺乏实体性规定，可操作性不强；与相关行业政策和规定衔接不多，没有与条例项配套的实施细则，没有赋予登记管理部门有效监管所必需的强制手段，增加了监督管理和处罚违规行为的难度。② 财税审查中对基金会设立资金和年度公益事业支出、工资福利和行政办公开支规定过细、缺乏弹性，严格的开设条件和支出比例要求，限制了我国基金会的规模以及内部治理机制和人才结构的发展完善。

3. 社会监督缺乏正式渠道和机制

我国社会公众和大众媒体参与社会组织监督管理的相关法律法规并不完善。《中华人民共和国公益事业捐赠法》、《基金会管理条例》等法律法规对于公益捐赠、信息公开等便利于公众监督的方式规定笼统、缺乏操作性，在实践中也缺乏对社会组织不执行这些规定的监督和惩罚措施。目前，社会公众对社会组织的监督属于被动监督，没有强制度性规定和制度

---

① 王名：《改革民间组织双重管理体制的分析和建议》，《中国行政管理》2007 年第 4 期。
② 庞承伟主编：《社会组织行政执法》，中国社会出版社 2011 年版，第 8 页。

化渠道让社会公众对社会组织的监督成为常态。

　　大众媒体所报道的多起慈善系统的丑闻，有利于让公众对公益慈善事业有更多的关注，是一种对社会组织监督的方式之一。但是，大众媒体对于新闻热点的关注缺乏持续性、全面性，更多是对社会公众单向性的引导，报道慈善公益的负面事件，让大众对于慈善公益造成负面评价、缺乏客观认识、进而对整个慈善公益事业造成不信任感，这在一定程度上也是对慈善公益事业和社会组织的损害。此外，大众媒体隶属于党政机关，必要的独立性和专业性缺乏，从一定程度上来讲，监督作用受到较大的影响。

　　4. 社会组织治理机制有待完善

　　目前，我国《基金会管理条例》对基金会的"组织机构"做了明确规定，《社会团体登记管理条例》、《民办非企业单位登记管理暂行条例》仅对组织章程内容做了要求，之后民政部强制推行的《社会团体章程示范文本》、《民办非企业单位（法人）章程示范文本》、《基金会章程示范文本》框定了社会组织权力机关、执行机关和监督机关等治理结构基本内容。

　　但是，在目前实践中，社会组织自治的情况并不乐观，依章程进行有效自治在大的制度层面上举步维艰。有些社会组织在运行过程中，机构的使命和愿景不清晰，没有制定组织发展规划，没有依照章程发挥权力机关和监督机关的决策和监督作用，逐渐脱离了社会组织正常的公益轨道。除了在组织章程外存在问题，还有学者对青岛市社会组织的问卷调查发现，社会组织管理者的选任、决策方式方面存在的问题也阻碍了社会组织发展。关于管理者的选任，我国社会组织没有独立的人事任免权，对社会组织主要负责人的人事任免已成为业务主管单位管理控制社会组织的主要手段。关于社会组织的决策方式，我国有一半多的社会组织缺乏正式的决策机构，还有许多草根组织根本没有建立起理事会，一般靠管理者的个人影响力凝聚志同道合者，机构的可持续发展缺乏制度保障。[①] 虽然这仅是山东青岛这一城市的情况，但其结论反映了我国社会组织的内部治理能力仍有较大的提升空间。社会组织需要进一步建立健全社会组织章程，形成决

---

　　① 李国宇：《我国社会组织治理存在的突出矛盾与化解之策》，《青岛农业大学学报》2009年第3期。

策权、执行权、监督权相互分离、相互制约的权力制衡格局。

(三) 改善社会组织监督的建议

1. 建立健全社会组织法律监管体系

法律层面，出台相关的社会组织法律，适时制定关于结社问题的法律法规，建立我国社会组织的基本法律制度，提高社会组织立法层次，提升对社会组织监管的法律法规的权威性，如制定《中华人民共和国境外非政府组织境内活动管理法》、《中华人民共和国社会组织法》。行政法规层面，根据《中华人民共和国慈善法》的相关规定，尽快修订和完善《社会团体登记管理条例》和《基金会管理条例》，把《民办非企业单位登记管理暂行条例》调整为《社会服务机构条例》，增加社会组织监管的内容，作为对社会组织监管活动的总依据；修改限制社会组织运行的不利规定，促进我国社会组织的发展。另外，各地根据实际需要，对与社会组织关系密切的工资薪酬、人才培养、社会保障、税收优惠、公益捐赠等政策进行调整，加大政策创立力度，切实推进社会组织的发展壮大。

2. 完善综合的社会组织监管体制

社会组织的监管体系，应该是主动监管和被动监管的结合。社会组织评估是一种主动监管的模式，具有对社会组织深入实地考察、评估结果客观和全面、评估构成等级管理的基础等多项优点。评估具有较强的引导性。而社会组织年度检查、行政执法、财税审查在很大程度上是属于被动监管的方式，具有强制性。建立综合的社会组织监管体制，要把社会组织评估和对社会组织的其他监督方式结合起来，在对社会组织监督管理的同时，推动社会组织的发展。

可将评估成果和购买服务相关联。通过社会组织评估将社会组织划分为不同的等级，对评估等级在3A以下的社会组织不作购买，对3A以上的社会组织在政府购买相关的活动与服务时可优先购买。不同等级的社会组织，对其所采用的监管方式、政府购买服务的方式都不一样，尤其要注意把评估与购买服务有机结合，按照推进等级管理的内在要求，做好政府购买服务工作。

3. 加大社会公众对社会组织的监管力度

政府行政监管是对社会组织监管的直接渠道，但是，随着我国社会组织数量越来越庞大，政府用于社会组织管理的人数和精力有限，政府行政监管虽然能起到作用,但监管效果有限。从美国对慈善组织的监管效果看,更为有效的监管方式是向公众提供有关慈善组织和慈善募款的信息,通过公众监督来达到间接监管的效果。美国州检察长将慈善组织的注册信息和年报及时在网站上公布,供公众查阅,这样使公众可以更好地了解慈善组织的运作,增强组织的公信力,也为查处公益资产的流失提供了有效途径。在实践中,通过公众的举报,州检察长可以及时发现组织管理者的不当行为,控告组织法人并要求追讨或赔偿公益资产的损失。[1] 对社会组织的监督管理,有必要将直接监管和间接监管有机结合。

政府一方面要为社会公众监督提供畅通的信息渠道,可以强制规定社会组织必须公开发布年报,公开组织名称、性质、地址、主要工作人员的个人信息、运作情况和财务状况等信息,让社会组织的相关利益方、社会公众能够加强社会组织的监督,便于社会监督;另一方面,社会组织的政府管理部门需要设置常规渠道或媒介,对社会公众的监督设立机制,让社会公众反映、举报社会组织存在的违规违法行为,并对社会公众的监督予以积极回应,依法对违规违法社会组织进行行政执法。同时,借助媒体报道,让社会公众对社会组织有更多、更深入、更全面的了解,培养社会公众参与社会组织监管的意识。

4. 加强社会组织内部监管机制建设

社会组织是独立的法人群,由社会团体法人、社会服务机构法人、基金会法人组成,除了必须遵守国家法律法规政策外,还需要遵循组织章程进行内部治理和开展活动,发挥权力机关、执行机关、监督机关的制衡作用,建立健全权责明确、协调运转、有效制衡的法人治理结构和管理制度,完善内部自律和约束机制。

社会组织在由年度检查制度调整为年度工作报告制度时,各级政府登记管理机关仍要加强对社会组织内部治理机制的考核,通过外部监督促进组织内部建设。登记管理机关要强化社会组织负责人对章程的重视,引导社会组织自觉遵守章程,使社会组织充分发挥自我管理、自我监督的作用,实现社会组织的依法自治。同时,要创新社会组织财务监督管理,严把财务关,确保社会组织非营利的原则。具体而言,登记管理机关会同公安、税务、财政、工信等多个部门,开展社会组织违规经营、违规收费、

---

[1] 郑琦:《社会组织监管:美国的经验与启示》,《社会主义研究》2013年第2期。

"小金库"治理等专项清理工作；建立规范社会组织涉企收费、财务审计等工作长效机制，将财务审计作为工作重点项目。[①]

随着我国社会转型和社会发展，社会组织大量出现并日益进入社会公众的视野，成为满足公众多元化需求的一种组织途径，参与我国社会建设，发挥积极作用。但同时，也有大量民间组织、志愿团体游离于现行的管理体制之外，成为政府监管的空白。积极支持、引导社会组织发展，加强社会组织监管成为社会建设的题中之义。

目前，我国社会组织监管的方式既有社会组织评估这一主动监管的模式，也有登记管理、年度检查、行政执法、财税审查等被动监管的模式；既有政府部门、社会公众对社会组织的外部监管，也有社会组织依据章程的内部监管。我国社会组织监管还存在一系列的问题。但是，政府对社会组织监管，既要规范社会组织发展的行为，又要给予社会组织发展的空间。因此，对社会组织的监管应该是他律和自律的结合，需要政府部门和社会组织之间磨合、沟通、合作，才能塑造一个良好的监管体系和监管环境。

[①] 张华林：《积极创新社会组织监督管理机制》，《中国民政》2012年第6期。

第五章 社会组织治理结构与能力建设

2013年11月12日，中国共产党十八届三中全会通过的《中共中央关于全面深化改革若干重大问题的决定》（以下简称《决定》），提出了我国新一轮改革的行动纲领和路线图。新一轮改革的总目标是推进国家治理体系和治理能力现代化，其关键是正确处理政府与市场的关系、政府与社会的关系。[①]《决定》要求进一步解放和增强社会活力、深化社会体制改革。社会组织是组织化的社会力量，是社会治理的重要主体，在全面深化改革中有独特地位。在社会体制改革中，政府与社会组织分开、培育和发展社会组织、建立政府购买社会组织服务制度等内容都以社会组织为对象。社会组织能否抓住难得的历史机遇，实现自身的发展成为其今后发展的关键议题，而如何完善法人治理、提升组织能力成为社会组织发展中不可避免的问题。

一 社会组织治理基础

（一）社会组织治理的概念

目前，治理已经是一个使用非常广泛的概念，在不同的领域有着不同的含义。作为社会组织，从最佳角度理解"治理"，显得尤为重要。如果把社会组织作为治理对象，那么社会组织治理是指外部治理，即以"归口管理、双重负责、分级管理、限制竞争、优先培育"为特征的双重管理体制，以及正在逐步推进的社会组织直接登记制度，"双重管理"与"直接登记"构成我国社会组织的主要外部治理制度；如果把社会组织作为治理

---

① 何子英、郁建兴：《新一轮改革战略中的社会体制改革》，《中共浙江省委党校学报》2014年第1期。

主体，那么社会组织治理专指内部治理，是社会组织内部的一系列管理制度和措施以及包括外部监督在内的制度安排，这里的社会组织治理主要指社会组织内部治理。

一般来说，治理可以包括结构、关系、人员、能力四个方面。结构是基础，关系是条件，人员是关键，能力是导向，从而构成一个完整的治理系统。[①] 社会组织治理，更接近于公司组织的治理。[②] 公司治理本质上是法人治理。1999年9月，中国共产党十五届四中全会通过的《中共中央关于国有企业改革和发展若干重大问题的决定》中曾提出，"完善公司法人治理结构，是建立现代企业制度的核心"。经过多年的建设与发展，公司法人治理已形成一套完善的组织结构与权力运行方式，成为规范公司相关各方的责任、权力和利益的制度安排。具体来讲，公司法人治理要解决的是公司内部的利益协调的问题，其途径是通过公司内部的机构设置和权力安排来解决有关的效率问题，内部治理的作用主要是通过董事会、监事会和股东自己来实现。[③]

《社会团体登记管理条例（1998年）》和《基金会管理条例（2004年）》对社会团体和基金会的非营利法人地位进行了明确的规定，《民办非企业单位登记管理暂行条例》虽然没有涉及法人治理相关的规定，但民政部颁布的《民办非企业单位章程示范文本》弥补了这一不足。社会组织是非营利组织法人，在组织宗旨、设立程序、治理原则上与企业营利法人存在着显著的差异，它们的法人治理不尽相同，但两者都是要解决组织内部的权力配置与制衡问题，具有极大的相似性。这些相似性主要体现在这两类组织都存在委托代理关系和多权分立，出现某个具体代理者行为失控的可能，使社会公共利益及委托者的利益受到损害。[④] 因此，社会组织内部治理仍然可以借鉴公司的经验。公司治理的基础是所有权和经营权的分离，但在公司治理中，投资人与受益人是一致的，也就是说，公司治理的所有权和受益权是一致的。不过，对社会组织来说，尤其是公益性非会员制的社会组织来讲，"出资人"与"受益人"是不同的，并且，最初的组

---

① 徐家良：《行业协会组织治理》，上海交通大学出版社2014年版，第15—16页。
② 马庆钰等著：《社会组织能力建设》，中国社会出版社2011年版，第20页。
③ 李维安：《现代公司治理研究》，中国人民大学出版社2002年版，第23—24页。
④ 官欣荣：《独立董事制度与公司治理：法理和实践》，中国检察出版社2003年版，第52页。

织捐助人在完成了捐助行为后便失去了对组织的经营权。因此，所有权、经营权和受益权三权分离是社会组织内部治理的基础。鉴于此，虽然社会组织治理能够借鉴公司治理的相关经验，但仍然具有特殊性。

结合公司治理的相关内容，社会组织治理包含两个层次的内容：第一个层次是社会组织内部的一系列制度安排，如社会组织的人力资源管理、激励约束机制、财务管理、员工薪酬福利等一系列制度和结构安排；第二个层次是社会组织内部权力制衡结构及其运行机制，具体来讲，就是为了规避社会组织在多权分离和委托代理关系中的代理者失控和公共利益受损的风险，建立的委托者、决策者、执行者和监督者之间的激励约束结构模式。

（二）社会组织治理结构的概念

在组织治理结构上，社会组织治理结构是在借鉴公司治理结构的基础上建立起来的。企业作为一个经济组织，公司治理是通过一个有效的制度结构和市场结构实现的。其中，制度结构包括股东大会和董事会等组织结构安排，主要行使对企业经营者的任免、监督和评价以及由监事会的监督等权力过程；市场结构主要涉及企业经营行为，通过来自债权人的监督以及来自股票市场的压力、产品市场的竞争和经理市场的选择来实现。[1] 公司治理的制度安排涉及企业的所有者、董事会和高级执行人员即高级经理人员三者之间形成一定的制衡关系，以及通过一定的制度来规范企业的经营行为。

鉴于公司治理结构的科学合理性和功能的有效性，社会组织治理采取了类似的治理结构。一般认为，社会组织治理结构是以社会组织所有权、经营权和受益权三权分立为前提，是决策机构、执行机构、监督机构以及利益相关者之间协调制衡机制的总和。

二 社会组织治理结构

（一）社会组织治理结构法律规定

在我国，由于社会组织发展的特殊性，其组织形态表现出明显的多样

---

[1] 毛刚：《我国非营利组织内部治理机制研究》，西南交通大学博士学位论文，2005年。

性。学者从不同的关注点出发将我国现有社会组织划分为不同的类型，而各种类型又存在交叉，并不能将中国现存的社会组织类型全部覆盖。1998年民政部民间组织管理局正式成立，对全国范围内的社会组织进行管辖与监管。1998年颁布的《社会团体登记管理条例》、《民办非企业单位登记管理暂行条例》和2004年颁布的《基金会管理条例》，对三类社会组织的治理结构有所规定。据此，我们将主要讨论在现行法律体系框架内，在各级民政部门登记注册的社会组织治理结构，即社会团体、基金会和民办非企业单位三类。

1. 社会团体

国务院分别于1989年10月和1998年10月先后发布《社会团体登记管理条例》，其中对社会团体作了特别规定，都概括为"社会团体是由中国公民自愿组成，为实现会员共同意愿，按照其章程开展活动的非营利性社会组织。"强调社会团体的主体是中国公民。而早在1989年12月，民政部在《关于〈社会团体登记管理条例〉有关问题的通知》中就已经对社会团体的分类有一个说法，"社会团体的种类可根据社团的性质和任务区分为学术性、行业性、专业性和联合性等。"根据组织宗旨的不同，在现实发展中，社会团体又分化出不同的形式，包括学会、协会、商会、研究会、联合会、促进会、行业协会等不同的会员制形式。

为了实现会员的共同意愿，社会团体的治理结构的关键点主要是会员（代表）大会、理事会、秘书长，它们的地位和职责在《社会团体登记管理条例》和《社会团体章程示范文本》中有明确的规定。

首先，会员（代表）大会是社会团体的权力机构，每个"筹备成立的社会团体，应当自登记管理机关批准筹备之日起6个月内召开会员大会或者会员代表大会，通过章程，产生执行机构、负责人和法定代表人"。

其次，理事会是会员（代表）大会的执行机构，理事人数较多时，可设立常务理事会。

最后，秘书长由理事会选任，副秘书长由理事会聘任。社团法定代表人一般由理事长（会长）担任，如因特殊情况须由副理事长（副会长）或秘书长担任法定代表人，应报业务主管单位审查并经登记管理机关批准同意后，方可担任。

《社会团体章程示范文本》对会员的权利和义务、会员（代表）大会、理事会和秘书长的职权和工作规则作出了具体规定。会员（代表）大会作为组织的权力机构，其主要职权包括制定和修改章程、选举和罢免理事、审议理事会的工作报告和财务报告、决定终止事宜和决定其他重大事宜。作为执行机构的理事会，其主要职权包括执行会员大会（或会员代表大会）的决议，选举和罢免理事长（会长）、副理事长（副会长）、秘书长，筹备召开会员大会（或会员代表大会），向会员大会（或会员代表大会）报告工作和财务状况，决定会员的吸收和除名，决定设立办事机构、分支机构、代表机构和实体机构，决定副秘书长、各机构主要负责人的聘任，领导本团体各机构开展工作，制定内部管理制度以及决定其他重大事项。秘书长的主要职权则包括主持办事机构开展日常工作，组织实施年度工作计划；协调各分支机构、代表机构、实体机构开展工作；提名副秘书长以及各办事机构、分支机构、代表机构和实体机构主要负责人，交理事会或常务理事会决定；决定办事机构、代表机构、实体机构专职工作人员的聘用；处理其他日常事务。[①]

值得指出的是，虽然《社会团体登记管理条例》规定了会员（代表）大会在社会团体治理中的核心地位，但无论是《社会团体登记管理条例》还是《社会团体章程示范文本》，均未对具体执行机构的设置、社会团体监事会的设立及职权作出明确规定，大部分社会团体的监事会处于空白状态。监事会的缺位造成了社会团体治理结构的不完整，缺乏相应的监督机制，由此可能会引发一些问题。

2. 民办非企业单位

1998年10月，国务院发布《民办非企业单位登记管理暂行条例》，它对民办非企业单位的概念作了如下界定："民办非企业单位是指企业事业单位、社会团体和其他社会力量以及公民个人利用非国有资产举办的，从事非营利性社会服务活动的社会组织。"与社会团体和基金会的法人资格不同，民办非企业单位根据不同情况分别获得法人、合伙或者个体的行为主体资格。民办非企业单位的基本要素有以下几个方面：第一，民办非企业单位是以公益为目的，为社会上不特定的人提供公益性社会服务的机构。民办非企业单位从事教育、文化等方面的服务，目的是为了促进该项公益事业的发展，而不是赚取利润分配给出资人；第二，民办非企业单位

[①] 《社会团体章程示范文本》，湖南省人民政府门户网站，http://www.hunan.gov.cn/fw/frfw/pczx/shtt/201506/t20150625_1764216.html。

是利用非国有资产创办的,这和事业单位有所不同。事业单位尽管也从事公益性活动,但它是利用国有资产举办的;民办非企业单位的举办者是企业事业单位、社会团体和其他社会力量以及公民个人,以非国有资产为主。民办非企业单位的资产中也可以包括国有资产,但只是部分,不占主导、支配地位。一般而言,民办非企业单位主要是民办的实体性公共服务机构,如民办的医院、学校、剧团、养老院、研究所、中心、图书馆和美术馆等。①

《民办非企业单位登记管理暂行条例》和民政部颁布的《民办非企业单位章程示范文本》对民办非企业单位的治理结构作了详细的规定。民办非企业单位的治理结构主要包括理事会、监事会和执行负责人。民办非企业单位的主要职权有以下几个方面:

首先,理事会是民办非企业单位的决策机构,由举办者(包括出资者)、职工代表(由全体职工推举产生)及有关单位(业务主管单位)推选产生,理事会成员数为3—25人。理事会的主要职权有如下几个方面:修改章程;业务活动计划;年度财务预算、决算方案;增加开办资金的方案;本单位的分立、合并或终止;聘任或者解聘本单位执行负责人(校长、所长、主任等)和其提名聘任或者解聘的本单位副职(副校长、副所长、副主任等)及财务负责人;罢免、增补理事;内部机构的设置;制定内部管理制度;从业人员的工资报酬。

其次,监事会是理事会决策和运行的监督机构,监事在举办者(包括出资者)、本单位从业人员或有关单位推荐的人员中产生或更换,其中,监事会中的从业人员代表由单位从业人员民主选举产生,有关单位主要指业务主管单位。并且,本单位理事、执行负责人(或校长、所长、主任等)及财务负责人,不得兼任监事。作为内部监督机构,监事会的职权具体包括:检查本单位财务;对本单位理事、执行负责人(或校长、所长、主任等)违反法律、法规或章程的行为进行监督;当本单位理事、执行负责人(或校长、所长、主任等)的行为损害本单位的利益时,应当予以纠正。

最后,执行负责人相当于民办非企业单位的首席执行官,由理事会聘任。法定代表人为理事长或院长(校长、所长、主任等)。执行负责人的

---

① 刘春湘:《非营利组织治理结构研究》,中南大学博士学位论文,2006年。

主要职权包括：主持办事机构开展日常工作，组织实施年度工作计划；协调各分支机构、代表机构、实体机构开展工作；提名副职以及各办事机构、分支机构、代表机构和实体机构主要负责人，交理事会或常务理事会决定；决定办事机构、代表机构、实体机构专职工作人员的聘用；处理其他日常事务。

3. 基金会

2004年6月国务院施行的《基金会管理条例》第二条规定，基金会是指利用自然人、法人或者其他组织捐赠的财产，以从事公益事业为目的，按照本条例的规定成立的非营利性法人。① 因此，基金会主要职责是将来源于政府、企业或公民支持和捐赠的资产用于实现公益目的。基金会与出资人的委托代理关系，以及社会组织"三权分离"的存在，使得代理者的诚信问题以及委托者资产的效率和风险问题成为基金会活动面临的主要问题，建立完善的法人治理结构对于基金会健康运营显得尤为重要。

和社会团体不同的是，基金会在治理结构方面有三个方面的特殊性：第一，组成人员不同。社会团体是会员制的，而基金会没有会员，主要是靠捐赠。第二，决策机制不同。社会团体有会员代表大会作为最高权力机关，基金会则有理事会作出重大决策。第三，目的有所不同。社会团体的目的，既有公益性又有互益性，而基金会是始终以社会公益为目的，没有成员之间的互益性。

20世纪80年代，从1981年到1984年，中国儿童少年基金会、宋庆龄基金会、中国残疾人福利基金会等一大批基金会相继成立。根据相关统计，截至2016年4月24日，我国有基金会4925家，其中公募基金会1550家，非公募基金会3375家，净资产1056.48亿元，已经成为中国社会组织中的一支生力军。②

基金会是社会组织治理结构规定最为详尽的类型，从法律上确立了基金会内部理事会、监事会的权力分配以及制约机制。根据《基金会条例》和《基金会章程示范文本》的相关规定，基金会的法人治理结构主要包括三个关键方面：理事会、监事会、秘书长。

---

① 《基金会管理条例》，中华人民共和国民政部网站，http://www.mca.gov.cn/article/zwgk/tzl/200711/20071100003953.shtml。

② 基金会中心网—数据中心，http://data.foundationcenter.org.cn/data/sjzl.shtml。

首先，理事会是基金会的决策机构。《基金会管理条例》规定，基金会设立理事会作为决策机构，理事会理事为5—25人，理事每届任期不得超过5年，可以连选连任；用私人财产设立的非公募基金会，相互间有近亲属关系的基金会理事，总数不得超过理事总人数的1/3；其他基金会，具有近亲属关系的不得同时在理事会任职；在基金会领取报酬的理事不得超过理事总人数的1/3。理事长是基金会的法定代表人。理事会的主要职权包括制定、修改章程；选举、罢免理事长、副理事长、秘书长；决定重大业务活动计划，包括资金的募集、管理和使用计划；年度收支预算及决算审定；制定内部管理制度；决定设立办事机构、分支机构、代表机构；决定由秘书长提名的副秘书长和各机构主要负责人的聘任；听取、审议秘书长的工作报告，检查秘书长的工作；决定基金会的分立、合并或终止；决定其他重大事项。①

其次，监事会是基金会的监督机构。基金会设监事，监事任期与理事任期相同。理事、理事的近亲属和基金会财会人员不得兼任监事。基金会理事长、副理事长和秘书长不得由现职国家工作人员兼任。基金会理事遇有个人利益与基金会利益关联时，不得参与相关事宜的决策；基金会理事、监事及其近亲属不得与其所在的基金会有任何交易行为。监事和未在基金会担任专职工作的理事不得从基金会获取报酬。而《基金会章程示范文本》则对基金会理事和监事的产生作出了更为详细的规定，基金会的第一届理事由业务主管单位、主要捐赠人和发起人分别提名并共同协商决定；监事由主要捐赠人、业务主管单位分别选派，登记管理机关也可根据工作需要选派监事。监事会的主要职权包括两方面：一方面，依照章程规定的程序检查基金会财务和会计资料，监督理事会遵守法律和章程的情况；另一方面，监事列席理事会会议，有权向理事会提出质询和建议，并应当向登记管理机关、业务主管单位以及税务、会计主管部门反映情况。②

最后，秘书长及其直接指导的工作部门是基金会的执行机构。基金会秘书长从理事中选举产生，秘书长是基金会的专职人员，不得由现职国家工作人员兼任。秘书长在掌控机构运营、资源配置及人员调度等方面有重

---

① 《基金会管理条例》，中华人民共和国民政部网站，http://www.mca.gov.cn/article/zwgk/tzl/200711/20071100003953.shtml。

② 《基金会管理条例》，中华人民共和国民政部网站，http://www.mca.gov.cn/article/zwgk/tzl/200711/20071100003953.shtml。

要职权和责任。具体而言,秘书长有以下几个方面的工作:主持开展日常工作,组织实施理事会决议;组织实施基金会的年度公益活动计划;拟订资金的筹集、管理和使用计划;拟订基金会的内部管理规章制度,报理事会审批;协调各机构开展工作;提议聘任或解聘副秘书长以及财务负责人,由理事会决定;提议聘任或解聘各机构主要负责人,由理事会决定;决定各机构专职工作人员聘用;章程和理事会赋予的其他职权。[①]

(二)社会组织治理结构问题

目前,我国正处于社会经济转型的关键时期,社会组织建设初具规模并迎来巨大的发展机遇。但是,与日趋完善的公司法人治理相比,社会组织治理还只是处于概念提出阶段,社会组织法人治理的观念还很薄弱,社会组织法人治理的法制环境和社会基础也不充分,尽管社会组织的相关管理条例对社会组织的治理结构进行了规定,但因其法律层次不高、规定不明晰而不具备现实的约束性;而社会组织在实际运营过程中,对组织治理结构的忽略和不重视也使得治理结构的建设效果不佳。对我国社会组织治理结构问题的清醒认识,是完善社会组织治理结构的第一步,可从制度规定和实践发展两方面梳理社会组织治理结构的问题。

1. 社会组织治理结构的制度缺陷

目前,社会组织治理结构制度规定主要见之于"三大条例"(《社会团体登记管理条例》、《民办非企业单位管理暂行条例》、《基金会管理条例》),并在相应的章程示范文本中稍有提及。本文将根据对社会组织治理结构制度规定的梳理,结合其他研究者的成果,总结梳理社会组织治理结构制度规定的不足,具体表现为以下几个方面:

第一,尚未形成社会组织治理结构的专门法律规定,现有规定效力层级过低。社会组织管理制度中效力层级最高的是"三大条例",但在"三大条例"中,仅仅《基金会管理条例》第三章对基金会的治理结构做了专门规定。《社会团体登记管理条例》只是概括性的提出社会团体成立须具有"相应的组织机构",而社会团体的治理结构也只提及"会员(代表)大会、执行机构、负责人和法定代表人",而这四者之间的职权与责任未

---

① 《基金会管理条例》,中华人民共和国民政部网站,http://www.mca.gov.cn/article/zwgk/tzl/200711/20071100003953.shtml。

作出明确规定①；《民办非企业单位登记管理暂行条例》则没有丝毫提及治理结构的规定。民政部发布的《社会团体章程示范文本》、《基金会章程示范文本》、《民办非企业单位章程示范文本》也只是象征性地提到社会组织需要设置会员大会（或者会员代表大会）、理事会（在理事人数较多的时候还可以设置常务理事会）、法定代表人、秘书长。② 尽管章程示范文本对社会组织的治理结构作出了较为细致的规定，但因其只是指引性的政策规定，效力层次过低，对社会组织构不成实际的强制力，故而约束力有限。制度规定的欠缺意味着对社会组织治理结构的行政监管事实上难以实现，这种制度安排的不足无疑会阻碍社会组织治理结构的建设和完善。

第二，对社会组织内部监督机构——监事会的设置鲜有强制性的规定。在现行公司治理结构中，监事会作为董事会的权力制约机构，在防止董事会的权力滥用、保障广大股东权益安全性等诸方面成效显著。对社会组织而言，由于存在同样的委托代理，以及所有权、执行权和受益权的分离，更有必要建构监事会，以实现对董事会和高层管理人员的有效监督与约束。③ 在现行"三大条例"及章程示范文本中，《基金会管理条例》仅仅规定了基金会设监事，作为基金会的法定机关，但没有规定监事会的组成、相关的责任机制、监事的产生程序及议事规则，仅规定监事列席理事会议。④《民办非企业单位章程示范文本》虽然对民办非企业单位的监事会、成员产生规则、职权等做了较为详细的规定，但因其本身对民办非企业单位组织不具有强制性，约束力有限。而对于会员制的社会团体而言，由于决策权由会员（代表）大会掌握，执行权被赋予秘书处，决策和执行权被滥用的空间大大增加，设立监事会作为社会团体的监督机构显得尤为重要，但现实却是，在《社会团体登记管理条例》及其章程示范文本中并无对监事会的相关规定。综上可知，监事会在目前社会组织治理结构中的地位或是权力不足或尚属缺位，这不仅大大增加了社会组织内部权力被滥用的可能，内部监督机制形同虚设；而监事会的缺位也使得社会组织的现

---

① 关于社会团体治理结构的相关规定，详细见于《社会团体登记管理条例（1998）》第10、14、15条的规定。

② 李国宇：《我国社会组织治理存在的突出矛盾与化解之策》，《青岛农业大学学报》2009年第3期。

③ 刘春湘：《非营利组织治理结构研究》，中南大学博士学位论文，2006年。

④ 刘春湘：《非营利组织治理结构研究》，中南大学博士学位论文，2006年。

代法人治理结构处于不完整的状态，极大地制约了社会组织结构的健康发展。非常可喜的是，有关省市已经在相关的规范性文件中增加了监事会条款。《江苏省社会团体章程示范文本》第十六条规定，本团体的最高权力机构是会员大会（或者会员代表大会），其职权是：（一）制定和修改章程；（二）制定和修改会费标准；（三）制定和修改理事、常务理事、负责人产生办法；（四）选举或者罢免理事、监事；（五）审议理事会的工作报告和财务报告；（六）审议监事会的工作报告[①]【适用于设立监事会的社会团体】；审议监事的工作报告【适用于设立监事的社会团体】。这些规定，反映出已经注意到有设立监事会社会团体这种情况。

第三，在社会组织内部监督不力的情况下，社会组织的外部监督机制也不容乐观，主要表现在政府监管、利益相关者监督以及公众监督，在政策规定上均存在明显的不足。就政府监管而言，包括民政部门的登记监管及相关部门的业务监督，即实行"双重负责制"，存在着明显的缺陷。一方面，《社会团体登记管理条例》在第一条中明确提出，社会团体登记管理的目的是在保障公民的结社自由，维护社会团体的合法权益的基础上，加强对社会团体的登记管理的，而不是倒过来，即先是维护权益，然后才是登记管理。但在实践过程中，政府往往把限制竞争、抑制发展放在第一位，认为社会团体会出现这样那样的问题，主要是政府对社会团体了解不多，缺乏信任感，同时，政府也怕承担责任，所以从严管理就自然而然成为首选的策略；另一方面，虽然政府对社会组织的登记成立采取了严格的核准制原则，但对社会组织成立后的监督与管理却相当薄弱，现行立法对政府监管规定的原则性，也在一定程度上导致政府监管具有相当大的主观性与随意性。并且，政府在监管过程中极容易出现权力寻租等腐败现象，对政府监管部门本身的监管处于空白。

就利益相关者的监督而言，目前法律仅规定财产捐赠人对社会组织的监管权，而对受益人的监管权规定不足。以《基金会管理条例》为例，第三十九条规定：捐赠人有权向基金会查询捐赠财产的使用、管理情况，并提出意见和建议。对于捐赠人的查询，基金会应当及时如实答复。基金会违反捐赠协议使用捐赠财产的，捐赠人有权要求基金会遵守捐赠协议或者

---

① 《江苏省社会团体章程示范文本》，江苏社科网，http：//www.js-skl.org.cn/index.php?view-1354.html。

向人民法院申请撤销捐赠行为、解除捐赠协议。该条仅对捐赠人的查询权、提出意见和建议权、提请诉讼的权利进行了规定，完全没有涉及受益人的监管权。而在《社会团体登记管理条例》、《民办非企业登记管理暂行条例》中，也仅原则性的规定社会团体、民办非企业单位接受捐赠、资助，必须符合章程规定的宗旨和业务范围，必须根据与资助人约定的期限、方式和合法用途使用。资助人作为社会组织最直接的受益者，却无法对社会组织管理进行有效监督，这不得不说是法律规定的一大缺憾。①

对于社会监督而言，渠道不畅通的问题存在已久。我国并未建立社会组织信息披露制度，公众获取相关的信息非常困难，自2005年1月1日起执行的《民间非营利组织会计制度》对非营利组织的会计核算和报告提出了要求，但原则性有余而针对性、可操作性不足。比如，对非营利组织会计信息披露的规定，仅在第七章"财务会计报告"中提供了一些框架式的规定，没有详细的解释说明，而造成实践中社会组织会计信息披露与真实情况千差万别。②

2. 社会组织治理结构的现实问题

组织的架构合理与否决定组织是否长远发展，社会组织在演变过程中会不断调整完善其组织架构以适应不断发展的社会。③ 随着政府执政思维的改变，体制改革与职能转变深入，社会组织承接越来越多的由政府转移出来的职能，购买相应的公共服务，社会组织获得了较多的发展空间，在社会经济活动中发挥着越来越重要的作用。但是社会组织自身的发展仍处在初级阶段，组织结构设计的不合理问题突出；而法律规定等制度缺陷，更加重了社会组织治理结构的问题。这些突出问题主要表现在以下几个方面：

第一，政府对社会组织内部治理结构施以过多的行政干预。政府对社会组织内部治理结构的行政干预主要集中在人事和财务两个方面，这也是社会组织内部治理结构的关键节点。

在社会组织人事安排上，大多数社会组织的理事会成员，或来源于政府的派遣和任命，或由组织业务主管部门批准任命。政府通过这种影响社

---

① 杜世宇：《我国非营利组织治理结构研究》，山西财经大学硕士学位论文，2011年。
② 康欣平：《我国非营利组织治理结构研究》，西南政法大学硕士学位论文，2007年，第20页。
③ 徐家良等编著：《社会组织的结构、体制与能力研究》，中央编译出版社2012年版，第9页。

会组织理事会及领导者人选的方式，实际控制了社会组织内部的人事权力。由于缺乏独立的人事任免权，使这些社会组织的管理人员并没有真正实现对组织管理过程的控制。业务主管单位通过掌握社会组织的人事任免权，进而牢牢控制着社会组织的行为。过多的行政干预使得社会组织成为业务主管部门或者政府的附属机构。从表面上看，社会组织似乎脱离了政府部门的管制，而实际上依然是领导与被领导的关系。

而在社会组织财务管理上，政府业务主管部门利用公共财政资金划拨的权力来掌握社会组织的行政指挥权。由于政府对社会组织购买服务的增加，社会组织对政府财政的依赖度越来越高，有可能失去经济方面的自主性，由此在处理与政府关系时独立性减弱。根据统计资料表明，社会组织收入来源中政府提供的财政拨款、补贴和会费收入就占70%以上，而组织自身营业性收入仅占总收入的6%左右。① 对政府的资金依赖，使得社会组织常常面临资金紧缺的局面，也为政府权力寻租留下了空间，因为社会组织为了获得政府资助维持其发展，往往会采用行贿的手段，腐败问题的滋生，降低社会组织的社会公信度。

第二，社会组织自身的治理结构不合理。我国社会组织还处于发展的初期，除了一些体制性的因素外，内部治理结构不合理仍然是制约我国社会组织发展的因素之一。尽管社会组织因组织属性不同而表现出的治理结构问题也不同，但整体来看，这些问题都是相通的。

会员（代表）大会、理事会、理事长及秘书长的职权规定要么过于模糊要么过分概括，使得社会组织的决策易出现缺位或者分散混乱。清华大学NGO研究中心的调查反映了这个问题。在被调查的非营利组织中，有46.6%的组织有理事会或全体成员会议等正式决策机构，决定组织的战略决策和活动计划；10.7%的组织无正式的决策机构，由全体成员协商决定；17.8%的组织无正式的决策机构，由两个以上的负责人协商决定；18.9的组织无正式的决策机构，由负责人个人决定；3.3%的组织决策方式是其他类型；另有2.7%的组织无回答。② 从社会组织的理事会等正式决策机构的人数看，有14.7%的理事会人数在5人以下，有27.6%的理事会在6—15人之间，25.9%的理事会在16—30人之间，15.2%的理事

---

① 邓国胜：《非营利组织评估》，社会科学文献出版社2001年版。
② 程昔武：《非营利组织治理机制研究》，中国人民大学出版社2008年版，第115页。

会在 31—50 人之间，10.9% 的理事会在 51—100 人之间，还有 5.7% 的理事会人数超过 100 人。除理事会人数少于 5 人的社会组织之外，基本符合法律规定。但理事会人数太多，也不利于非营利组织决策的形成。

监事会在相当一部分社会组织中一直是空白。大部分的组织章程对于监事会的设立未做硬性规定，甚至只字未提。如在民间环境保护团体"自然之友"的机构章程中，仅规定设监事 1 人，而并未对监事的任职资格、专业能力等作出具体规定。

（三）完善社会组织治理结构的路径

随着社会组织成为国家治理体系中重要的治理主体，与其治理地位相适应的组织治理结构建设与完善迫在眉睫。尽管经过政府不断推进与社会组织自身的多年实践，社会组织治理结构出现渐于完善的趋势，但仍不足以适应政府转移职能与社会组织可持续发展的需要。完善社会组织的内部治理结构可以从以下几个方面着手：

1. 优化社会组织治理的法制环境

社会组织的有效治理有利于维护社会组织的自主性、独立性，保障其合法权益，限制其非法活动，促使其在法制轨道上规范有序的发展。[1] 完善相关法律制度建设已成为法治国家建设的一个重要方面。2014 年 10 月，中国共产党十八届中央委员会通过的《中共中央关于全面推进依法治国若干重大问题的决定》明确提出"加强社会组织立法，规范和引导各类社会组织健康发展"，社会组织治理法制环境的优化迎来了春天。社会组织治理法治化可体现为以下几个方面：

首先，加快社会组织专门法的制定，建立社会组织治理的外部法律环境。虽然社会组织被称为政府、市场之外的"第三部门"，但从其法律地位及管理上来看，还远远未获得应有的地位。改革开放 30 多年来，中国共产党和政府对社会组织的立法和管理问题非常重视，制定并颁布了一系列法律法规，但从目前情况看来，大部分法规属于行政立法或部门规定，立法层次偏低，权威性不足，对社会组织的约束力有限。因此，在已有法规的基础上，尽快出台一部社会组织的专门法这将有利于其发挥在国家治

---

[1] 徐家良、武静：《我国城市社区社会组织的现实困境及其破解思路》，《上海城市管理》2015 年第 3 期。

理体系中的积极作用，促进其持续健康发展。

其次，在《中华人民共和国民法通则》或其他专门法中对社会组织的治理结构问题予以明确规定。这一方面不妨借鉴国外特别是日本的一些立法案例。《日本民法典》第三十四条将非营利社团法人和财团法人统称为公益法人，并就公益法人的治理结构作了原则性的规定；1945年第二次世界大战以后，包括医疗法、私立学校法、社会福利事业法等在内的特别法的制定，在法人的设立、组织与营运方面均有详细的规定，且与民法不同，形成特别法人。而对于许多不具正式法人资格的非营利组织，则有《特定非营利活动促进法》对其治理结构加以规范。[1] 简而言之，就是将社会组织治理结构在民法典或专门法中作原则上的规定，而对于一些具体的非营利组织，则单列特别法另行规定。这种做法的好处之一就是对社会组织治理结构作出了强制性的规定，避免社会组织治理结构的不完善或者随意性设置，其合理性以及成功表现已经得到越来越多专家学者的赞同和肯定。

最后，社会组织治理结构内容的规范上，实现法律的强制性与章程的灵活性有效结合。对社会组织治理结构作出明确规定的除了"三大条例"，还有民政部出台的章程示范文本。一般说来，法律仅仅对社会组织内部治理结构作出原则性的规定，而社会组织的章程则起到补充作用，能够允许社会组织根据其目的和形式来制定出适合本组织的相对灵活的规则。因此，找到法律和章程两者之间的契合点对社会组织治理结构的规范至关重要。就社会组织治理结构的法律规定而言，可以强制要求社会组织的章程中至少应包含某些特定条文，如明确社会组织的最高决策机构、确定管理者的角色和功能、建立起运作程序，等等。而将剩余的问题纳入社会组织章程去规定，对法律规定起到有效的补充作用。因此，有必要对社会组织治理结构所涉及的内容进行梳理和归类，将必须作出强制性规定的内容，置于法律的框架下进行调整；而属于社会组织自己调整的领域，置于组织章程的架构中进行规范，实现法律的强制性与章程的灵活性的有效结合。

2. 构建社会组织内部治理的合理架构

社会组织的有效治理必须依托于合理的组织结构和决策机制。一个社会组织如要治理得好，应在社会组织内建立和维持适当的治理结构与决策

---

[1] 毛刚：《我国非营利组织的内部治理机制研究》，西南交通大学博士学位论文，2005年。

程序。社会组织应根据自己的使命需要去设置组织结构和决策机制，合理的组织结构以及正确的决策机制对社会组织的使命实现和有效治理至关重要。构建社会组织内部治理的合理架构，可以从以下几个关键节点来思考：

其一，确保会员（代表）大会最高权力机构地位。通过制度规定确保社会团体会员大会最高权力机构的实现。会员（代表）大会是社会团体的最高权力机构，对社会团体的发展起着决定性的作用。但是，因会员（代表）大会每年举办一次，即便出现特殊情况，每年举办的次数也屈指可数，要使会员（代表）大会职能在有限的时间内得到最大程度的发挥，必须明确的是会员大会的权力、会员权利和义务，并将之写入组织章程。这是会员权利得到保障的基本前提。

社会团体会员（代表）大会制度是会员制与民主制的有机结合。通过民主制，保证会员基本权利，使每一名会员都有机会表达自己的意见，每一名会员的意见都得到尊重。作为一项制度，民主需要在社会团体实际运行中实现。同时，社会团体会员（代表）大会的运行效率也是需要考虑的重要方面。通过制定并严格执行固定的会议程序、会议规则可以有效提高会员大会的效率。

其二，明确理事会决策机构和执行机构的职能。理事会是社会团体最高权力机构的执行机构，在社会组织中发挥核心作用。对于基金会、民办非企业单位而言，理事会是决策机构，综合考虑理事会理事构成、秘书长、执行机构等整体情况，加强理事会建设可从几个方面入手：（1）合理界定理事会与秘书长的职权，并建立相互制衡机制。合理的权力分配关系着社会组织的生存和健康发展。合理的职权分配可以实现社会组织的内部制衡与组织自律，促进社会组织的健康发展。同时，需要建立社会组织自主实施的项目服务质量评估监督制度，以保证社会组织的服务质量和服务效率。可考虑参照和借鉴企业质量评估制度，建立专业的、独立的评估团队，或聘请组织外部的专业评估机构对组织进行评估监督，以促进社会组织的良性健康发展。（2）建立合理的薪酬制度。社会组织的性质决定了其职员不可能享受高额工资和福利，但社会组织合理的薪酬结构同样能够给予职员有效的激励。（3）在社会组织内部建立及完善现有人力资源信息库，实现组织内信息共享。规范组织内的流程，提高现有资源利用的有效性和充分性，积极开发新资源；加强专业知识的培训和经验分享机制，提高职员专业化素质,提高志愿服务的社会效益,增强成员间凝聚力。[1]

其三,完善监事会的有效监督机制。在社会组织治理中,监事会在规范组织活动、保护所有者合法权益方面发挥着重要的作用。社会组织体现的是公民的结社自由和民主自治的要求是一个自律性组织,但在所有权、经营权、受益权相分离的情况下,组织的自主治理和自我监督需通过有效途径来合理分配权力,以通过社会组织内部制衡机制更好地实现自律。鉴于此,我国社会组织监事会制度的完善可从以下几个方面做起:(1)从监事会的产生和组成上看,社会组织需要设立监事会,社会团体类型的社会组织,由会员大会选任,通过组织章程予以明确。监事会成员的任职要求、选举程序、职责权利都应当有明确规定。监事由会员大会选举产生,应是相关领域的专业人士。监事会向会员大会负责,会员大会保留监事任免权。基金会和民办非企业单位的社会组织,第一届监事会由政府相关部门、专家学者和实务界知名人士组成,具体职责由章程作出规定。(2)从监事会的职权上看,目前监事会并不拥有控制理事的实质性权力,其权力仅仅限于业务监督,这实质上导致监事会监督功能弱化。对此,可规定,监事有权根据就组织理事、高级管理人员的违法违规行为提起诉讼。对社会组织而言,监事应当拥有对组织中违法违规行为提起诉讼的权利。通过诉讼途径,监事会的监督职能得到有效发挥。(3)从监事会议事规则看,监事会需要监督理事、秘书长的管理活动,但须避免直接干预其日常事务。因此,监事会议事规则的标准应是议事方式和表决程序设置能够充分发挥监督职能,但不能越权。在法律允许范围内,社会组织章程应详细规定监事会议事方式、表决程序、监事会内部职位设定、监事会会议召开规则。

3. 完善社会组织治理的综合监督体系

我国社会组织管理监督体制有着鲜明的"双重管理"烙印,在此体制下,对社会组织在登记环节的监督管理较为严格,但登记之后的监督则较为松散。而从社会组织发展运行的规律来看,监管约束的侧重点不应是入口,而应该是社会组织的运作过程。从我国社会组织发展的现实来看,建立社会组织治理的综合监督体系尤为重要。

首先,对"双重管理"体制进行变革,实现政府对社会组织的有效监

---

[1] 秦兆敏:《非营利组织治理结构研究》,华东师范大学硕士学位论文,2012年。

管。双重管理体制，一方面使成立社会组织变得非常困难，有些社会组织想成立，但找不到业务主管单位，因而无法成立。有些社会组织已经找到了业务主管单位，但业务主管单位不愿意成为业务主管单位，这些社会组织也无法到民政部门注册登记；另一方面政府部门的重点放在申请登记上，而对已经注册登记的社会组织缺乏必要的过程监督。要实现社会组织的可持续发展，就必须在制度和体制上对我国社会组织管理体制进行改革，重点在于对社会组织的各个业务主管单位、业务指导单位和登记管理机关进行监督和规范，避免监管部门自由裁量权太大，过多干预社会组织的内部事务，损害社会组织的合法权益。2013年3月，第十二届全国人民代表大会第一次会议通过《关于国务院机构改革和职能转变方案的决定（草案）》，其中规定，行业协会商会类、科技类、公益慈善类、城乡社区服务类社会组织直接向民政部门依法申请登记，不再需要业务主管单位审查同意。2016年3月，第十二届全国人民代表大会第四次会议通过的《中华人民共和国慈善法》第十条明确规定："设立慈善组织，应当向县级以上人民政府民政部门申请登记，民政部门应当自受理申请之日起三十日内作出决定。"这些规定，使有些类型的社会组织能够直接到民政部门进行登记，没有业务主管单位。

其次，建立社会组织问责制。社会组织问责制，从广义上来说是社会组织为了实现组织目标，内部成员（基层员工、管理人员、职能部门负责人、执行负责人、理事会、会员大会）从低级向高级逐层问责交待的制度安排；从狭义上而言，它强调的是社会组织为了提高公信力而制定的社会交待机制。该社会组织的交待机制包括两方面内容：其一，交待社会组织的资源被用在何处；其二，交待社会组织资源使用的效果。由此，社会组织问责制的主体有许多，既有直接的，也有间接的，如社会组织登记管理机关、业务主管单位、业务指导单位，还包括捐赠者和受益者，再加上纸质媒体、网络媒体等，当然，社会组织内部的成员也可以作为问责主体。表面上看起来，问责主体非常多，但实际上，社会组织的诸多活动往往不受关注，或者关注不到位。因此，构建社会组织的问责机制是完善社会组织治理结构的应有之义。

最后，社会组织的特性体现出社会组织外部监督显得非常重要，内部监督与外部监督共同构成综合监督体制，最终会形成多元共治的局面。在这一格局中，登记管理机关、业务主管单位和业务指导单位的监督非常重要，同时，其他的监督力量也不可忽视，如媒体和公众。因此，完善社会组织的社会监督体系可以考虑以下几个方面的问题：（1）提高社会组织利益相关者的参与意识。对基金会来说，捐助者不仅仅是捐赠了多少财物资鑫，还包括要知道每笔款项的用途和使用情况，有权向基金会提出有关意见。（2）完善社会组织的信息披露制度，畅通公众监督渠道。通过报纸、杂志、互联网等多种媒介公开社会组织的财务信息、组织活动情况等信息，使公众获取信息的成本合理。（3）完善第三方评估机构的监督作用，监督社会组织公开其财务信息，定期评估组织运转绩效和财务运转状况，并公开评估报告，确保公众的知情权。（4）发挥大众媒体的舆论监督功能，及时反映社会组织的真实情况。

从我国社会组织现状与发展趋势看，综合监督体制建设，一方面需要依靠登记管理机关、业务主管单位和业务指导单位的监管网络；另一方面也需要借助纸质媒体和网络媒体的力量，社会公众的参与。显然，社会组织治理结构的好坏，既有社会组织自身建设问题，也有社会组织外部环境的建设问题。

三 社会组织能力建设

中国共产党第十七次全国代表大会提出要"重视社会组织建设和管理"、"发挥社会组织在扩大群众参与、反映群众诉求方面的积极作用，增强社会自治功能"，这体现了党中央对发展社会组织、促进社会和谐的高度重视。[1] 而中国共产党十八届三中全会则进一步把"推进国家治理体系和治理能力现代化"作为全面深化改革的总目标之一，并提出社会组织是承接政府转移职能、参与社会治理的重要主体。[2] 作为国家治理体系的重要组成部分，社会组织在实现有序公民参与、提高政府公共服务质量、整合社会各方资源等方面的功能得到广泛关注。伴随着政社分离呼声的落地、"直接登记制度"在多地试水、政府购买社会组织服务规模的不断扩大，社会组织的发展也面临着前所未有的挑战，政府的放权与支持、社会的呼声与需要对社会组织的能力提出了更高的要求，能力建设对于社会组

---

[1] 黄忠诚：《对社会组织能力建设的思考》，《学会》2009年第4期。
[2] 张澧生：《社会组织治理能力提升的困境与创新路径》，《江西社会科学》2009年第4期。

织发展起着重要的导向性作用。那么什么是社会组织的组织能力？社会组织能力建设的目标是什么？目前我国社会组织能力建设的基本情况如何？社会组织能力建设的有效路径有哪些？对这些问题有必要作出问答。

（一）社会组织能力建设的内涵及目标

自 20 世纪 90 年代以来社会组织的能力建设就受到政府及学者的持续关注。经过 20 多年的发展，社会组织的能力建设经历了移植、本土化和内生化三个发展阶段。[①] 但直至目前，社会组织能力建设的内涵仍然存在较大的分歧，社会组织能力建设由几个关键要素构成：社会组织能力建设是一个持续的改进过程、旨在增进社会组织的实现目标的能力、在组织内外部环境的制约下，调动组织资源解决组织面临的实际问题、涉及个人团体和机构三个层面的能力、关注组织的可持续发展。[②] 有学者认为形成一个好的治理结构是培育社团能力的关键。社团的数量和种类越来越多，规模和实力越来越大，管理水平和自治程度越来越高，发挥的作用和产生的影响越来越广泛和深刻。社会发展为社团的发展提供了日益广阔的发展空间，也对社团施加了巨大的牵引力和推动力。社团的内在发展逻辑驱使社团逐渐走向成熟和自治。[③] 通过加强知识管理、优化职能配置、建立战略联盟、注重品牌运营等途径可以强化对行业协会商会组织能力的培育。[④] 而提高员工个人的能力、建立基于能力的组织文化亦可强化社会组织能力。[⑤] 上述研究均从社会组织内部入手，体现了社会组织能力建设的自我努力。而有研究者认为，能力建设还应有外部力量的参与，比如，政府应加大投入，并且建立评估机制。[⑥] 社会组织也应加强与政府的合作、与企业建设合作互动关系、加强与其他社会组织的竞争与合作等。[⑦] 这些研究

[①] 杨宝、胡晓芳：《社会组织能力建设的行为分析：资源导向或制度遵从》，《云南社会科学》2014 年第 3 期。

[②] 马庆钰等著：《社会组织能力建设》，中国社会出版社 2011 年版，第 11 页。

[③] 康晓光：《创造希望：中国青少年发展基金会研究》，漓江出版社、广西师范大学出版社 1997 年版，第 641 页。

[④] 张冉：《现代行业协会组织能力》，上海财经大学出版社 2009 年版，第 85—88 页。

[⑤] 胡辉华、黄淑贤：《论行业协会的能力建设》，《学会》2011 年第 2 期。

[⑥] 方文进：《民办非企业单位能力建设问题研究：以上海为例》，《社团管理研究》2011 年第 6 期。

[⑦] 黄浩明：《加强民间组织能力建设的有效途径》，《杭州师范学院学报》2003 年第 9 期。

为拓展能力建设的内涵提供了有益的思路。

社会组织能力建设的讨论起点是组织能力。组织能力通常是指"动员多种社会资源，例如，社会资源、政治资源、国际资源、志愿者资源等实现自己的宗旨的能力"。[①] 也有学者认为，社会组织能力建设包括战略和领导能力、项目运作能力、财务控制能力、筹措和管理社会资源，以及为社会提供服务的能力等多方面内容。[②] 从这个意义上讲，社会组织的组织能力，是指社会组织为了实现组织宗旨及目标，对组织内部及组织外部的多种社会资源进行动员和整合的能力。就组织内部资源而言，主要是社会组织通过整合组织内部的人、财、物等资源，通过管理、协调、服务和创新等的运营和发展而进行的自我努力；就组织外部资源而言，主要是社会组织受政府、市场等力量驱使而进行的能力提升。

在明确社会组织能力的内涵之后，社会组织能力建设包括以下几个方面的内容：一是科学的分类管理，对社会组织进行对象分类，建设符合不同类别需求的能力；二是完整的系统标准，制定系统性、一致性的能力评价标准；三是整合建设力量，整合不同社会组织、各个相关部门的共同力量，提升社会组织能力；四是组合建设手段，采用多维度、多方式的建设手段，有效组合，提高社会组织能力建设的实践价值。

（二）社会组织能力建设的现状

随着我国社会组织的迅速发展，社会组织能力建设于 20 世纪 90 年代中后期开始兴起，并以开展各类教育、培训的方式致力于中国的社会组织能力建设。经过十多年的努力，以政府为主体的社会组织培训内容逐渐增加及形式逐步丰富；以高校等研究机构为主体并基于学科建设的社会组织学位与非学位教育陆续建立；以支持型社会组织为主体且基于市场化运作的竞争型培训大量涌现。[③] 到目前为止，我国开始逐步形成以政府有关部门、支持型社会组织及高校等研究机构为主体，以教育、培训为主要方式

[①] 王名、刘国翰、何建宇：《中国社团改革：从政府选择到社会选择》，社会科学文献出版社 2001 年版，第 110 页。

[②] 国家民间组织管理局：《中国民间组织评估》，中国社会科学出版社 2007 年版，第 126—127 页。

[③] 王名、李长文：《中国 NGO 能力建设：现状、问题及对策》，《中国非营利评论》2012 年第 2 期。

的社会组织能力建设架构,社会组织能力建设逐渐走向规范。

尽管社会组织能力建设已渐成体系,但能力建设资源匮乏、可持续的培训机制尚未建立、监督评估机制缺位等问题仍然制约着社会组织的发展。新时期,社会组织正逐渐成为国家治理体系中的重要主体,不过,与其主体地位不对称的现实就是,能力不足使得社会组织无法发挥其在社会治理中应有的作用。社会结构给社会组织留出了发挥作用的空间,能否与政府、企业相互协作,真正成为公共管理多元结构中的一元,除了政府创造好的环境外,关键是社会组织自己要具备必要的能力。[①]

依据社会组织能力内涵,社会组织无论在内部人财物资源运营与发展能力上,还是在外部与政府、市场的互动能力上均存在不同程度的欠缺。为深入探讨社会组织能力建设的现状与问题,可从社会组织的经费筹措能力与人力资源管理能力来窥见社会组织能力建设的总体状况。

1. 社会组织经费筹措能力有待提高

经费问题是各国社会组织普遍面临的问题,在我国此问题尤为突出。我国社会组织的经费来源主要包括会费、政府资助、销售和服务性收入、捐赠收入、投资收入等。不过对不同类型的社会组织而言,其经费来源结构有明显的不均衡性,差异显著,都存在经费不足且来源单一的问题,甚至不少社会组织因为资金问题而名存实亡。

尽管组织性质不同,但三类社会组织最主要的收入仍然来自于政府的财政拨款。有数据显示,中国社会组织最主要的收入来源是政府提供的财政拨款和补贴,约占一半;而其他收入形式如会费收入约占21%,营业性收入平均占6%,企业提供的赞助和项目经费占6%,其他收入来源的比例均低于5%。[②] 由此可看出,能否获得政府的资助,对于社会组织的生存和发展至关重要。在现实中,政府资助的投入倾向明显,对于体制内的社会组织资助力度大,而体制外的社会组织获得政府资助的难度很大。官办社会组织一般由政府保障其工作经费,半官办社会组织大多也能获得政府的经费扶持,而民间社会组织在初办时期或能力建设的特殊时期也可能获得政府资助,比如,政府为新兴产业的行业协会商会设立提供启动经费,

---

[①] 马庆钰等著:《社会组织能力建设》,中国社会出版社2011年版,第9页。
[②] 刘方亮:《我国非政府组织能力建设的制度环境障碍及对策》,内蒙古大学硕士学位论文,2011年。

为特定社会组织的财务外包提供补贴。一些具有特殊产业地位或具有其他能够引起政府重视的特质的社会组织有时也有获得政府资助。黑龙江省民政厅 2005 年对全省社会团体能力建设的调查显示，政府拨款仍是社团经费的重要支撑，有 52.9% 的行业协会政府拨款达到其经费总额的 80% 以上，服务收入多是在 50% 以下，而省级、市、县级社团的政府拨款达到 80% 以上的分别是占 29.6%、60%、37.5%。[1] 由此可见，社会组织资金来源在较大程度上依赖于政府财政拨款，政府的拨款倾向性明显，大量社会组织还是无法获得来自政府的持续资助。与之形成鲜明对比的是，在 20 世纪 90 年代初期，美、英、法等 8 个国家中，社会组织收入中有约 41% 是来自政府。[2] 可见，我国政府对社会组织的资助总体上仍然是不足的。

除了政府资助外，社会组织依据组织宗旨和属性的不同，还会获得其他来源的经费。

社会团体。社会团体是会员制社会组织，部分社会团体也有销售和服务性收入，大多仍以会费收入为主要收入来源。社会团体虽然高度依赖会费，却又面临会费收缴率不高的问题。行业协会商会是社会团体中经济情况比较好的类型，2005 年济南市民政局对 56 个市级行业协会进行了调查，其中缺乏资金的占 37 家，达 75.5%，有的甚至继续生存已成为问题，而该市 2004 年社会团体年检也反映了这一问题，多数社团年末的经费结余都是负数，不少社团由于缺少经费几乎没有开展活动。[3] 一些社会团体甚至因为会费收入太低、付费催缴难，而放弃收取会费，2006 年湖南省被调查的 419 个省级社团中有 155 个没有收取会费。[4] 会费收缴率不高的现实使得会员制社会组织不得不另辟途径：或设法从政府那里获得经费支持，或要求部分会员企业缴纳赞助费或特殊会费。对政府或企业资金依赖的增加，使得社会组织不可避免的出现"行政化"或"商业化"的倾向，影响社会组织自身的独立和自治。

民办非企业单位。销售和服务性收入是绝大多数民办非企业单位的主要收入来源。黑龙江省 2012 年的一项研究显示，该省 90% 以上的民办非

---

[1] 高成运：《民间组织能力建设的视角与路径》，《学会》2006 年第 5 期。
[2] 何增科：《公民社会与第三部门》，社会科学文献出版社 2000 年版，第 243、263 页。
[3] 高成运：《民间组织能力建设的视角与路径》，《学会》2006 年第 5 期。
[4] 湖南省财厅：《关于省本级社会团体收支管理情况的调研报告》，2014 年 8 月 12 日，http://www.hnfs.gov.cn/Info.aspx? ModelId = 1&Id = 2486。

企业单位认为阻碍其发展最严重的问题是缺少资金。① 而在社会组织发展比较好的上海,只有7.6%的民办非企业单位获得微利,72.2%处于勉强维持状态,10.1%存在着较大的赤字。② 大量数据显示,以销售和服务型收入为主要来源的民办非企业单位的财务状况普遍较差,大多生存艰难,民办非企业单位的服务质量及其可持续发展面临极大的困境。

基金会。社会捐赠主要流向基金会,基金会中也存在受捐的冷热不均。中民慈善捐助信息中心发布的《2013年中国慈善捐助报告》显示,尽管2013年全国基金会捐赠总收入比上一年增长幅度高达21.06%,但社会捐赠最集中的领域仍然集中医疗健康、教育、减灾与救灾、扶贫与发展、文化五大领域。教育基金会尤其是高等教育领域近年来获得捐赠的总额不断上升,而专业性基金会由于募款口径相对较窄,较多面临募款难题。中国民航科普基金会、中国经济改革研究基金会、中华农业科教基金会三家公募基金会在2010年的募款额为0,大部分的专业性基金会2010年的募款总额在百万元左右。③ 除了社会捐赠外,投资行为获得的收益也是基金会重要的收入来源,因为基金会财力一般较为雄厚,且有对基金保值增值的义务,但从整体上看,基金会的投资行为仍然相对较少,投资收入占总收入的比重也不高。《公益时报》的分析表明,2009年,全国性基金会中只有不到四成的基金会有过投资的行为,2010年基金会保值增值的情况改观不大,大部分基金会没有采取保值增值举措。④ 在2011年"郭美美事件"后,公益组织的公信力受到影响,基金会因担心投资亏损而影响自身形象,投资行为更加谨慎。

从总体上看,社会组织的收入来源渠道有限、经费不足的问题一直存在,筹资能力欠缺已经成为制约社会组织生存和发展的关键问题。

2. 社会组织人力资源管理问题突出

社会组织中普遍存在工作人员结构不合理、人才不足等问题。有调查

---

① 黑龙江省民间组织管理局:《民办非企业单位自身建设亟需加强》,《中国民政》2012年第2期。

② 中国民主促进会上海市委员会、民进上海市委员会:《关于大力扶持本市民办非企业单位发展的建议》,2006年。

③ 于佳莉、王烨:《解读2010年度全国性基金会年检公告:过半基金会投资性收入为0》,《公益时报》,2012年2月7日。

④ 于佳莉、王烨:《解读2010年度全国性基金会年检公告:过半基金会投资性收入为0》,《公益时报》,2012年2月7日。

显示，2010年，全职人员的数量在3人以下的社会组织所占比例高达约44.8%，其中有10%的组织无全职工作人员，全职人员在10人以上的比例只有19.6%。① 社会组织人力资源状况不佳的主要原因是，社会组织无力为工作人员提供理想的薪酬与社会保障。2014年《中国公益人才发展现状及需求调研报告》显示，2014年公益行业从业人员的平均薪酬为3998元，仅31.6%的公益行业从业者满意目前的薪酬，且从业者的实际薪酬与理想水平的总体差距为2422元。广东省和江苏省公益行业从业者的实际薪酬和理想薪酬之间的落差在2000元左右，在经济发展水平极高的京沪地区和较低的西部地区，实际和理想的薪酬落差都比较大。② 薪酬低也成为公益行业人才流失的主要原因。80.3%的公益组织管理者认为招募到满意员工的难度很大，而在社会组织发展中处于重要地位的项目管理、筹资、公共传播等岗位的人才缺口更大，人才的不足使社会组织发展遭遇巨大掣肘。

受薪酬低等因素的影响，社会组织招揽专业技术人才方面劣势明显，人才的缺乏使得社会组织难以为会员和社会公众提供优良的服务。对于尚处于发展初期的社会组织而言，服务质量不高、能力不强又会导致社会组织无法获得更多的服务性收入，无钱招揽和留住人才，从而陷入服务能力不强—人力和财力短缺—服务能力得不到提高的恶性循环。少数社会组织为摆脱这种恶性循环甚至走上了非法经营的道路，严重侵蚀了社会组织的社会声誉。

截至2014年9月，全国共有27个省、自治区和直辖市开展或试行了社会组织直接登记工作，有18个省、自治区和直辖市先后出台了推进社会组织登记制度改革的相关政策文件。其中，广东、安徽、江苏、浙江、北京等省市直接登记的社会组织数量较多，行业协会商会类和公益慈善类社会组织所占比例较大。③ "直接登记"制度作为政府鼓励社会组织发展的重要举措，为社会组织提升组织能力、拓展服务渠道带来了机遇。与社会组织相关的政府职能转移、政府购买服务、人事政策等也将随之变化，在未来发展中，社会组织将有更多的机会承接政府购买的项目，有更大的空

---

① 腾讯公益基金会、南都公益基金会：《中国公益人才发展现状及需求调研报告》2010年12月。
② 高一村：《解读2014中国公益行业人才发展现状》，《中国社会组织》2014年第11期。
③ 顾朝曦：《全国直接登记的社会组织约3万个》，《今日科苑》2014年第9期。

间为会员和行业服务,对人才也会有更大的吸引力。但"直接登记"制度带来的社会组织数量增长与业内竞争也将使社会组织能力不足问题进一步凸显,这对社会组织的能力建设提出了更高的要求。

因此,社会组织迫切需要将组织能力建设提上日程,这样做不仅是为了促进社会组织健康发展,也是为了更好地承接政府职能,为社会提供更好的服务。

(三) 社会组织能力建设的路径

作为国家治理能力和治理体系现代化中的重要主体,提升社会组织能力、促进社会组织可持续发展成为重要议题。早在 2006 年,中国共产党十六届六中全会就提出构建社会主义和谐社会的目标和任务,而在《中共中央关于构建社会主义和谐社会若干重大问题的决定》中明确指出,"发展慈善事业,完善社会捐赠免税减税政策,提高全社会慈善意识"。2007年 5 月 13 日,国务院办公厅发布《关于加快推进行业协会商会改革和发展的若干意见》,强调要理顺政府与行业协会之间的关系,行业协会要严格依照法律法规和章程独立自主地开展活动,切实解决行政化倾向严重以及依赖政府等问题,行业协会要建立和完善以章程为核心的内部管理制度,按市场化和社会化原则有效发挥行业协会商会在政治经济文化方面的积极作用。2014 年 10 月,中国共产党十八届中央委员会通过的《中共中央关于全面推进依法治国若干重大问题的决定》明确提出"加强社会组织立法,规范和引导各类社会组织健康发展"。2016 年,《中华人民共和国慈善法》也已经通过。而在地方政府层面,民政等部门对社会组织负责人等的专业培训已渐成常态,政府大力推行的购买社会组织服务为社会组织带来资金支持的同时,也为社会组织参与社会治理搭建了实践的平台。

由此可见,社会组织所处的政策环境在逐步走向好转,社会组织的能力建设所需要的政府政策支持也愈来愈多。在社会组织能力建设的大好背景下,社会组织如何抓住机遇,整合各方资源为己所用显得尤为重要。社会组织能力建设的路径,属于能力建设的内部途径。社会组织的能力建设离不开政府的扶持、组织自身治理结构的完善。

1. 分类设计社会组织能力建设的内容结构

目前,社会组织内部治理能力的内涵基本遵循传统的"POSDCORB"能力框架,包括在战略层面发展使命、目标和优先事项,在实施层面进行规划、组织、人事、财务、控制和协调等；但因社会组织志愿性和草根性等特征，也由于资金和人力限制，容易忽略这种科层式的组织发展，导致正式结构欠缺，专业化程度不足。与体系庞大实力雄厚的政府相比，社会组织的能力不足使其很难成为合作治理中的长期和持久的参与者。[1]

社会团体、基金会、民办非企业单位（后将调整为社会服务机构）三类法定的社会组织在发展过程中，由于其组织属性、服务类别、资源获取能力等方面的差别，在能力建设方面有着不同的需求。有调查研究显示，在37家社团类社会组织中，能力建设需求共涉及22个选项，其中26家组织选择了"国内外NGO发展状况对比介绍"，19家组织选择"NGO的发展现状"，16家组织选择"NGO相关政策法规知识"，14家组织选择"资源筹集"，13家组织选择"中国NGO的发展方向"及"政府部门沟通"，12家组织选择"项目策划""项目管理"。从中可以看出，社会团体除了在实践操作方面缺乏能力建设，还需要了解中外社团的现状及发展方向，对自身的发展阶段作出界定，明确方向。而在接受调查的22家基金会中，有17个基金会选择了需要接受能力建设的内容为"项目管理"、16个选择"绩效管理"、16家选择"品牌建设"、14家选择"项目计划"、14家选择"公信力建设"、13个选择"政府部门沟通"、12个选择"财务管理"。[2] 不同类型的社会组织、同种类型处于不同发展阶段的社会组织，其能力建设的需求状况表现出显著的差异性。因此，有必要根据社会组织类型的不同，分类设计社会组织能力建设的内容结构，使之真正符合于社会组织能力提升的需求，有的放矢。

分类设计社会组织的能力内容结构的重要性不言而喻。现实中社会组织类型复杂多样，且所处服务领域和发展阶段不同，能力建设的需求也呈现出复杂的多样性。

社会组织内容结构的分类设计，有以下几个方面的内容：第一，要明确社会组织能力建设的两大路径：内部能力建设、外部能力建设。无论是何种组织能力，都离不开组织自身与组织外部其他资源的支持与扶助，在

---

[1] 敬乂嘉：《从购买服务到合作治理——政社合作的形态与发展》，《中国行政管理》2014年第7期。

[2] 杨雪梅：《北京市不同类型非营利组织能力建设需求研究》，中央民族大学硕士学位论文，2013年。

社会组织能力建设中，要确保组织自身努力与组织外部力量扶助的有机统一。第二，在社会组织能力建设中，要以"使命与战略规划能力"、"治理结构与领导能力"、"行政及财务管理能力"、"资源获取与利用能力"四个维度为重点，根据组织的特性，科学选择组织发展中优先发展或着重建设的能力，每项能力所包含的具体内容见下表。第三，社会组织能力建设实施主要包括五个方面：一是增强反映群众诉求、化解社会矛盾、提供社会服务、参与社会管理的能力；二是完善其法人治理结构，实现权责明确、协调运转、有效制衡；三是围绕社会组织公信力，在制度与机制建设上下功夫，有奖有罚；四是在队伍建设上，加快推进社会组织工作人员专业化、职业化；五是建立科学的社会组织评估制度，以评促建，促进社会组织健康发展。遵循以上一般性思路，社会组织可根据自身面临的具体情况，科学衡量，以系统梳理出一整套能力建设的内容，服务于本组织的持续发展。

社会组织能力建设的内容结构

能力类型	具 体 内 容
使命与战略规划能力	环境分析、战略规划、战略实施、战略评价等
治理结构与领导能力	组织的成立与注册、组织架构的搭建、领导决策、各项组织制度和评价指标的建立等
行政及财务管理能力	筹款募资、项目合作、项目管理、风险管理、财务管理、人员管理、团队管理等
资源获取与利用能力	品牌建设、品牌传播、公信力建设、沟通合作、危机处理等

资料来源：根据以下资料整理而成。杨雪梅：《北京市不同类型非营利组织能力建设需求研究》，中央民族大学硕士学位论文，2013年，第42页；黄海靓：《重庆市志愿服务组织能力建设初探》，西南大学硕士学位论文，2012年。

2. 完善社会组织人才引进与培育机制

社会组织的人力资源问题已经成为制约社会组织发展的重要问题。新的历史时期中，社会组织要提供高质量的公共服务、发挥在社会事务中的治理主体作用，十分有必要建立一支高效、稳定的人才队伍。目前，社会组织人才队伍主要由几类人员构成：社会组织专职工作人员、兼职人员以及志愿者等，如2014年社会组织人员构成中，平均全职人员13.2人、兼职人员 6.5 人、志愿者 157 人。① 完善社会组织的人才引进和培育机制有两方面的工作可做：

一方面，逐步实现社会组织专职工作人员职业化。社会组织中的专职工作人员主要指秘书长、副秘书长、会计、文秘、项目管理者等工作人员。社会组织工作人员职业化有两个方面的含义：一是指在市场经济条件下对其采取聘任制或选任制；② 二是受聘人员要按照有关约定去履行责任。③ 目前社会组织中，人事任免受政府干预较大，很多秘书长等人员由政府推荐或有着政府工作背景，这也制约了社会组织工作人员的职业化发展。随着社会组织自身独立性的增强，其人事任免权也应逐渐独立，按照组织自身发展和运营的需求，引进适宜的人才，而不受政府部门或出资方的干预。在独立任免的基础之上，社会组织的治理层和管理层应合理设置人员编制、岗位职责，通过多种招聘渠道吸引那些认同组织目标、专业或适宜的人才。④ 逐步有计划、有步骤地推进社会组织专职工作人员职业化进程。根据 2015 年发布的《中华人民共和国职业分类大典》的规定，社会组织将有劝募员、社团会员管理员、社会组织专业人士三种职业。这对提高社会组织专业人员的素质，推动社会组织职业化提供了一条便捷之门。2016 年《国家职业资格目录清单公示》中有社会工作师，其他没有了。

另一方面，完善社会组织专职工作人员的相应保障政策。《社会团体登记管理条例》规定"社会团体的专职工作人员的工资和福利待遇参照国家对事业单位的有关规定执行"，但由于条文过于简陋，并不具备实际的可操作性，保障的政策依据没有或不统一，就难以吸引高素质人才到社会组织领域。调查数据显示，2014 年，在社会组织为员工缴纳社保情况中，"无社保"比例高达 34.6%，而社会组织从业人员的平均薪酬为 3998 元，年增长率仅为 8.3%，且社会组织薪酬水平显著低于当地企业同期薪酬水平。⑤ 因此，对于社会组织人才的培育要增加员工对组织使命及价值观的

---

① 腾讯公益基金会、南都公益基金会等：《中国公益人才发展现状及需求调研报告》，2014 年 9 月。
② 马庆钰等著：《社会组织能力建设》，中国社会出版社 2011 年版，第 40 页。
③ 高成运：《民间组织能力建设的视角与路径》，《学会》2006 年第 5 期。
④ 杨雪梅：《北京市不同类型非营利组织能力建设需求研究》，中央民族大学硕士学位论文，2013 年。
⑤ 腾讯公益基金会、南都公益基金会等：《中国公益人才发展现状及需求调研报告》，2014 年 9 月。

认同，通过开展专业培训提升员工的工作技能，明确绩效考核以修正员工自身的行为及价值取向，为员工提供良好的发展空间和晋升机会等。① 同时健全社会组织专职工作人员的社会保障机制，以保证社会组织能够吸引和留住人才，为社会组织可持续发展提供稳定的人才队伍。

3. 健全社会组织的筹资网络建设

筹资能力是指对社会资源的汲取能力。社会资源可分为有形资源与无形资源两大类。② 社会组织为了持续发展，必须从政府部门、企业和社会公众那里得到所需要的资金、场地、政策及服务等各种资源的支持。社会组织只有开展有效的劝募活动，获得必需的资源，才能维持组织长期性的活动。目前，我国大多数社会组织规模偏小、筹资能力偏弱，经常出现无法筹集到所需资源的现象。社会组织内部缺乏专业的筹资人才，也是造成社会组织筹资能力低下的重要原因。因此，社会组织筹资能力建设可从以下两方面入手来做：

首先，完善社会组织内部的筹资体系设计。对基金会等社会组织而言应该成立专门的筹资部门，并对人员进行筹资专业培训；要依据社会需求和公众心理设计筹资活动的主题内容，保证活动或项目具有鲜明特色；指派专业人员负责财务分析报表，确保财务管理环节不会出现纰漏；明确组织自身的优势与劣势，结合组织特点形成对募捐的目标设计；进行外部环境评估，搜集外部环境信息，包括政治、经济、文化、法律信息，对募捐对象、募捐竞争者要有清晰的认识和判断，排除潜在威胁，赢得募捐资源的信任；运用多种方式进行具体的战略与策略实施过程。③

其次，建立社会组织筹资网络。可建立以产品为导向的筹资网络，可以从内部与外部两方面来做。内部应设置相应机构，如劳资部，配备专职人员。外部宜进行业务或产品营销，通过基金会理事人际关系网或组织社会影响力，赢得社会捐资。对社会团体而言，主要是提供令会员满意的服务，会员交纳会费。对民办非企业单位来说，主要是提供产品和服务。

促进社会组织大发展、建立现代社会组织体制已成为全面深化改革时

---

① 杨雪梅：《北京市不同类型非营利组织能力建设需求研究》，中央民族大学硕士学位论文，2013年。
② 林闽钢：《社会资本视野下的非营利组织能力建设》，《中国行政管理》2007年第1期。
③ 汪雷、吴慧敏、李攀：《我国慈善组织能力建设：问题及对策》，《铜陵学院学报》2011年第1期。

期社会建设的重要共识，社会组织也开始在国家治理体系建设中占据一席之地。如何抓住有利时机实现社会组织的跨越式发展成为当务之急。而社会组织健康发展的前提是完善社会组织法人治理结构、提升社会组织能力。

当前，社会组织治理结构和能力建设的现实情况并不令人乐观。法律规范不完善、监管缺位、治理结构紊乱等情况比较普遍；社会组织治理结构的不健全直接导致组织对人、财、物等资源的动员和运营能力低下，无法提供高效的服务更无力承接政府的职能转移。为完善社会组织的法人治理结构，需要通过制定相关法律对社会组织的法人治理给予明晰规定，并构建合理的社会组织内部治理架构，在此基础上，进一步推进社会组织的能力建设，分类设计社会组织能力建设的内容结构、完善社会组织的人才引进与培育机制、健全社会组织的筹资网络。同时，通过组织治理结构的完善和组织能力的提升，避免行政权力对社会组织的干预，引导社会组织走上独立自主的发展道路。

第六章 社会组织可持续发展研究

中国共产党的第十八次全国代表大会提出要"加快形成政社分开、权责明确、依法自治的现代社会组织体制";十八届二中全会强调"改革社会组织管理制度",并提出"建立健全统一登记、各司其职、协调配合、分级负责、依法监管的社会组织管理体制";十八届三中全会提出"激发社会组织活力"。建立现代社会组织体制,充分激发社会组织活力,实现政府、市场和社会良性互动,第一要义是要促进社会组织可持续发展,首要的是理念转型,关键在于制度调整,核心是实现社会组织行为创新。

一 社会组织可持续发展的理念转型

研究社会组织可持续发展理念转型,要依托相关理论或研究视角对社会组织的"组织生态"进行"扫描",以获得较为完整的"研究图景"。具体到理念转型,可归纳为三类研究视角:善治视角、公民社会视角和政社互动视角。选择以上三类,是从中国社会组织发展的实际情况出发,契合政府、社会组织、政府和社会组织互动三个层面。以此三个层面,阐述促进社会组织可持续发展的理念转型,在研究逻辑上是可行的。

(一)善治视角下的社会组织可持续发展

很多学者论证社会组织存在的缘由,归纳或推演出政府失灵[1]、市场失灵[2]

---

[1] Weisbrod, Burton Allen, *Toward a theory of the voluntary non-profit sector in a three-sector economy*, in Altruism, Morality, and Economic Theory, edited by E. S. Phelps, New York: Russell Sage, 1975.

[2] Hansmann H B. "The role of nonprofit enterprise", *Yale law journal*, 1980, 89 (5): 835–901.

等理论，但也有学者指出存在志愿失灵①的现象。在中国，解决社会领域存在的问题，更多的要依靠政府、市场和社会的通力合作，特别是要强调政府的主导性作用。因此，以政府为主导，以"善治"理论为研究基础，构建政府引领、市场和社会组织发挥各自优势的现代治理格局，尤为关键。关于治理，詹姆斯·N.罗西瑙，治理理论的主要创始人之一，他认为治理是"一系列活动领域里的管理机制，它们虽未得到正式授权，却能有效发挥作用"。②全球治理委员会在《我们的全球伙伴关系》的研究报告中作出了如下界定：治理是各种公共的或私人的个人和机构管理其共同事务的诸多方式的总和。它是使相互冲突或不同的利益得以调和并且采取联合行动的持续过程。这既包括有权迫使人们服从的正式制度和规则，也包括各种人们同意或以为符合其利益的非正式的制度安排。它有四个特征：(1)治理不是一整套规则，也不是一种活动，而是一个过程；(2)治理过程的基础不是控制，而是协调；(3)治理既涉及公共部门，也包括私人部门；(4)治理不是一种正式的制度，而是持续的互动。③治理概念的提出，是一种区别于传统统治理念的新的理论分析框架。它发生于现代社会问题的复杂性和国家、市场在资源配置中的失灵，发生于现代社会对效率和公平、经济政治等多元利益目标的追求，但有必要强调的是，治理作为一种新型技术工具，其依托的是国家的强制力和市场的自发自由，治理所要达到的理想是"善治"。所谓"善治"是指使公共利益最大化的社会管理过程，其本质特征在于使政府与公民合作管理公共生活，是政治国家与市民社会的一种新颖关系，是两者的最佳状态。④俞可平进一步将善治的基本要素概括为六个，分别是合法性、透明性、责任性、法治、回应和有效。⑤善治，是在政府天然的政治权威的基础上，建立政府、市场组织和

---

① Lester M. Salamon, Helmut K. Anheier. "In Search of the Non-profit Sector. I: The Question of Definitions", *VOLUNTAS: International Journal of Voluntary and Nonprofit Organizations*, 1992 (11): 125–151.
② [美]詹姆斯·N.罗西瑙：《没有政府的治理》，张胜军、刘小林等译，江西人民出版社2001年版。
③ 全球治理委员会：《我们的全球伙伴关系》(Our Global Neighborhood)，牛津大学出版社1995年版，第23页。
④ 俞可平：《作为一种新政治分析框架的治理和善治理论》，《公共行政管理科学》2001年第5期。
⑤ 俞可平：《作为一种新政治分析框架的治理和善治理论》，《公共行政管理科学》2001年第5期。

社会组织合作网络的权威,通过授权、分享达成合作与协商,最终实现公共利益,获得公共认同。

促进社会组织可持续发展,首要的是理念转型,特别是当"善治"的话语如此流行于世的今天,诸如顶层的"国家治理能力现代化",中观的地方政府治理、区域治理、城市治理,甚至如微观的社区治理和组织内部治理等,这种理念转型的核心是重新理解或正确理解"善治"。善治,是全能国家向有限国家的转型,是全能政府向有限政府的转型,是权力资源在国家框架下的再次分配,是政府、企业、社会组织和公民合作、协商的政治网络。而社会组织,作为公民自由结社权的重要体现,作为公民公共参与、社会资本凝聚的重要组织基础,如果不能实现独立自在和可持续发展,而是依附任何其他主体存在,必将不是真正的"善治"产出。不仅不是一种"善治"产出,更不可能作为生产"善治"的核心要素。

(二) 公民社会视角下的社会组织可持续发展

众所周知的,20世纪90年代兴起的全球"结社"革命,标志着公民社会的日益壮大。公民社会是除国家政治机器以外的所有民间关系的集合,包括各类社会组织和非正式的民间组织。如果将政府和市场简化为第一部门和第二部门,那么这种民间关系的集合体可以称之为第三部门。公民社会的这种关系是自愿、独立的关系,和政府有明确的边界,但也存在紧密的联系。

回顾1992年初中国经济改革,开启了建立市场经济的新阶段,这就使社会资源流动、社会结构分化、国家职能转变、社会力量整合、社会空间等问题的提出及研究具有了现实可能的意义。诸如"国家与社会边界的确立"或"国家与社会间关系的建构"等新问题的提出,初步表现了以国家本位为基础的总体性思路的危机,此外,中国发展的现实进程需求某种能够对这些问题作出分析和解释的理论的出现。[1]

更广阔视野来看,公民社会理论的出现,是基于19世纪末20世纪初显现并形成于20世纪中叶的形形色色的"国家主义",即国家以不同的形式、不同的方式,从不同的向度对公民社会的渗透或侵吞。为了对这种猖

---

[1] 邓正来:《中国发展研究的检视:兼论中国市民社会研究》,《中国社会科学》1994年第8卷。

獗的"国家主义"作出回应,人们又开始重新诉诸市民社会理念,试图对国家与社会之间极度的紧张作出检讨、批判和调整,以求透过对市民社会的重塑和捍卫来重构国家与社会间应有的良性关系。①

为一个用以刻画与市场经济发展相伴生的多元的社会互动和相对于国家而日渐独立和自主的社会自组织现象的分析概念,市民社会理论在一定程度上特别适用于1978年改革开放以来的中国现实。就改革进程的国家维度而言,由过去"全权性国家"向多元力量国家的转型既是改革开放的逻辑结果,又是目前乃至相当一个时期内中国社会变迁的基本特征;而就社会维度而言,改革在国家经济体制和法律制度方面所导致的变化,实质上促生了作为一种结构性力量的公民社会的逐渐形成。由此国家与公民社会之间形成了特定的互动关系,一方面,国家逐步放弃或实际退出了某些领域而在相当程度上交由公民社会自行管理,在国家有意扶持下逐渐生长起来的公民社会开始拥有自己的空间;另一方面,公民社会日渐获得自身的独立与自主,特别是经由各种手段争取扩大自身的生存空间并开始有意识地与国家讨价还价以进一步改变自己的生存环境。这种互动关系对于我们理解改革和改革所引起的变化带来了新的向度:新生的公民社会在"改革了的"制度安排中且与这些制度安排继续互动不仅以结构性的力量进一步强化了改革原有的"自下而上"的特征,而且使既有的改革范围扩展到原本未设定改革的某些领域或某些方面;"改革了的"国家出于各种原因而创设的新制度安排不仅生发出与其创设原意不尽相同的后果而且不得不继续考虑和着手新的制度安排,同时,其社会治理技术也不得不在这样一个制度变迁的过程中发生变化,结果就是国家自身的改革合乎逻辑地持续下去。②

由于在当代中国并不存在"不受制于权力支配的自由社团",因此西方化的公民社会理论在中国一开始就面临着一种深层的解释困境。正是在这样的背景下,许多论者后来要么放弃公民社会的理论模式,转而诉诸"法团主义模式"或"社会中间层理论"等理论模式来解释转型中国的国家与社会关系;要么在修正经典市民社会理论的前提下阐发各种观点,如

---

① 邓正来:《关于"国家与市民社会"框架的反思与批判》,《吉林大学社会科学学报》2006年第3期。

② 邓正来:《市民社会和国家知识治理制度的重构——民间传播机制的生长和作用》,《开放论坛》2000年第3期。

"准市民社会"、"国家领导的市民社会"或"第三领域"等理论模式。然而,正如康晓光等论者所指出的那样,以上述几种理论模式为代表的中国公民社会研究,目前仍处于"局部观察阶段",即个案研究较多且较为深入,但第三部门整体的研究却较少且较为浮浅。也正是这个原因,康晓光、徐家良等先后提出了"分类控制体系"模式、"行政吸纳社会"模式和"体制吸纳问题"模式。[①] 中国市民社会研究在某种意义上是在承认西方现代化与中国传统这一两分界定的基础上展开的,其间最为凸显的方面是,大多数研究都否定中国以亲情血缘为基础的文化网络之于整合中国市民社会的正面意义,忽视中国自身发展的经验对于形成中国市民社会品格的可能性。[②]

中国1990年以来的改革设计,既没有参照苏联模式,也没有学习西方主流发展模式,由全能国家控制的资源开始转移,大量新生民间关系引发中国社会结构的解构和重构。"公民社会"这样的分析框架非常契合中国实际,但务必要警惕的是"西方现代化框架及其预设"的影响,即认为西方发展的经验是在自由经济的基础上建构公民社会、进而在公民社会的基础上实现了政治民主化。这一认识向中国现代化发展的投射,强烈地暗含了对西方实现政治现代化的道路具有普遍有效性的预设。[③] 具体到社会组织可持续发展的问题上,若不能探索出具有"中国性格"的社会组织发展道路,例如,许多学者尝试的从中国传统文化汲取精华解释原有或新出现的社会问题,社会组织党建问题的研究等,而盲目搬用"公民社会反抗国家"的静态片面孤立的分析方法,是极其肤浅和危险的做法。这包含两层含义,一是肯定社会组织作为研究公民社会"自下而上"推动中国民主进程,实现政治现代化的重要作用;二是探索中国情境下的现代社会组织体系和内部治理结构,实现政社分离,管办分离,同时探索党建与社会组织依法自治的平衡路径。

[①] 康晓光、韩恒:《分类控制:当代中国大陆国家与社会关系研究》,《社会学研究》2005年第6期;康晓光、韩恒:《行政吸纳社会——当前中国大陆国家与社会关系再研究》,《中国社会科学(英文版)》2007年第2期;徐家良:《新组织形态与关系模式的创建——体制吸纳问题探讨》,《北京大学学报》2008年第3期。

[②] 邓正来:《"生存性智慧模式"——对中国市民社会研究既有理论模式的检视》,《吉林大学社会科学学报》2011年第2期。

[③] 邓正来:《关于"国家与市民社会"框架的反思与批判》,《吉林大学社会科学学报》2006年第3期。

(三) 政社互动视角下的社会组织可持续发展

无论是善治视角还是公民社会视角，都无法克服主观偏好引发的选择偏差，而政社互动视角较好地实现了两者的调和，将"自上而下"与"自下而上"的话语融为"互动"。

正如之前论述的，学术界普遍认为我国的组织具有明显的"官民二重性"，社会组织得到政府的授权，承担部分的行政职能，甚至被称为"二政府"。社会组织的"半官半民"性质决定其与政府形成主导—附属型的关系，在与政府的互动过程中，也很难产生自主意识。这就与西方主流认识有很大的区别，更不能简单套用"公民社会反抗国家"视角，也不单单是政府"善治"话语下的"形式互动"，相比，更符合实际的是，国家控制下的"有序互动"。这主要是因为随着市场机制的逐步完善和政府职能的转变，社会组织在社会经济活动的作用越来越明显，具体体现在反映诉求、提供服务、推动经济发展、确保社会和谐等方面。以政府与社会组织互动视角讨论社会组织可持续发展，是切实可行的。

根据政府与社会组织的互动实践，我国政府与社会组织的关系可以划分为辅助型、合作型、冲突型和抑制型四种模式。一是，辅助型关系模式下的社会组织，一般由政府部门自上而下的方式推动成立的，其最初的目的在于适应政府机构改革、转变政府职能和分流人员。政府一方面通过公共事务转移、办公场所提供、政策倾斜和资金支持等方式，扶持社会组织发展；但另一方面也通过行政化的方式，控制着这类社会组织的人事权、财务权和重大业务活动权。因此，这类社会组织一般具有严重的"官民二重性"，其更多地起着协助政府的作用，并对政府有强烈的依赖性。对此类社会组织而言，是目前深化改革的试点对象，一致的改革方向是"去行政化"，破除"政社不分""二政府"的顽疾，主要的改革路径是通过事业单位分类改革和政府购买公共服务等实现。二是，合作型关系强调社会组织与政府的地位更加相对平等，并在此基础上与政府展开合作。社会组织基于专业服务、信息资源等方面的相对优势，政府则拥有配置社会资源的优势，双方基于各自需求而建立的一种基于"工具性"的交换关系。政府与这种关系类型一般通过政府购买社会组织服务的形式加以实现。此类社会组织最大的问题是自身发展能力薄弱，资金来源过于单一，很难独立存活，资金大部分来自政府购买公共服务背后的财政支付。因此，一方面，要积极主动承接政府购买项目；另一方面，要增强专业能力，主动开拓社会公益市场。三是，冲突型关系，指社会组织基于自身的认识对政府有关政策进行建议或者批评，并借助舆论传播等路径，扩大自己政策建议的影响力，从而在客观上对政府政策形成一定程度的压力。四是，政治法律类、宗教类、涉外类等三类社会组织与政府的关系一般更具有对抗性，其资金来源和业务活动往往受到政府更多的限制和监督。因此，这类组织在组织资源获得上，更多依靠外部资金支持或者组织成员自筹。

政社互动研究视角有其显而易见的缺陷，即模糊了国家和社会的冲突，有意回避了客观存在的矛盾，以"互动"迎合"善治"本位，到底是"公民社会反抗国家"还是"国家控制或吸纳公民社会"还是其他都悬而未决？政社互动没有就当下社会问题明确和聚焦其核心"诊断处方"，但是，这种"扩大化"的处理为学术讨论拓展了更多的话语空间，在此分析框架下，似乎任何问题都可以拿来分析。

以上分析了三种研究视角下的社会组织可持续发展问题，分别从政府、社会组织及更为客观中立的政社互动层面就社会组织可持续发展做了一些讨论。就政府层面而言，培育和扶持社会组织可持续发展，要重新或正确理解"善治"，在政府天然的政治权威的基础上，建立政府、市场组织和社会组织合作网络的权威，通过授权、分享达成合作与协商，最终实现公共利益，获得公共认同，特别要充分信任和重视社会组织，真正将社会组织作为合作伙伴。就社会组织层面而言，要认清自身定位，有效发挥自身在社会治理中的角色和作用，正确处理加强党建与依法自治的关系，合理处理社会领域的公共问题。就政府和社会组织互动层面而言，特别是两者发挥作用的交叉领域，如政府购买公共服务的制度安排，应充分信任和培育社会组织，发挥各自优势，实现政府指导下的"有序互动"，以实现公共利益，达成公共的善为最终目标。

二 社会组织可持续发展的制度调整

（一）政府监督管理制度的调整

目前我国尚未形成统一规范社会组织的基本法律，而现行法律法规也未对政社关系作出系统明确的规定。与社会组织相关的有《中华人民共和国慈善法》、《中华人民共和国工会法》、《中华人民共和国红十字会法》、

《中华人民共和国公益事业捐赠法》、《中华人民共和国境外非政府组织境内活动管理法》等专门法律，以及《中华人民共和国企业所得税法》等部分条款涉及社会组织的法律。在与社会组织直接相关的行政法规中，具有最高层级规定是国务院颁布的《社会团体登记管理条例》《民办非企业单位登记管理暂行条例》和《基金会管理条例》，不过这三个条例只是规定社会组织的登记注册和日常监管。而地方性法规和政府规章通常只针对地方性和部门性事务，很难做到全局性和系统性。

在全面依法治国的背景下，政府要站在推进国家治理体系和治理能力现代化的高度，改革社会组织管理体制，完善社会组织综合监管体系。

首先，调整社会组织监管的相关法律法规。政府通过法律手段对社会组织进行管理，是建设法治政府的客观要求，是推进国家治理体系和治理能力现代化的必由之路。法律具有规范性、强制性和持续性的特征，是管理社会组织的重要依据。从国外政府管理社会组织的实践来看，无论是美国的税法、还是日本的专门法，都为社会组织活动提供了明确的法律依据。2016年3月16日全国人大通过的《中华人民共和国慈善法》对社会组织提出了新的要求，这是我国慈善领域的第一部基础性和综合性的法律，就此拉开"依法治善"的序幕。作为一部囊括慈善组织、慈善活动、慈善行为和慈善促进与监督等相关内容的法律，总体上来说是原则性的，因此，《中华人民共和国慈善法》各项条款的有效实施还需要相关配套政策制度的制定。为了配合《中华人民共和国慈善法》的顶层设计，我们建议，应当制定和修改相关法律、行政法规及部门规章。修改《中华人民共和国民法通则》，准确定位慈善组织法人地位；建议国务院制定《中华人民共和国慈善法实施条例》，对《慈善法》各章存在争议或容易引起歧义的内容以及具体的操作要求作出详细规定，如慈善组织可以采取的组织形式、募捐方案和捐赠协议的具体内容、募捐主体的构成等给予说明解释。同时，《中华人民共和国慈善法实施条例》还应就《中华人民共和国慈善法》与《中华人民共和国个人所得税法》、《中华人民共和国企业所得税法》、《中华人民共和国信托法》、《中华人民共和国行政处罚法》和《中华人民共和国红十字会法》等其他法律的衔接部分作细化说明，从而保证《中华人民共和国慈善法》的顺利实施；制定《中华人民共和国慈善组织登记认定管理条例》，内容包括慈善组织的申请成立要件、组织机构要求和变更注销流程，主管单位的审批流程和监督管理责任，以及登记管理活动中各方法律责任等。通过该条例，可彻底废除原有双重管理体制，从操作层面切实引导慈善组织直接登记，鼓励社会公众积极发起成立慈善组织。

从1998年以来，社会经济状态发生了重大变化，也需要对《社会团体登记管理条例》《民办非企业单位登记管理暂行条例》和《基金会管理条例》三大条例进行相关内容的修改，将《中华人民共和国慈善法》作出的新规定以及社会组织管理制度创新纳入条例修订当中。

三大条例中首先需要调整的是《民办非企业单位登记管理暂行条例》。主要对以下三个方面进行修改：一是把"民办非企业单位"调整为"社会服务机构"。"民办非企业单位"的这一称呼，存在着诸多问题，在现实中由于其含义不清晰，经常导致理解混乱，造成操作上的诸多障碍，无法享受税收优惠。在《中华人民共和国慈善法》中，"民办非企业单位"概念已经被"社会服务机构"所取代，因此相应的条例名称也应该同时调整。将《民办非企业单位登记管理暂行条例》名称修改为《社会服务机构登记管理条例》（以下简称《社会服务条例》）。社会服务是民办非企业单位的重要职能，"社会服务机构"是民办非企业单位的应有之义，这并非概念的简单替换，而是对其进行正本清源。二是社会服务机构的定义。《民办非企业单位登记管理暂行条例》的第二条"本条例所称民办非企业单位是指企业、事业单位、社会团体和其他社会力量以及公民个人利用非国有资产举办的、从事非营利性社会服务活动的社会组织"[①] 可修改为"本条例所称社会服务机构是指自然人、法人或其他组织主要利用非国有资产从事社会服务以非营利为目的社会组织"。三是分支机构问题。原来的条例不允许社会服务机构设立分支机构，实际上，为了做大做强，还是要有分支机构，减少管理成本和运行成本，提高社会服务机构的品牌推广，不仅仅是在县级，所有层级都可以，需要在全国范围内增设分支机构。同时，为了加强管理和监管，提供更好的服务，需要社会服务机构分支机构向分支机构所在地的民政部门备案，接受所在地民政部门的管理和服务。

《基金会管理条例》也应随着《中华人民共和国慈善法》的颁布而调

---

① 《民办非企业单位登记管理暂行条例》，民政部网站，http://mjzx.mca.gov.cn/article/zcfg/201304/20130400437169.shtml。

整相应内容。有以下几个方面的内容可作出调整：一是业务主管单位问题。而《中华人民共和国慈善法》第十条规定，慈善组织可直接向县级以上人民政府民政部门申请登记成立。因此，《基金会管理条例》应载明，除特殊背景或宗旨的基金会（如政治法律类、宗教类、涉外事务类）之外，其余类型基金会无须经业务主管单位审查同意。二是注册资金问题。总体来讲，注册资金的额度下限仍然偏高，不利于动员基层的慈善资源。因此，可增设社区基金会的注册资金相关内容。社区基金会应在县级人民政府民政部门登记，其主要受益对象为社区居民，注册资金要求可相应下调至50万元，方便社区开展内部慈善活动。中西部地区经济相对落后一些，可在县民政部门注册的基金会可下降到100万元。在国务院民政部门登记基金会的注册资金可规定为5000万元。三是年度支出和管理费用问题。《中华人民共和国慈善法》第六十条对慈善组织的年度支出和管理费用作出了规定，慈善组织中具有公开募捐资格的基金会开展慈善活动的年度支出，不得低于上一年总收入的70%或者前三年收入平均数额的70%；年度管理费用不得超过当年总支出的10%，特殊情况下，年度管理费用难以符合前述规定的，应当报告其登记的民政部门并向社会公开说明情况。这是对基金会申请认定的慈善组织的部分，如果对定向募捐基金会支出标准应该也作一个大致规定，设置一个大的区间，以便管理，避免出现差错。建议"定向募捐的基金会年度公益支出不得少于5%，工资福利和行政办公支出不得超过30%"。

《社会团体登记管理条例》的修改也应与《中华人民共和国慈善法》相符合。一是社会团体的定义。第二条社会团体是指中国公民自愿组成，为实现会员共同意愿，按照其章程开展活动的非营利性社会组织。在实践生活中，外国公民、其他组织都可以作为个人成员和单位会员作为社会团体的发起人加入这个团体，同时，有关法律规定了相关社会团体的组成与成立，而且有些公益性社会团体除实现会员意愿外，还需要实现公共利益，因此，建议社会团体定义为自然人、法人和其他组织自愿或依法律组成，为实现会员共同意愿或公共利益，按照其章程开展活动的非营利性社会组织。二是直接登记与双重管理并存。在申请登记和管理社会团体时，考虑到行业协会商会类、公益慈善类、科技类、城乡社区服务类可以直接登记，政治法律类、宗教类与境外非政府组织类仍实行双重管理，因此，四类组织可直接登记，另三类社会团体实现业务主管单位与登记管理机关双重管理。三是信息公开。为了便于有关社会团体获得公募权和申请登记或申请认定为慈善组织,应对申请登记或申请认定为慈善组织的社会团体和不申请登记或申请认定为慈善组织的社会团体在信息公开上有所区别。

除了三个条例各有差别的修改外,共有的修改内容有如下几个方面:一是章程核准的问题。章程是一个组织的基本制度规定,体现组织的结构、运行、自律与规范情况。《中华人民共和国公证法》、《中华人民共和国律师法》、《中华人民共和国注册会计师法》对公证协会、律师协会、注册会计师协会等这些拥有部分公权力的社团都没有章程核准的要求,只规定向业务主管单位进行备案。社会团体、社会服务机构和基金会的章程,属于会员(代表)大会、理事会的重要决策活动,在事先征求业务主管单位或登记管理机关的意见后,只报业务主管单位或登记管理机关备案即可。二是行业组织作用问题。在行业管理与服务中,有三道防线:第一道防线是社会团体、社会服务机构、基金会自身;第三道防线是政府与社会;中间的第二道防线是行业组织。一般来说,百分之百行业事务,先由社会团体、社会服务机构和基金会自行处理70%,30%中由行业组织处理20%,最后10%由政府与社会处理。这样,对政府与社会来说,工作量少负担轻,对行业来说,可以做到自律规范、效率高。因此,可增加社会团体、社会服务机构和基金会的行业组织参与管理与服务的条款。三是监事选派的问题。传统上,不论是社会团体、民办非企业单位、基金会都由业务主管部门或登记管理机关选派监事的规定。实际上,监事的来源构成应该属于社会团体、社会服务机构和基金会自主决定的事项,在这些细节上加以干涉会削弱社会服务机构的内部治理能力,而且业务主管单位和登记管理机关都是监管部门,就不宜担任监事,选派监事,否则会出现裁判员兼运动员的问题,可以规定出发起人、捐赠人和社会专业人员选派产生即可。四是统一信息平台问题。民政部门建立统一的信息平台,非常重要,但建立这样的平台费时费精力。现在社会上有一些非常成熟的平台,政府可以委托或授权这些平台,公开社会团体、社会服务机构和基金会的相关信息,把这些信息平台纳入到政府信息平台之中,充分发挥其积极作用。五是权利救济问题。原来的三个条例都详细规定社会团体、民办非企业单位和基金会接受处罚的条款,但没有一个条款涉及权利救济,这在义务权利上是不对等的，建议增加社会团体、社会服务机构和基金会权利救济条款。如"对业务主管单位或登记管理机关的行为如有异议的，有权依法提出行政复议或者向法院提起诉讼。"六是适用法律问题。社会团体、社会服务机构、基金会不仅要遵守《中华人民共和国慈善法》，而且还要遵守《中华人民共和国公益事业捐赠法》、《中华人民共和国境外非政府组织境内活动管理法》、《中华人民共和国民办教育促进法》等相关法律。

（二）政府扶持培育制度调整

政府扶持培育制度主要包括两个方面，一是通过政府购买公共服务实现财政资金的转移；二是直接的税收优惠政策。

其一，国务院根据《中华人民共和国政府采购法》，发布《中华人民共和国政府采购法实施条例》，但专门的法律法规也就仅此一项。各地购买服务的实践多以当地的意见、条例或办法等约束性行动准则为指导，这些规范性文件往往缺乏基本的法律要素，多采取肯定列举的形式对购买服务范围进行界定，缺乏对政府购买社会组织公共服务的整个流程以及涉及的相关内容明确规定，不仅效力低，而且随意性很大。这些问题凸显要进一步完善政府购买公共服务相关法律法规的迫切性。各地实践中，较为系统科学的如上海、北京、深圳等地，有一定的借鉴意义。"十二五"时期，上海推动了政府购买社会组织服务这一培育机制，结合政府职能转变和公共财政预算改革，围绕调动社会资源、提供公共服务、维护社会和谐和完善社区治理等工作重点，为推进实施政府购买社会组织服务进行了一系列改革探索。2005 年 9 月，上海浦东新区政府发布《关于促进浦东新区社会事业发展的财政扶持意见》，率先提出政府转变职能和购买社会组织服务。

2007 年 4 月，浦东新区政府办公室印发《关于政府购买公共服务的实施意见（试行）的通知》，这是上海区级层面最早的规定。此后，静安区、长宁区、松江区和杨浦区相继出台政府购买社会组织服务的专门性指导意见或实施办法。其中，静安区在已有《静安区政府购买社会化服务办法（试行）》的基础上，出台《静安区关于政府购买社会组织公共服务实施意见（试行）》、《关于进一步加强静安区政府购买社会组织公共服务项目管理的通知》等制度文件，建立了从立项到采购、监管、评估一整套科学规范的工作流程，由区社建办进行归口管理，初步实现该项工作的制度化运行。2012年，上海市财政局印发了《上海市市级政府购买公共服务项目预算管理暂行办法》和《上海市市级政府购买公共服务项目目录（2013年度）》，2015年5月，上海市政府发布《上海市政府购买服务管理办法》全市初步形成了从公益创投到公益招投标，再到政府制度化购买公共服务的社会组织培育机制。

其二，税收优惠主要内容涉及组织减免税和捐赠人减免税两个层面，是社会组织和捐赠者最为关心的核心问题之一。简化税收优惠认定程序，建立更加统一的、普惠性的、制度化的税收优惠政策是社会组织税收制度未来发展的方向。制定慈善组织相关税收优惠政策，促进慈善组织发展。《中华人民共和国慈善法》第七十九条至第八十一条强调向慈善组织、捐赠人和受益人等慈善事业的各参与方给予税收优惠，其中第七十九条明确指出"慈善组织及其取得的收入依法享受税收优惠"。然而，具体的税收优惠政策如何施行，还需要一系列的配套措施。从确保慈善事业各参与方获得税收减免的角度出发，可以做如下三方面工作。一是制定适用社会组织专门税收法律。当前我国的社会组织属于企业所得税纳税人，对其税务上的约束也来自《中华人民共和国企业所得税法》。然而，社会组织与企业是两个完全不同的法人实体，不可用等同框架施以管理。因此，建议制定专门针对社会组织以及慈善组织的税收基本法，或者在相关立法中列出针对社会组织以及慈善组织税收的专门章节，以明确慈善组织以及社会组织在税收方面的义务和权利。二是赋予社会服务机构公益性捐赠税前扣除资格。2008年由财政部、国家税务总局、民政部联合发布的《关于公益性捐赠税前扣除有关问题的通知》将开具公益性捐赠票据的权利授予了"公益性社会团体"，而该通知中的公益性社会团体仅指符合一定条件的基金会和社会团体，未包括当时的民办非企业单位。社会服务机构（原民办非企业单位）是社会公益服务的重要供给方，其中的慈善类机构将来也极有可能被认定为慈善组织，能够接收社会捐赠。因此，赋予社会服务机构，尤其是以慈善事业为宗旨、未来可能申请登记或申请认定为慈善组织的，开具公益性捐赠票据的权利，让其平等地参与到慈善资源的分配当中。三是将社会组织承接政府购买服务收入纳入免税收入范围。1999年由国家税务总局发布的《事业单位、社会团体、民办非企业单位企业所得税征收管理办法》中，在第三条列举了上述组织九类免征企业所得税的收入项目，但并未包括社会组织承接政府购买服务项目。目前，政府购买服务已经成为众多社会组织的重要收入来源，且在这种购买行为之下，社会组织只是取得项目资金，不产生利润也不会对收入进行分配，符合免税要求。因此，可在该条款中增加"因政府购买服务取得的收入"，把目前社会组织承接政府购买服务取得的收入纳入免税收入的范围。

三　社会组织可持续发展的行为创新

（一）破除社会组织"行政化"，推动社会组织依法自治

社会组织"行政化"问题，在行业协会商会类社会组织中最为突出。截至2015年6月，全国依法登记社会组织62万个，其中行业协会商会近7万个，已基本形成了覆盖国民经济各个门类、各个层次的行业协会商会体系，但我国行业协会商会"行政化"色彩过浓，现有行业协会商会多数从政府部门内产生，政府行政机构和行业协会商会边界模糊。一方面，"行政化"违背行业协会商会市场化、民间化本质属性，影响其独立法人地位，不利于其功能作用发挥[①]，部分行业协会商会尚未建立起现代社会组织制度，内部治理不完善，组织机构不健全；另一方面，"行政化"导致行业协会商会依附于政府部门，引发摊派会费、乱评比、乱表彰等乱象，甚至存在利益关联，引发寻租等违规行为。2015年7月，中办、国办印发《行业协会商会与行政机关脱钩总体方案》，要求推进政社分开，厘清行政机关与行业协会商会的职能边界，消除"二政府"和"红顶中介"，从根本上改变行业协会商会与行政机关之间的各方面利益联系，切断行业协会商会与行政机关之间的行政依附"链条"，以激发行业协会商会内在活力和发展动力，更好地促进行业协会商会成为依法设立、自主办会、服务为本、治理规范、行为自律的社会组织。

（二）完善内部治理体系，增强自身"造血"功能

部分社会组织的内部治理结构不完善、内部规章制度不规范等问题较

[①] 季云岗、王冰洁：《脱钩是行业协会商会发展的必由之路——专访民政部民间组织管理局副局长李勇》，《中国社会组织》2015年第10期；《中国近7万家行业协会商会将与行政机关脱钩》，《党政视野》2015年第7期。

为普遍，集中表现为"小、散、乱"，严重影响了自身能力建设和可持续发展。首先，法人治理结构不健全。不少社会组织由魅力型的领导者管理，缺少科学的法人治理结构，无法做到科学决策、民主管理；其次，内部的规章制度不完善。人事制度、财务制度等缺乏规范性，使得各项工作随意性强、不透明，难以获得政府部门及其他合作方的认可，社会公信力不足；最后，经费筹措、资源整合、宣传沟通、组织协调等方面存在不足。现阶段社会组织的资金主要来源于会费收入、政府拨款和社会捐赠。多数组织过分依赖政府，难以获取其他来源的资金支持，而且即使是通过"招投标"的方式获取项目资金，也难以满足日常运转的需要。在经费筹措以外，很多社会组织资源整合能力较弱，既没有能力独自获取社会资源，也没能充分借助现有政府和社会平台力量的支持为自身获取资源并加以利用，协调能力较弱。由于多数社会组织成立时间较短，组织定位和业务尚未厘清，无法明确地向服务人群、合作部门和公众传递组织服务信息，宣传沟通能力弱，影响组织知名度的提升和资源筹集渠道的拓展。最后，专业人才匮乏。多数社会组织规模比较小，尚未形成有竞争力的人员队伍，影响其作用发挥。

（三）加强社会组织诚信建设，完善行业自律机制

首先，社会组织层面，社会组织应明确自身在解决社会公共问题，维护行业自律，承担社会责任中的定位和作用，建立规范的内部治理体系，以法律约束和道德诚信约束开展社会活动，自觉规范组织行为。以上海市为例，上海市经济团体联合会于2012年制定了《上海行业社会责任报告编制指南》，为上海市行业协会推进行业社会责任建设以及开展行业履行社会责任评价提供了依据。上海医药行业协会于2016年6月发布了《2015年上海医药行业协会社会责任报告》中，报告面向协会所有的各利益相关方，披露协会与利益相关方在共同创造价值的过程中所遇到的机遇、挑战以及为实现可持续发展所做的努力。报告旨在真实反映上海医药行业协会及所属会员中医药制药企业2015年度企业社会责任的发展和实践，展示了上海医药行业协会及所属会员中医药制药企业在科学发展、公平运营、环保节约、安全生产、顾客与消费者权益、合作共赢、和谐劳动关系、社区参与和发展方面的措施和工作。

其次，地方政府层面，多地发布了社会组织信用建设、自律等方面的法规。以上海市为例，2013年9月26日，上海市民政局、上海市社会团体管理局、上海市经济和信息化委员会与上海市征信管理办公室出台了《社会组织信用信息记录、共享和使用管理的暂行办法》与《上海社会组织失信行为记录标准（试行）》，启用社会组织信用信息管理系统。此举实现了与社会组织诚信建设和信息公开的良好衔接，也为社会组织主动参与社会组织诚信建设和披露自身信息的行为提供了双向激励。从2013年至今，上海市社会团体管理局接连发布《上海市社会团体管理局关于深入开展行业协会行业自律与诚信创建活动的通知》、《关于加强本市社会组织自律与诚信建设的指导意见》和《上海市社会组织重大事项报告指引》、《上海市社会团体信息公开指引》、《上海市民办非企业单位信息公开指引》、《上海市基金会信息公开指引》，从健全法人治理结构、完善内部管理制度，加大信息公开力度、全面推行服务承诺、规范开展活动、健全行业自律公约、建立信用奖惩机制等多个方面对社会组织提出要求。浙江省于2014年10月31日发布《浙江省社会组织信用信息管理暂行办法》，以规范社会组织信用信息管理，推进社会组织诚信建设，不断加强和完善社会信用体系。深圳于2015年9月6日发布《深圳市社会组织信息公开指引（试行）》，以规范社会组织信息公开行为，提升社会组织公开度和透明度，增强社会组织公信力。北京市于2016年1月27日发布《北京市社会组织信用信息管理暂行办法》（以下简称《暂行办法》），以规范社会组织信用信息管理，推进社会组织自律诚信建设，构建社会组织综合监管体系。《暂行办法》提出，社会组织信用信息是指本市各级社会组织登记管理机关在依法履行职责过程中生成和获取的与社会组织信用状况有关的记录、有关评价社会组织活动情况的各项信息，以及业务主管单位、行业管理部门等相关机构购买社会组织服务、向社会组织转移职能等评估评价信息。[1]

最后，中央层面，国务院于2014年6月发布《社会信用体系建设规划纲要（2014—2020年）》，社会组织信用体系建设已经作为社会诚信的重要内容，纳入国家社会信用体系建设规划纲要。社会组织信用体系建设将重点包括五方面内容，一是建立社会组织法人单位信息资源库；二是健全社会组织信息公开制度；三是将诚信内容纳入各类社会组织章程，完善社会组织分类评估标准体系；四是发挥行业协会在行业信用体系建设中的

---

[1] http://www.bjmzj.gov.cn/news/root/mjzzgl/2016-02/116806.shtml.

重要作用；五是加强对社会组织的执法监察和违法查处力度。① 民政部等 8 部门于 2014 年 10 月发布了《关于推进行业协会商会诚信自律建设工作的意见》指出行业协会商会诚信自律建设，对于加强和改进行业协会商会管理，提高行业协会商会公信力，推进行业自律体系和社会信用体系建设，促进社会主义市场经济健康发展具有重要意义。商务部、国资委于 2015 年 8 月联合印发《关于进一步做好行业信用评价工作的意见》明确加快构建以行业组织为主体、第三方机构为支撑、企业广泛参与、政府指导规范、社会监督保障的"五位一体"行业信用体系。

（四）创新社会组织发展模式，推动法人形态多元化

进一步完善社会组织的法人形态，试点推动扶持有条件有质量的社会组织进行法人多元化建设，形成除机关法人、事业单位法人外的社会团体法人、社会服务机构法人、基金会法人、企业法人兼有的法人圈或法人集团，做大做强社会服务，处理好非营利与营利之间的关系；鼓励社会企业的发展，尝试开放社会企业法人的注册，在养老、科技、卫生、教育等领域进行试点，探索社会企业法人主体的监管方式，出台促进社会企业发展的规章制度，借用商业模式，促进社会组织市场化和社会化建设；打造社会企业联盟，以集群形态促进社会企业发展。

（五）加强社会组织党建，处理好党建与依法自治的关系

社会组织党建管理问题，是具有中国特色的社会组织发展问题，是研究中国情景下党和社会组织互动关系的理论问题。1998 年 2 月，中共中央组织部和民政部联合印发《关于在社会团体中建立党组织有关问题的通知》，提出"经社会团体登记管理机关核准登记的社会团体，其常设办事机构专职人员中凡是有正式党员 3 人以上的，应建立党的基层组织。社会团体建立党组织，由其业务主管部门或挂靠单位的党组织审批。社会团体在筹备过程中就应考虑建立党组织问题。业务主管部门或挂靠单位应了解和掌握社会团体的情况，对应当建立党的基层组织而没有建立的，要帮助其尽快建立。社会团体已经建立党组织的，其常设办事机构专职人员中党员的组织关系应转入社会团体党组织；社会团体没有建立党组织的，其常

---

① http://news.xinhuanet.com/politics/2014-01/02/c_118808071.htm.

设办事机构专职人员中党员的组织关系可转入业务主管部门或挂靠单位的党组织，参加党的活动"①。2000年7月中共中央组织部印发《关于加强社会团体党的建设工作的意见》再次强调"社会团体党组织（包括临时党组织）原则上隶属于其业务主管单位党组织。业务主管单位党组织负责社会团体党组织的建立，并领导其工作"②。2015年7月，中办、国办印发《行业协会商会与行政机关脱钩总体方案》，要求推进政社分开，厘清行政机关与行业协会商会的职能边界，加强综合监管和党建工作。"行业协会商会的党建与原主办、主管、联系和挂靠单位脱钩。地方行业协会商会与行政机关脱钩后的党建工作，依托各地党委组织部门和民政部门建立社会组织党建工作机构统一领导；已经建立非公有制企业党建工作机构的，可依托组织部门将其与社会组织党建工作机构整合为一个机构"③。2015年9月，中共中央办公厅《关于加强社会组织党的建设工作的意见（试行）》提出要切实加强党对社会组织的领导，促进社会组织健康发展。社会组织党组织是党在社会组织中的战斗堡垒，应该发挥政治核心作用，应着眼履行党的政治责任，紧紧围绕党章赋予基层党组织的基本任务开展工作，严肃组织生活，严明政治纪律、政治规矩和组织纪律，充分发挥党组织的政治功能和政治作用。④

在现阶段，要把握行业协会商会脱钩中的党建问题，应特别强调行业协会商会脱钩但不能脱管。"脱钩"是为了"去行政化"，建立依法自治的现代社会组织，"不脱管"是为了通过党建把握正确方向，保障社会组织规范、健康、可持续发展。"脱钩不脱管"，体现了坚持党的领导和社会组织依法自治的辩证统一、缺一不可。因此，社会组织党建既要不断激发社会组织活力，也要充分发挥党组织的政治引领作用，坚持培育与引领相结合。

---

① 《关于在社会团体中建立党组织有关问题的通知》，中国共产党新闻网，http：//cpc.people.com.cn/GB/64162/71380/71382/71383/4844846.html。
② 中共中央组织部：《关于加强社会团体党的建设工作的意见》，共产党员网，http：//fuwu.12371.cn/2013/01/07/ARTI1357527110172567.shtml。
③ 社会组织网：《行业协会商会与行政机关脱钩总体方案》，http：//www.mca.gov.cn/article/zwgk/fvfg/mjzzgl/201507/20150700846310.shtml。
④ 中共中央办公厅：《关于加强社会组织党的建设工作的意见（试行）》，中国共产党新闻网，http：//cpc.people.com.cn/n/2015/0928/c64387-27643931-2.html。

参考文献

一 外文文献

[1] Burt, R. S. Corporate Profits and Cooptation: Networks of Market Constraints and Directorate Ties, in the American Economy, New York: Academic Press, 1983.

[2] Coston J. M. A model and typology of government-NGO relationships, Nonprofit and Voluntary Sector Quarterly, 1998, 27 (3).

[3] David C. Moore. Government Contracting: How to Bid, Administer, and Get Paid, New York: Wiley, 1995.

[4] David N. Hyman, Public Finance: a Contemporary Application of Theory to Policy, 10 Edition, South-Western Cengage Llearning, 2010.

[5] Gidron B., Kramer R M, Salamon L M. Government and the third sector: Emerging relationships in welfare states, Jossey-Bass Inc Pub, 1992.

[6] Hansmann H B. The role of nonprofit enterprise, Yale law journal, 1980.

[7] James M. Buchanan. An Economic Theory of Clubs, Economic, New Series, Volume 32, Issue 125, 1965 (2).

[8] Jensen, Mackling. Theory of the Firm: Managerial Behavior, Agency Costs and Ownership Structure, Journal of Financial Economics, 1976.

[9] Joel S. Migdal. State in Society: Studying How States and Societies Transform and Constitute One Another, Cambridge University Press, 2001.

[10] Karl Polanyi. The Great Transformation: The Political and Economic Origins of Our Times, Boston: Bearcon Press, 1944.

[11] Lester M. Salamon & Helmut K. Anheier. In Search of the Non-profit Sector. I: The Question of Definitions, VOLUNTAS: International Journal of Voluntary and Nonprofit Organizations, 1992 (11).

[12] Lester M. Salamon. Of Market Failure, Voluntary Failure, and Third-Party Government: Toward a Theory of Government-Nonprofit Relations in the Modern Welfare State, Nonprofit & Voluntary Sector Quarterly, 1987, 16 (1).

[13] Levitt, T.: The Third Sector: New Tactics for a Responsive Society, New York: AMACOM, 1973.

[14] Mark Granovetter. Economic Action and Social Structure: The Problem of Embeddedness, American Journal of Sociology, 1985, 91 (3).

[15] Najam A. The Four C's of Government Third Sector—Government Relations, Nonprofit Management and Leadership, 2000, 10 (4).

[16] Paul A. Samuelson. The Pure Theory of Public Expenditure, The Review of Economics and Statistics, Vol. 36, No. 4. 1954 (11).

[17] Pfeffer, J., and Salancik, G. The External Control of Organizations: A Resource Dependence Perspective, New York: Harper and Row, 1978.

[18] Policy Letter 92 – 1 http://www.whitehouse.gov/omb/procurement_policy_letter_92 – 01/.

[19] R. A. Musgrave, The Theory of Public Finance, Tokyo, 1959.

[20] Salamon L. M, Anheier H. K., The Emerging Nonprofit Sector: An Overview, Manchester University Press, 1995.

[21] Samuelson P. A. Aspects of Public Expenditure Theories, The Review of Economics and Statistics, Vol. 40, 1958.

[22] Tóka G. Parties and electoral choices in East Central Europe, Paper presented at the Conference of the Centre for Medditerranean Studies, University of Bristol, 1993.

[23] Weisbrod B. A. Toward a theory of the voluntary non-profit sector in a three-sector economy, in Altruism, Morality, and Economic Theory, edited by E. S. Phelps, New York: Russell Sage, 1975.

[24] Wolf, T. Managing A Nonprofit Organization, New York: Prentice Hall Press, 1990.

[25] Young D. R. Alternative Models of Government-Nonprofit Sector Relations: Theoretical and International Perspectives, Nonprofit & Voluntary Sector Quarterly, 2000, 29 (1).

二 中文文献

[1]［英］C. V. 布朗、P. M. 杰克逊:《公共部门经济学》（第四版），张馨主译，中国人民大学出版社2000年版。

[2]［美］理查德·A. 波斯纳:《法律的经济分析》，蒋兆康译，法律出版社2012年版。

[3] 曹天禄:《评估困境：当前社会组织评估面临的软肋——以广东深圳为例》，《深圳职业技术学院学报》2014年第6期。

[4] 程昔武:《非营利组织治理机制研究》，中国人民大学出版社2008年版。

[5]［法］戴尔·马斯马蒂:《世界法的三个挑战》，罗结珍译，法律出版社2011年版。

[6] 邓国胜:《非营利组织"APC"评估理论》，《中国行政管理》2004年第10期。

[7] 邓国胜:《非营利组织评估》，社会科学文献出版社2001年版。

[8] 邓国胜:《政府与NGO的关系：改革的方向与路径》，《中国行政管理》2010年第4期。

[9] 邓国胜:《中国公益项目评估的兴起及其问题》，《学会》2009年第11期。

[10] 邓国胜等著:《民间组织评估体系：理论、方法与指标体系》，北京大学出版社2007年版。

[11] 邓正来、丁轶:《监护型控制逻辑下的有效治理——对近三十年国家社团管理政策演变的考察》，《学术界》2012年第3期。

[12] 丁惠平:《中国社会组织研究中的国家—社会分析框架及其缺陷》，《社会学》2015年第1期。

[13] 丁晶晶、李勇、王名:《美国非营利组织及其法律规制的发展》，《国外理论动态》2013年第7期。

[14] 杜干:《比较社会学：马太·杜干文选》，社会科学文献出版社2006年版。

[15] 范明林:《非政府组织与政府的互动关系——基于法团主义和市民社会视角的比较个案研究》，《社会学研究》2010年第3期。

[16] 方文进:《民办非企业单位能力建设问题研究：以上海为例》，《社团

管理研究》2011 年第 6 期。
- [17] 高丙中：《社会团体的合法性问题》，《中国社会科学》2000 年第 2 期。
- [18] 高成运：《民间组织能力建设的视角与路径》，《学会》2006 年第 5 期。
- [19] 顾昕、王旭：《从国家主义到法团主义——中国市场转型过程中国家与专业团体关系的演变》，《社会学研究》2005 年第 2 期。
- [20] 官欣荣：《独立董事制度与公司治理：法理和实践》，中国检察出版社 2003 年版。
- [21] 国家机构编制委员会办公室：《中国政府机构 1991 年》，中国人事出版社 1991 年版。
- [22] 国家民间组织管理局：《中国民间组织评估》，中国社会科学出版社 2007 年版。
- [23] 何增科：《公民社会与第三部门》，社会科学文献出版社 2000 年版。
- [24] ［德］黑格尔：《法哲学原理》，范扬、张企泰译，商务印书馆 1982 年版。
- [25] 黑龙江省民间组织管理局：《民办非企业单位自身建设亟需加强》，《中国民政》2012 年第 2 期。
- [26] 胡辉华、黄淑贤：《论行业协会的能力建设》，《学会》2011 年第 2 期。
- [27] 黄浩明：《加强民间组织能力建设的有效途径》，《杭州师范学院学报》2003 年第 9 期。
- [28] 黄恒学：《公共经济学》，北京大学出版社 2002 年版。
- [29] 黄建：《民主政治视域下中国非政府组织发展研究》，中共中央党校博士学位论文，2014 年。
- [30] 黄忠诚：《对社会组织能力建设的思考》，《学会》2009 年第 4 期。
- [31] 贾西津：《国外非营利组织管理体制及其对中国的启示》，《社会科学》2004 年第 4 期。
- [32] 金锦萍：《非营利法人治理结构研究》，北京大学出版社 2005 年版。
- [33] 敬乂嘉：《从购买服务到合作治理——政社合作的形态与发展》，《中国行政管理》2014 年第 7 期。
- [34] 康晓光：《创造希望：中国青少年发展基金会研究》，漓江出版社、广西师范大学出版社 1997 年版。
[35] 康晓光：《转型时期的中国社团》，《中国青年科技》1999 年第 10 期。
[36] 康晓光：《转型时期的中国社团》，《中国社会科学季刊》（香港），1999 年冬季号。
[37] 康欣平：《我国非营利组织治理结构研究》，西南政法大学硕士学位论文，2007 年。
[38] 康宗基：《改革开放以来我国民间组织管理体制的回顾与展望》，《理论导刊》2010 年第 8 期。
[39] 康宗基：《中国民间组织管理体制的现状及改革模式》，《中国石油大学学报》（社会科学版）2012 年第 1 期。
[40] 孔凡义、郭坚刚：《政党的概念、特征和边界》，《中共浙江省委党校学报》2006 年第 1 期。
[41] ［美］莱斯特·M. 萨拉蒙：《公共服务中的伙伴——现代福利国家中政府与非营利组织的关系》，田凯译，商务印书馆 2008 年版。
[42] 雷辉：《博罗县政协率先设社会组织界别》，《南方日报》2012 年 6 月 12 日。
[43] 李发戈、黄仕红：《成都市政府购买公共服务的实践与探索》，《四川行政学院学报》2014 年第 5 期。
[44] 李国宇：《我国社会组织治理存在的突出矛盾与化解之策》，《青岛农业大学学报》（社会科学版）2009 年第 3 期。
[45] 李海平：《政府购买公共服务法律规制的问题与对策——以深圳市政府购买社工服务为例》，《国家行政学院学报》2011 年第 5 期。
[46] 李维安：《现代公司治理研究》，中国人民大学出版社 2002 年版。
[47] ［美］理查德·H. 霍尔：《组织：结构、过程及结果》，张友星、刘五一、沈勇译，上海财经大学出版社 2003 年版。
[48] 廖鸿、石国亮：《中国社会组织发展管理及改革展望》，《四川师范大学学报》（社会科学版）2011 年第 5 期。
[49] 林崇德、姜璐、王德胜主编，王彬分卷主编：《中国成人教育百科全书·经济·管理》，南海出版公司 1994 年版。
[50] 林莉红：《民间组织合法性问题的法律学解析——以民间法律援助组织为视角》，《中国法学》2006 年第 2 期。

[51] 林闽钢：《社会资本视野下的非营利组织能力建设》，《中国行政管理》2007 年第 1 期。

[52] 林尚立：《两种社会建构：中国共产党与非政府组织》，《中国非营利评论》2007 年第 1 期。

[53] 林尚立：《社会组织与政治改革：中国的逻辑》，王名主编《中国社会组织 30 年——走向公民社会》，社会科学文献出版社 2008 年版。

[54] 刘安：《市民社会？法团主义？——海外中国学关于改革后中国国家与社会关系研究述评》，《文史哲》2009 年第 5 期。

[55] 刘成：《19 世纪的英国工会运动》，《中国社会科学报》2015 年 6 月 24 日，第 754 期。

[56] 刘春：《当代中国会组发展史研究》，中国社会科学院研究生院博士学位论文，2013 年。

[57] 刘春湘：《非营利组织治理结构研究》，中南大学博士学位论文，2006 年。

[58] 刘方亮：《我国非政府组织能力建设的制度环境障碍及对策》，内蒙古大学硕士学位论文，2011 年。

[59] 刘惠苑、叶萍：《社会组织管理质量评估体制研究》，《前沿》2011 年第 24 期。

[60] 刘力：《政府采购非营利组织公共服务——德国实践及对中国的启示》，《政法论坛》2013 年第 4 期。

[61] 刘鹏：《分类控制走向嵌入型监管：地方政府社会组织管理政策创新》，《中国人民大学学报》2011 年第 5 期。

[62] 刘啸、罗章：《中美基金会管理体制比较研究——基于制度可能性边界的理论》，《行政论坛》2012 年第 3 期。

[63] 罗峰：《社会组织的发展与执政党的组织嵌入：政党权威重塑的社会视角》，《中共浙江省委党校学报》2009 年第 4 期。

[64] 吕外：《政府购买公共服务过程中社会组织道德风险成因及防范——基于委托代理视角分析》，《中国政府采购》2014 年第 6 期。

[65] [法] 马太·杜甘：《比较社会学：马太·杜甘文选》，李洁译，社会科学文献出版社 2006 年版。

[66] 马庆钰等：《社会组织能力建设》，中国社会出版社 2011 年版。

[67] 马伊里、刘汉榜：《上海社会团体概览》，上海人民出版社 1993

年版。
[68] 马迎贤：《组织间关系：资源依赖理论的历史演进》，《社会》2004年第7期。
[69] 毛刚：《我国非营利组织的内部治理机制研究》，西南交通大学博士学位论文，2006年。
[70] 庞承伟主编：《社会组织行政执法》，中国社会出版社2011年版。
[71] [美] M. 萨拉蒙、S. 沃加斯·索可洛夫斯基等：《全球公民社会：非营利部门国际指数》，陈一梅等译，北京大学出版社2007年版。
[72] [美] 萨拉蒙：《全球公民社会》，贾西津等译，社会科学文献出版社2007年版。
[73] 上海市人民政府法制办公室：《上海：政府购买公共服务的实践探索——中美政府购买公共服务研讨会综述》，《政府法治简报》2013年第5期。
[74] 沈晓宇：《推力、制度、路径：日本政府与非营利组织合作关系探析》，复旦大学硕士学位论文，2013年。
[75] 石国亮：《国外政府与非营利组织合作的新形式——基于英国、加拿大、澳大利亚三国实践创新的分析与展望》，《四川师范大学学报》（社会科学版）2012年第3期。
[76] 孙健：《我国政府向社会组织购买公共服务研究》，中共广东省委党校硕士学位论文，2012年。
[77] 孙涛：《社会组织监管问题分析及对策建议》，《中共青岛市委党校·青岛行政学院学报》2009年第10期。
[78] 孙伟林主编：《社会组织管理》，中国社会出版社2009年版。
[79] 腾讯公益基金会、南都公益基金会等：《中国公益人才发展现状及需求调研报告》，2010年12月。
[80] 腾讯公益基金会、南都公益基金会等：《中国公益人才发展现状及需求调研报告》，2014年9月。
[81] 汪雷、吴慧敏、李攀：《我国慈善组织能力建设：问题及对策》，《铜陵学院学报》2011年第1期。
[82] 王国锋：《论结社权》，吉林大学博士学位论文，2010年。
[83] 王名、贾西津：《中国NGO的发展分析》，《管理世界》2002年第8期。

[84] 王名、李长文：《中国 NGO 能力建设：现状、问题及对策》，《中国非营利评论》2012 年第 2 期。

[85] 王名、孙伟林：《社会组织管理体制：内在逻辑与发展趋势》，《中国行政管理》2011 年第 7 期。

[86] 王名主编：《非营利组织管理概论》，中国人民大学出版社 2002 年版。

[87] 王名：《改革民间组织双重管理体制的分析和建议》，《中国行政管理》2007 年第 4 期。

[88] 王名等：《中国社团改革：从政府选择到社会选择》，社会科学文献出版社 2001 年版。

[89] 王瑞璞主编：《新时期党的基层组织建设创新实践》，中国人事出版社 2000 年版。

[90] 王守文：《"SCC"理论：中国社会组织评估机制研究》，华中科技大学博士学位论文，2013 年。

[91] 王颖、折晓叶、孙炳耀：《社会中间层——改革与中国的社团组织》，中国发展出版社 1993 年版。

[92] 王长江：《政党论》，人民出版社 2009 年版。

[93] 王长江：《政党政治原理》，中共中央党校出版社 2009 年版。

[94] 王长江等：《现代政党执政方式比较研究》，上海人民出版社 2002 年版。

[95] 王振耀主编：《现代慈善与社会治理——2013 年度中国公益事业发展报告》，社会科学文献出版社 2014 年版。

[96] 温庆云：《对社会组织评估工作上的再认识》，《中国社会组织》2013 年第 2 期。

[97] 温铁军：《农村合作基金会的兴衰史》，《特别策划》2009 年第 9 期。

[98] 吴辉：《改革党对社会组织的领导体制研究》，《井冈山干部学院学报》2014 年第 1 期。

[99] 吴新叶：《走出科层制治理：服务型政党社会管理的路径——以上海社会组织党建为例》，《理论与改革》2003 年第 2 期。

[100] 吴雪平：《新区引导民主党派牵头成立社会组织》，《宝安日报》2015 年 1 月 6 日。

[101] 谢海定：《中国民间组织的合法性困境》，《法学研究》2004 年第

2 期。

[102] 邢会强：《财政法的经济学根基——交易成本公共物品理论的提出》，《政法论丛》2012 年第 1 期。

[103] 徐家良等编著：《社会组织的结构、体制与能力研究》，中央编译出版社 2012 年版。

[104] 徐家良、廖鸿主编：《中国社会组织评估发展报告（2013）》，社会科学文献出版社 2013 年版。

[105] 徐家良、廖鸿主编：《中国社会组织评估发展报告（2014）》，社会科学文献出版社 2014 年版。

[106] 徐家良、廖鸿主编：《中国社会组织评估发展报告（2015）》，社会科学文献出版社 2015 年版。

[107] 徐家良、孙钰林：《论社会团体的内部合法性》，《甘肃行政学院学报》2006 年第 4 期。

[108] 徐家良、赵挺：《政府购买公共服务的现实困境与路径创新：上海的实践》，《中国行政管理》2013 年第 8 期。

[109] 徐家良、赵挺：《政府购买公共服务评估机制研究》，《政治学研究》2013 年第 5 期。

[110] 徐家良：《第三部门资源困境与三圈互动：以秦巴山区七个组织为例》，《中国第三部门研究》2012 年第 1 期。

[111] 徐家良编著：《社会团体导论》，中国社会出版社 2011 年版。

[112] 徐家良：《中国社团管理：制度安排、职能协调与影响力》，《天津行政学院学报》2002 年第 1 期。

[113] 许婷：《法团主义：政府与社会组织的关系模式选择》，《中共浙江省委党校学报》2006 年第 4 期。

[114] 闫东：《政党与民间组织关系的国际视角》，《新视野》2009 年第 3 期。

[115] 杨宝、胡晓芳：《社会组织能力建设的行为分析：资源导向或制度遵从》，《云南社会科学》2014 年第 3 期。

[116] 杨柯：《社会组织监管体制存在的问题及改革对策探析》，《云南行政学院学报》2011 年第 6 期。

[117] 杨雪梅：《北京市不同类型非营利组织能力建设需求研究》，中央民族大学硕士学位论文，2013 年。

[118] 于佳莉、王烨:《解读2010年度全国性基金会年检公告:过半基金会投资性收入为0》,《公益时报》2012年2月7日。

[119] 余德华:《改革双重管理 完善监管机制——广州市科技类民办非企业单位直接登记的实践与思考》,《社团管理研究》2010年第6期。

[120] 俞可平:《治理与善治》,社会科学文献出版社2000年版。

[121] [美]詹姆斯·N. 罗西瑙:《没有政府的治理》,张胜军、刘小林译,江西人民出版社2001年版。

[122] 张波、陆沪根:《探索基层党建新模式:基于社会组织购买党建服务研究——以上海市浦东新区塘桥街道为例》,《湖湘论坛》2014年第2期。

[123] 张华林:《积极创新社会组织监督管理机制》,《中国民政》2012年第6期。

[124] 张静:《法团主义》,中国社会科学出版社1998年版。

[125] 张静:《利益组织化单位:企业职代会案例研究》,中国社会科学出版社2001年版。

[126] 张澧生:《社会组织治理能力提升的困境与创新路径》,《江西社会科学》2009年第4期。

[127] 张勤:《中国公民社会组织发展研究》,人民出版社2008年版。

[128] 张冉:《现代行业协会组织能力》,上海财经大学出版社2009年版。

[129] 张网成、黄浩明:《德国非营利组织:现状、特点与发展趋势》,《德国研究》2012年第2期。

[130] 张文成:《关于我国执政党与社会组织关系的思考》,《当代世界与社会主义》2006年第6期。

[131] 张小红、徐力源:《独特的非政府组织——跨国激进党》,《国际资料信息》2003年第5期。

[132] 张正之:《社会组织的扩张与挑战:执政党面临的重大政治课题》,《领导文萃》2004年第1期。

[133] 张钟汝、范明林、王拓涵:《国家法团主义视域下政府与非政府组织的互动关系研究》,《社会》2009年第4期。

[134] 赵军、符信新:《南京市社区社会组织管理工作的"五个创新"》,《社团管理研究》2009年第1期。

[135] 赵立波:《完善政府购买服务机制 推进民间组织发展》,《行政论

坛》2009年第2期。

[136] 郑琦:《社会组织监管：美国的经验与启示》,《社会主义研究》2013年第2期。

[137] 郑宪:《参政党与中国社会组织关系初探》,《湖南省社会主义学院学报》2013年第4期。

[138] 朱卫国:《中美基金会管理规则比较》,《社团管理研究》2007年第2期。

[139] 资中筠:《财富的归宿 美国现代公益基金会述评》,上海人民出版社2006年版。